童眞著

童真自選集之二

花之夢：短篇小說上集

文史哲出版社印行

國家圖書館出版品預行編目資料

花之夢：短篇小說上集 / 童真著. -- 初版. --
臺北市：文史哲, 民 94
頁： 公分. --（童真自選集；2）
ISBN 957-549-631-0 (全七冊平裝) -- ISBN
957-549-633-7 (平裝)

857.6

童真自選集 2

花之夢：短篇小說上集

著者：童真
出版者：文史哲出版社
http://www.lapen.com.tw
登記證字號：行政院新聞局版臺業字五三三七號
發行人：彭正雄
發行所：文史哲出版社
印刷者：文史哲出版社
臺北市羅斯福路一段七十二巷四號
郵政劃撥帳號：一六一八〇一七五
電話886-2-23511028・傳真886-2-23965656
實價新臺幣三二〇元
中華民國九十四年（2005）十一月初版

ISBN 957-549-633-7

一九九三年冬，是陳森和我在美國過的第一個冬天，外面大雪紛紛，室內爐火熊熊。

一九九六年盛夏，童眞剛過六十八歲生日，在美國新澤西州自宅後院留影。

一九五五年冬（民國四十四年）初春，童眞獲香港祖國周刊短篇小說徵文李白金像獎。合影留念。

一九六一年童眞與她的四個稚齡兒女留影於高雄橋頭。

一九八三年攝於台中亞哥花園。

一九八七年初冬，童眞與夫婿陳森初訪紐約，在世貿大廈最高層留影。現世貿雙塔已毀，背景已不能再得。

約在一九六〇年新春，童眞、陳森與姜貴及司馬中原夫婦在高雄橋頭糖廠宿舍區合影。

一九六四年初春，右起張秀亞、童眞、聶華苓、陳曉薔在大度山東海大學校園內合影。

陳森、童眞、公孫嬿艾雯、朱介凡夫婦、依風露夫婦在台北朱介凡兄住屋前合影。

一九八八年春，童眞與長子、長孫、次子夫婦合影於潭子老宅門前。

一九九六年炎夏八月，童眞與夫婿陳森及四個兒女攝於新澤西州女兒家後院。

一九九八年秋，童眞與么兒一家攝於新澤西州自宅後院。

二〇〇三年初秋，童真與兄、嫂、姊攝於上海。

二〇〇三年秋，童真與長子在上海魯迅紀念館魯迅銅像前留影。

二〇〇一年秋，合家在新澤州自家客廳合影。

二〇〇三年十月，童眞在上海城隍廟先祖創業的童涵春堂門前，與分別五十六年之久的姐姐合影。

二〇〇四年夏，童眞在美國著名總統山前留影。

二〇〇四年八月童眞與長媳同遊加拿大哥倫比亞冰川。

民國五十六年（一九六七）五月四日，童眞獲文藝協會頒發的文學小說創作獎。爲今，時隔近四十年，老年童眞首次與此獎合影，並把照片收進「自選集」裡，這表示感謝，同時也給自己過去的努力留下一個紀念。

二〇〇五年五月，童眞與么兒一家留影於寓所。

二〇〇五年八月，童眞與長孫及外孫在屋前草坪上合影。

二○○三年秋，童眞由美返台，與幾十年的老友艾雯聚晤。她家客廳雅致清麗，兩人並肩而坐，彷彿時光倒流，兩人都回到往昔的年輕歲月裡。

二○○五年九月，童眞由美返台，與老友司馬中原夫婦合攝於台北。

花之夢——短篇小說上集

一九五四年——一九七一年（民國四十三年——六十年）

目次

附錄

前言

歲月的飛輪不息地奔馳，在悠邈的時間大漠中激起一串細碎清越的鈴聲；記憶卻總是似風似雲，無聲追趕，輕輕拂撫。多少年了，總是忘不了年輕歲月裡炎夏與寒夜的苦寫，瘦弱的我，內心裡卻澎湃著對小說藝術的欲燃的熱情，恍惚中總切盼著，跨上的是匹千里馬，揮鞭響處，馳騁萬里！然而，卻忽略了自己不過是個跛腿的勇士，在夕照下，只映繪出踽踽獨行的孤影！

近十幾年來，我寄身異國，「漂流」兩字，常灼痛我的雙眼，想起在我小小的小說世界中，出現的，也多是一些在「異鄉」「漂流」的人群，而我自己當然也是其中之一個。正因如此，他們的喜悅與悲痛、堅忍與落寞、尊嚴與憤抑、驕傲與偏見、迷惘與失落……曾深深地滲透了我的心；我塑立了他們，也就是想鐫錄下我曾經貼身生活過的那塊土地、那個時代裡的人物與情景。

我是在一九四七年秋，跟隨外子陳森離開上海，來到台灣，至今已有五十八個年頭。陳森在二零零二年秋以九十高齡在美去世，而當年正青春年華的我，今日也早已成爲一個白髮閃閃的老媼。歲月無情，我們這一代人，正逐漸地，更多地、走入歷史。因之，此時此刻，在我仍健朗未凋之際，緊繫在我心頭的，不是我那些早已成家立業的兒女們，而是我的另類兒女—我的小說兒女們。猶憶他們誕生的當時，也曾贏得過不少的掌聲；而今，我勇敢地再次把他們推陳在讀者之前，讓衆多的目光檢視他們：經歷了三、四十年的風風霜霜，他們到底還留存幾許丰姿！

童　真　寫於新澤西寓所

二零零五年八月

花之夢

一

若映站在鮮花店前看花，眼光接觸到的是繽紛的華彩。她彷彿不是在看花，而是在看春日的艷麗、人生的絢爛。她愛每一朵花，愛得不想去挑選、購買——她要對牠們「一視同仁」，不願有所偏愛。玫瑰有牠的華貴，百合有牠的典雅，唐菖蒲有牠的挺秀，康乃馨有牠的小家碧玉的清麗。大理花、金魚草……啊，彩色與芬芳的總匯！近些日子來，她一閉上眼睛，看到的總是那炫目的光彩，炫目的前程……一條鋪滿鮮花的路通向遠方。她笑了。她常會獨自笑出聲來。她知道自己不是一個深沉而含蓄的女孩，可是，深沉與含蓄，對黛綠年華的她，似乎還嫌過早吧！

若映穿的是件領邊、袖口、裙邊繡著白色小蝶的淡黃洋服，外披同色的羊毛衫；頭髮很短，繫著一隻黃綢蝶結，輕盈、活潑，本身也像一隻惹人愛憐的蝴蝶，還帶著一絲兒田園的清新氣息。兩年前的秋天，她從南部鄉下飛到臺中市來。這段路程對平時不常遠行的她該不算短，她是掙扎著飛來的。當然，她不是來玩，她是來唸大學的。有時，她覺得父母猶似一對胸有成竹的大蜘蛛，抽出一條一條的絲，網絡著她不能飛翔——父親的收入太少啦，她下面還有兩個弟弟啦，母親這幾年太辛苦啦，右臂老是酸痛啦；所有理由，祇不過告訴她：要她犧牲一點，在附近找個小事情做做，貼補貼補家用。她本來倒也認了。平凡，有幾個人能逃脫平凡的？她憑什麼能戰勝命運？母親說：若映，做幾年工作，幫爸爸把兩個弟弟帶得大一點，以後嫁個愛你的好丈夫，這就是你的命！母親迭經戰亂，從嬌生慣養的小姐變成一個什麼都得親自操勞的小公務員太太，這變遷是夠大的。她能不怨天尤人，使父親還可享受一點家庭的溫暖，全得歸功於她的宿命論，但年輕的若映可不贊成這一套。辛勞的母親還有過年輕時代的豪華，她呢？同學們不都在替她惋惜：施若映，聰明、美麗，許多事都跑在同學們之前，現在竟這麼默默地退下來了？若映，你不能退卻。若映，你要往前衝破這界限！若映……腦子裡裝滿了這些話，攪不清是師長、同學們對她的鼓勵，還是自己對自己的掙扎？那一陣，躺在床上，翻翻滾滾的，簡直夠痛苦了。母親瞧在眼裡，就寫了封短信給住在臺中的姪女，告訴她若映想到臺中玩幾天。但若映起先並沒有去，卻瞞著父母偷偷參加了大專的聯考，等被中興大學錄取後，這才去臺中，一看到堂姊，她就訴說她的苦衷。比她大十幾歲的堂姊，很夠交情，說：「你考上的既然是這兒的中興大學，那以後就在我家裡吃住好了。想來，祇繳一點點學雜費，叔叔方面總不會有問題的。」事情就是這麼圓滿地解決的。

現在，若映站在鮮花店前，這些事，彷彿離她已然很遠了。芳艷的花瓣上沒有沾上泥土的黯淡，她有足夠的快樂誇耀自己在這方面的勝利；跟母親通起信來，也總這麼寫：媽，我在這兒好極了，快樂極了。這兒的一切，都跟家裡的不同，我好像看到一道光射進來，使我的生活全然改變。母親不知道她所指的光是什麼，甚至連她自己也不全然清楚。有時，她以爲那是知識；有時，她以爲那是堂姊家裡的寬裕生活；有時她以爲那是一種希望的象徵。現在，她明白了，除了這些之外，就是敬凱對她的愛情。這是她所有歡愉之上的歡愉。

此刻，她正在這家花店門前等候敬凱。或許，敬凱要買一束花送她。敬凱說過的，他愛美；他還湊著她的耳朵，悄悄地告訴她：「若映，在我看來，所有的花朵，都是爲你而開。你，鮮花中最嬌麗的一朵，萬花之花。」敬凱的嘴好會說話，說得得體，雖然有點誇張，但，誇張得使人聽來怪舒服的。若映喜歡聽他說話，聽他低沉音調裡的那份溫柔，宛如她是坐在收音機旁，半閉著眼，一遍一遍地聽著「I Need You Now」這支迷人的歌曲，而最大的奇蹟，卻是當她睜開睛時，面對著她的，並不是四平八穩的收音機，而是歌唱者的本身——一個洒脫的男人！

她跟敬凱並不經常見面，他很忙。敬凱打電話跟她約會時，總說，今天某點到某點，我有兩三個鐘頭的空閒，你能來嗎？聲音是那末急促而焦切。若映雖然感到他勻出來的時間不夠多，但還是原諒了他。或許，正因爲他是在這樣的繁忙中還惦著她，倒反而使她對他產生出一種感激之情。她總要比約定的時間來得早一點。這會兒是五點半。她又看了一會鮮花，再轉過身來時，一輛紅色計程車戛然在她面前停下來。敬凱步下車，親切而又抱歉地說：

「瞧，我總想趕在你的前頭，但結果還是你先到。我原不該叫你在花店前面等我的，斜對面就有一家咖啡店。」

「可是我們兩人都特別喜歡在這兒碰面，對吧？」

敬凱望著若映，笑了。這句話替他們找回了很多事。敬凱是堂姊夫的朋友，但堂姊夫的朋友多，若映從學校回到姊夫家裡，照例總祇對客人點一下頭，就鑽進自己的房間裡去。她跟敬凱已見過幾次面，祇是在她的印象中卻還沒有他。去年春日的一個下午，堂姊爲了家裡晚上要宴客，就叫若映代她去買鮮花。她在這花店裡遴選了很久：榴紅色的唐菖蒲呢，還是帶著嫩綠葉子的半開的桃花？一回頭，看到一個男人也在那兒買花，看見她，卻說：「秋傑兄家裡的一只蛋青色的長頸花瓶，插三枝桃花最雅緻。」若映後退一步，眼光說出了她的驚奇。對方又說：「秋傑兄是我的朋友，我到過他的家裡四次。施小姐，你是個用功的學生，雖然沒患近視，但對有些人、有些事，卻視若無覩呢！不過，我倒早已認識你了！」

若映有點不好意思，因此，也就更不知道如何挑選了。敬凱老實不客氣地從她手裡接過桃花來，揀了三枝，然後說：「秋傑兄晚上有客，我也是其中之一。我本想帶一束花去，現在也不必了。但是，我還要買一朵花送你。」他挑了一朵淡雅的黃玫瑰，順手插在她的衣襟上，像對一個小妹妹那樣地拍拍她的肩：「晚上再見，不要再認不得我了！」那晚請客，敬凱最先到。若映出來時，衣襟上那朵黃玫瑰，赫然還在。敬凱的目光一落到那黃玫瑰上，便深深地笑了；祇有若映知道他爲什麼笑得這麼歡欣。她自己也忽然笑了。剎那間，那笑如兩道暖流，把他倆連接在一起，站在旁邊的堂姊，倒反而成了局外人了。

敬凱挽著若映，走進汽車去。坐下之後，他就向她低語：

「若映，要不是買花，到現在我們還是漠不相關的兩個人，所以說花是我們愛情的介紹人，也不爲過。但我得承認，我是一個幸運者，你堂姊、堂姊夫有一打以上的年輕朋友，好多人都把焦點集中於你哩。」

「我才不信。」若映搖搖頭，但唇邊也不免泛起一絲驕傲的笑容。堂姊家裡的客人多，是事實。堂姊是個幹練的女人，一季有一季的服裝，跟兩三件旗袍要穿十來年的母親完全不同。剛來臺中時，她穿的還是制服，堂姊說：「你小表弟穿白衣黃卡琪褲的制服還可以，怎麼你這二十歲的大姑娘，不做幾件花花綠綠的衣服來穿？」於是堂姊就動手把她塑成一個服飾入時的女性。

車子在平穩地急馳。春季大減價的巨幅紅色市招飄揚在許多店鋪之前。這是一個繁華的世界。悠美的音樂如一湖微波，輕盪著這花團錦簇的遊艇。若映覺得跟敬凱在一起，自己總有一種奇妙的感覺，彷彿他倆才是這世界的眞正主人；一切的人、事、物都是爲了要烘托他倆才存在的。若映側臉去看敬凱，雖然在微笑中，他那窄挺的鼻子和薄削的雙唇仍表示出他個性的堅決與辦事的幹練。三十歲的他，已是一個龐大民營工廠裡的課長。這樣年齡的男人之急於成家，也是可想而知的。敬凱第一次跟她約會時，他就鄭重地把他的年齡提出來。「若映，在年齡上說來，我可以做你的兄長，我是三十歲的人了。」「三十歲並不老。」「但跟你相比，三十歲也不年輕了呀。」若映笑了：「那怎麼辦呢？我們來對換一下，好嗎？我倒寧願自己是三十歲，而你是二十歲。」說得敬凱也笑了。

這會，若映問：「敬凱，我們去哪兒呀？」

「去看我的一個老學長。他知道我還沒有結婚，昨天說要給我介紹一個女友，所以今天我一定要帶你走看看他。」他停了停，又極輕極輕地說：「你今天眞美。他家裡也正等著一位小姐呢。你的出現，會讓她大大失色的。」

二

敬凱的老學長不是別人，正是敬凱服務機構裡新來的處長——卓步雲。敬凱跟卓步雲是臺灣大學的前後期的同學。卓步雲，二十七、八，有一個有「實業界巨子」之稱的舅舅，還有一個經濟學碩士的頭銜，所以輕而易舉地成了廠裡最年輕的處室主管。那些傴僂著背的、職位低微的年老員工，看到這位朝氣蓬勃、精神飽滿的新上司，誰都要暗暗地羨慕稱讚。到底是後生可畏，他們這一輩人該退下來了——如果能退下來的話。老一輩的人跟年輕的人，其間隔著一塊人生的草地，他們曾在那兒遊玩過、競賽過，現在要眼看另一批的新人來遊玩、競賽了。他們沒有妒嫉，祇有感嘆：感嘆著歲月帶走了他們很多的東西，帶走了他們的健康與雄心、倔強與驕傲；剩下來的，祇有對於生活的屈服與對於孩子們的期望。

然而，敬凱是幸運的，他既不屬於年老的一代，也不屬於彷徨苦悶的年輕一代。他能抓住機會，並利用機會。他為自己安排得很好。在卓步雲上任才不過一星期，敬凱已能在辦公廳之外跟他稱兄道弟了，而在態度、行動方面，也是夠親熱的。

車子在郊區一座小洋房門前停下來。敬凱一隻手拎著一包禮物，一隻手去按門鈴，一邊還對若映說：「他就是我們廠裡的卓處長。若映，對於卓太太，你總該知道吧，在言談之間，多些讚辭，總不會錯的。」

「對於那位小姐呢？」若映故意問了一句。

「那就要你寬宏大量了。據步雲兄說，她是他的堂妹。」

「噢，看來，今天，我是專來向人奉承的。」若映詼諧地刺了他一句。「我要把你對我說過的讚美話，全都轉獻給她。」

敬凱不及辯護，門就給拉開了。院子雖不大，但看得出才整理過。他們剛走進屋去，卓步雲便在屋裡說：「是敬凱嗎？」敬凱瞥了一眼若映，拉著她向裡走去。卓步雲坐在走廊的椅子上，正在悠閒地品茗呢，待看見跟敬凱同來的還有一位小姐，便半站起身子，說：「好極了，你們兩位一起來。這兒很不錯，先坐一會吧，內子和堂妹，正在牆角邊種鳳尾草，馬上就過來的。」

若映馬上接口說：「卓處長，你好。敬凱跟我談起你，所以，今天我就特地跟著他來拜訪賢伉儷。」語音清脆，態度大方，點頭微笑間，把女孩子特有的恬美、秀雅，流露無遺。

「噢，不敢當，歡迎你來玩。」卓步雲和氣得很。他那白皙微胖的臉，越顯出那頭濃髮的烏黑。他的眼睛不大，但很亮、很黑、很機智、很有慾望。在他打量之際，他已經把一個人收在眼底。他想，趙敬凱的目光果然不錯，這女孩子很美。他自己是前年才結婚的，對象是一個同學的妹妹，出身於專科的家政系——他特別欣賞她的一手好菜。那時候，他吃過了多年的包飯，一想起假如有人能夠好好地給他安排一日三餐，他就覺得甚麼犧牲都值得。然而，當他婚後在飲食上獲得滿足以後，他卻又開始感到精神上的空虛，一個人就有這樣不能知足。他常常懊悔，一個人怎麼會爲了吃而犧牲了愛情？有時候，他又想，如果他在愛情上獲得了滿足，而在飲食上不能愜意時，他是否又會感到飲食比愛情更重要？物質與精神，孰重孰輕？這，簡直很難分辨。當你得不到牠時，牠就作倍數的放大，而且發光發熱，像太陽那樣；人生中缺少了太陽，剩下來的自然衹是漫漫長夜了。

敬凱和若映剛坐下，卓太太和卓淑君也就洗淨了手，走進來了。卓太太穿著淺紫色旗袍，體型雖然適度，但並不見得美：鼻樑太塌，兩頰撒著芝麻般的雀斑；一張臉總使人產生一種不曾洗滌乾淨之感；跟白胖的卓步雲怎麼也扯不攏。至於卓淑君，則是穿著一身惹眼的火紅色的緊身洋服，苗條矯捷，整個面部的表情帶著自負與冷傲。若映站起來，跟她們點頭爲禮。

卓太太忙按著她坐下，親切地說：

「我們剛搬來，一切還不上軌道，幸而趙先生和施小姐都不是外人。而且，在這兒，我們的親友不多，希望今天見過面，大家都能像親戚那樣地走動。」

卓太太說完，讓淑君坐在若映旁邊，而自己則坐在敬凱對面。若映又看看卓淑君，她該比自己大兩三歲，尖尖的長指甲塗著蔻丹。她似乎已經不是一個還在讀書的女性。

「卓小姐，你的一雙手好漂亮！」若映沒話找話說，但爲了表示自己說話的眞誠，也就伸出自己那雙沒塗蔻丹的手。

卓淑君笑笑。「我因爲在銀行裡做事，女同事們都留指甲、塗蔻丹，所以我也這樣。」她特別提出在銀行做事這一點；顯然，這門行業，使她有著優越感。

若映說：「對呀，這樣才顯得好看。銀行裡工作很忙吧？」

「總是這樣，那裡的待遇比較好。施小姐，你呢？」

若映謙遜地搖搖頭。「慚愧，我還在讀書，讀的是農經系，最沒出息的。」

「行行出狀元，誰能說哪樣好、哪樣壞？我以前讀的是商專，也總以爲是最糟；最近碰到一位高中時代的同學，她從台大畢業出來，但找到的工作，卻還不及我的好，你看！」

若映望著卓淑君，薄薄的嘴唇，說起話來，右嘴角微翹。她的冷傲與自負或許是因爲出身於良好的環境吧。她又側臉瞥了一眼卓步雲，想不到他也正在看她，一碰到她的眼光，他笑著說：

「我看，施小姐跟淑君簡直像姊妹花，一樣美麗，一樣年輕。施小姐，我們廠裡有個出納員的空缺，如果你有意，我可以給你介紹。」

「人家還在唸大學哩，而且讀的是農經系，你的情可沒法領受。」淑君頂了她堂哥幾句。

「也沒關係。畢業後，你要找事，我當竭力幫忙。像你這樣美貌如花的小姐，走到哪裡，就會替哪裡加油。」

卓太太也插進來說：「你何必爲施小姐的工作操心，難道你忘了坐在這兒的趙先生？施小姐畢業後，第一要務，可不是工作，而是投向趙先生的懷抱。」大家都笑了，笑得很愉快。

晚餐是在卓府吃的，四碗一湯，一冷盤。卓太太做的菜，色香味俱全，敬凱和若映都讚不絕口。若映還說：

「卓太太，我幾時有空，一定要到這兒學幾只菜！」

卓步雲拍了一下手：「好主意，做主婦前的準備；你還想學學庭園的佈置嗎？」

若映大方地回答：「謝謝，如果以後有需要，一定向卓太太討教。」

那晚，賓主都非常盡歡。在歸途上，敬凱緊緊地摟著若映。若映半仰著臉，問：「今天沒有使你丟臉吧，敬凱？」

「當然，步雲兄夫婦對你的印象好極，即使是高傲的卓小姐，也不敢看輕你哩。可是，對你來說，她還是一個值得結交的朋友。」

「你說是爲了卓處長？」

「對於步雲兄一家人，我們一定要連絡得很好。若映，人與人之間的關係就是這麼一回子事。」

這幾句話在若映心裡引起的反應是驚也是喜：驚的是，社會是只大染缸，年輕的敬凱已經學會了圓滑、諂媚這一套；而喜的是，小職員的父親這些年來所受到的苦痛，做女兒的她，清楚得很，她委實也不願敬凱再投入這樣的環境中。

啊，且不去管這些。敬凱比她聰明，相信他，比相信自己更好。

三

這以後，若映跟卓步雲一家來往得很親密。她不僅跟卓太太建立起友誼，而且跟卓淑君也相處得很好。在言談間，她總是有意無意間讓卓淑君一點；因此，日子一久，卓淑君倒也把她當作知己了。卓淑君嘴快，閒談中，也就把她兄嫂並不恩愛這件事說了出來。她眉一挺，嘴角一彎，說：

「若映，你注意到吧，我堂哥有一雙深情的眼睛，但看嫂嫂時，卻總是冰冷冷的。實際上，我嫂嫂這副尊容，簡直一無可取之處。就說我吧，對她也是越看越厭哩。」

「她有內在的美。」

「哼，內在美，你看得出來？她跟堂哥賭起氣來，也能幾天不說話哩。還說，她當初也是這麼一張臉，並沒帶面具，你怎麼跟我結婚的？我堂哥眞是懊悔極了。」

「祗有你能勸勸他們。」若映說。

「呃，我才不勸。做和事佬，有時兩面不討好，我何必自討沒趣！而且，我內心是站在堂哥這一邊的。像堂哥這樣有地位的人，娶一個漂亮一點的妻子，何愁沒有？」

若映不好回答，也就甚麼都不回答了。

然而，這些日子，對若映來說，畢竟是値得紀念的。她感覺到自己的地位在逐漸昇高。她所接觸到的都是衣著華貴、麗都的體面人。有時候，卓步雲邀她、敬凱和淑君去「南夜」咖啡室喝咖啡、聽歌女唱歌。她雖然並不喜愛那些妖艷的歌女，但那兒陳設的豪華卻令人沉醉、令人喜悅。她慢慢地欽佩起敬凱的見解來。她自己也要努力擠到上流社會中去。她每次外出時，總要經過一番修飾，使自己能盡善盡美：不是艷麗，而是恰到好處的美。女人，美是她們的一種武器！

那一陣子，她寫給母親的信中，總有這麼一段話：

「媽：我怎麼來著述我目前的生活情況呢？我有很多朋友，我去過很多地方，我廁身於名媛閨秀的行列。媽，你總不希望我是一個平凡的女孩子吧。……」

但她跟敬凱之間的愛情，她還不敢向父母宣佈。她想，等學業完成，再跟敬凱去看她的父母也不遲。而敬凱有時卻說：

「若映，我眞希望你不要戴那頂方帽子，牠總比不上新娘的白頭紗來得好看。」

「我才不，你們男人爲自己著想得太多。」她俍著他。事實上，在她的心中，白頭紗的引誘力可也不小。祇是當白頭紗如一片浮雲似地幌動在她的眼前時，她不得不讓父母的多皺的臉去趕走牠，但隨著時間的流逝，父母的臉卻越來越模糊了。雪白的頭紗跟繽紛的鮮花混淆在一起，如一片錦緞，遮斷了她的視線。

她知道，祇要時間一到，一切都將實現。

然而，夏日的一個清晨，父親的一封限時快信，帶著火辣辣的紅色的焦灼，扯裂了她的夢境。她拿著信的手哆嗦了，信紙上的字變成了浮動的蝌蚪，蕩漾不已，跳躍到她眼裡的，祇是斷續的幾句：「……我經手轉借的三萬塊錢吃了倒帳，此刻追索甚急……祇有兩條路可走……一、立即申請退休，以所得退休金去償還……二、你交友較廣，能否爲我代籌……」

若映僵木地站了一會。夏日的炎熱燻烤著她，家的重負壓迫著她。她清楚堂姊家裡因平日開支浩繁，少有積蓄，唯一能挽救她家困境的，祇有敬凱與步雲。她拿這件事跟堂姊商量，堂姊說：

「這怕甚麼，誰都有一時之急。今天，我們不妨請他們兩位來吃晚飯，你看好嗎？」

「多謝你了，堂姊。我倒寧願借錢給我的是卓處長，而不是敬凱，因爲怕他不要我還，這倒像我故意向他索取甚麼代價了。我總覺得愛情總該建築在眞情上，而不是建築在金錢上。」

堂姊老練地拍拍她的肩。「我倒認爲愛情跟金錢同樣重要。若映，對這兩者，一個人最好是能收能放。當你覺得甚麼纏繞得你痛苦時，你最好有能力擺脫牠！」

若映望著堂姊：每個時代的人的觀念都不相同，而生活在某個環境裡的人，跟生活在另一個環境裡的人的觀念也不相同。父親跟母親都老了，他們這一代人的觀念，也慢慢地隨著他們這一代人的老去年華而消逝。她無可奈何地笑笑，思緒紊亂已極，但紊亂中又透出一絲歡欣。到底她以前的步子沒有跨錯；這不是絕路。

傍晚，卓步雲跟敬凱相偕來到。若映燒的幾只菜是向卓太太學的，本不想贏得卓步雲的讚賞，但一只只菜讓女佣端出去，卓步雲卻硬是讚不絕口，而且還向廚房直嚷：「若映，別老是悶在廚房裡了，且出來休息一會。」若映出來了，穿一襲翠綠布袋裝，繫一條藍府綢小圍裙，嬌媚依舊。卓步雲端起酒杯來說：「你的烹調本領，已經青出於藍，我要敬你一杯。等一會，我也要敬敬凱的酒，有你這麼一個愛人，他有福了。」

若映不會喝酒，祗啜了一小口，卓步雲不依，他說，在公衆場合，她怕酒醉失態，不乾杯猶有理可說，但在家裡，還怕甚麼？這時，堂姊插了進來：

「卓處長，請你原諒，我說句公道話，若映今天實在是不應該喝酒的。你們看得出她眼中的笑意跟平日不同嗎？」

「啊，那又爲甚麼？」

「請先聽我說完，」堂姊以前一定是個演戲能手，她擺擺雙手，放鬆了靦著的若映，也抑制了卓步雲與敬凱的驚訝。「就在今天下午三點鐘，她接到一封家信。她父親在經濟上遭遇到困難。若映是孝順女兒，你能怪她不痛心嗎？她本想取消這次便飯，但繼而一想，卓處長難得到這兒賞光，她怎能這樣出爾反爾？『借酒澆愁』原是男人們所慣做的，在她，她卻認爲當父母處境困難時，喝酒是一種忤逆的行爲。」

堂姊這番話說得令人感動，不僅把若映家庭的困難不亢不卑地洩露了出來，而且還把若映的孝心擴大了無數倍。若映低頭坐在那裡，深切地感到說話的技巧在某些場合是如何地重要，而一點點小謊……啊，在人生中，一點點小謊，或許也是一種點綴。

這中間有一下停頓，彷彿是個休止符，但若映卻沒讓停頓滯留得太長，便又站起來說：「我敬卓處長的酒，非常抱歉，掃你的興。」

卓步雲一仰脖子，把酒乾了，然後拍拍胸，非常慷慨地：「若映，如果能夠，我希望能幫助你。」

堂姊趁機故意捏細了聲音，彷彿席間還有別人似的：「也不是大困難。若映的父親被朋友連累，負了三萬塊錢的債，急於要償還。」

卓步雲用手向桌上猛然一拍。「呀，我以爲是甚麼？原來是一件這樣的小事情。我馬上開一張三萬塊錢的支票給你，不就結了？那末，現在該乾杯了吧？大家乾杯，若映、敬凱，還有你堂姊。我這個人喜歡痛快、熱鬧。在任何場合，都該活潑有朝氣，我們不該憂慮，不該暮氣沉沉，所以不該不乾杯……哈哈……」

敬凱附和著：「步雲兄一向就是這種作風，乾脆痛快。如果大家都能像他，怕社會風氣不煥然一新？他辦起公事來，也是當機立斷。」豎起大拇指，搖了一搖。

若映幌幌惚惚幾乎不相信這是事實。常聽人說，知己朋友爲了一點銀錢上的糾葛，結果總鬧得不歡而散。卓步雲如此有情有誼，實使她感激莫名，而她心頭的陰影，也就逐漸散去。

卓步雲喝得半醉，才被送上汽車回家。敬凱又待了一會，他要跟若映表白一下，因爲今天，他像不及卓步雲那樣大方、慷慨。

「若映，我向你道歉。照理說，以我倆的交情，你的困難，應該由我先伸手援助，可是我沒有現款，我的一些積蓄，都存在銀行裡，兩年期的。」

「我知道，我知道，難道我會計較這些小事？」她依偎著他，滿眼又是璀熠的光華：無數盞閃爍的燈是無數隻笑眼，用無聲的語言祝賀她否極泰來。

四

卓步雲的錢消除了她家經濟上的威脅，但同時卻也加重了她精神上的負荷。事後，她細細回味、揣測，總覺得在他的慷慨中不免夾雜著一些其他的因素：尤其是當她拿著支票、請由銀行兌匯時，經辦人卓淑君對她莫測高深的微笑、挺揚的眉毛裡透靈出的那種欲言猶步的神情，然後輕輕地說：「你好久不去堂哥家了，你知道，他跟堂嫂大大地吵了一架，堂嫂回臺北的娘家去了。」說的雖是好幾天前的事，而且跟若映風馬牛不相及，但在若映聽來，不知怎麼，總像跟自己沾著一點邊兒，臉上訕訕的，心裡也似梗住了一樣東西。

她決定輟學，從事工作，以便快些把債務清償掉。她毅然決然地放棄大學生活，縱有不少惋惜，卻沒有太多哀傷。兩年來，她慢慢地瞭解了自己：她並不是一個能夠始終致力於學問的人。女人有許多往上爬的路，她何必堅守這「苦役」？何況堂姊一家人不久又將北遷？

然而，要找工作，卻不得不再去麻煩卓步雲。

她把自己對卓步雲的顧忌告訴了敬凱，而且極其婉轉地從敬凱的話中探詢卓步雲對她的態度是否會引起物議。敬凱並不感到詫異，一笑置之。「我和步雲兄親如兄弟，我一點也不會介意。」

「如果他……我是說，如果他對我的感情超出了限度……」

「我想，那也是一種『柏拉圖式』的愛情，我不能禁止別人不暗中愛你！」

「我想，或許我該跟他疏遠一點。」

「那更不好。他對我們幫了不少忙，我們不該忘恩負義。倘若他生了氣，那對我前途的影響可就大啦。我們非得跟他照舊保持親密不可。說穿了吧，步雲兄的愛惡，可以使我浮沉，我想，你總不願我潦倒終生吧！」

若映瞠目而視。驚奇敬凱對於前途的憂慮，尤甚於對愛情的憂慮。或許是，因爲她是女人，把愛情當作一切，而敬凱是男人，在社會上混了幾年，深知謀生不易。人人都怕過小職員的生活；她又看到傴僂著背的父親了。

「愛情與麵包，兩者我都不願放棄，」敬凱說。「我們不能太呆板，有時不妨隨機應變一點。」

這番世故話，使若映不得不屈服，也幸而卓步雲果眞替她找到了一個進出口行女秘書的職位。由於不久堂姊一家因姊夫調差而北遷，敬凱爲她在郊外租了兩個房間。房子雖簡陋，環境倒清幽；佈置停當後，倒也像個可愛的小窩。床與沙發是敬凱買的，卓步雲送了窗帘、檯布與檯燈，卓淑君也送來了一套咖啡杯。小客廳裡的花瓶中揷上一大捧五彩的大輪百日草，使穿著銀色旗袍的她顯得越發純潔清麗了。

敬凱說：「若映，你有了適當的住處，我也可以放心了。我明後天就要南調，去高雄擔任一個獨當一面的辦事處主任。」

「甚麼時候決定的？從沒有聽你說起過。」

「才這幾天，完全承步雲兄的幫忙，有多少人都想鑽營這個位置呢！」然後打量著若映。他的眼睛中不是深深的愛意，而是帶有一點距離的欣賞神情，彷彿她已不是一個人，而是一張畫。若映一驚，但敬凱卻又笑了。他走近花瓶，摘下一朶淺紫的花，插在她的衣襟上。「不佩一朶花，對你和對花來說，都是太可惜了。步雲兄馬上就要來了。我走後，你如有甚麼困難，請告訴他。」

若映木木地點點頭，她覺得愛情忽然變成一陣風，她無法確信她能否掌住牠。敬凱不願爲愛情犧牲甚麼，他也衹願她變成一朶花、一隻粉蝶，不僅吸引他，也能吸引別人。這些日子來，她看得出，敬凱有意容忍卓步雲對她的親暱。對於這種手段，他雖然一再說是爲了日後之計，但總使她心寒。卓步雲可能眞的愛她，因此，這樣的容忍，衹會使卓步雲的那份感情由淡而濃，由淺而深。此後，三人間將會引起如何的局面、形成如何的糾紛？現在，敬凱從卓步雲那兒得到的是這些；以後，敬凱從他那兒失去的，或許更要多些。而她自己夾在兩者之間，當然更是左右爲難了。

可是，她已不願跟敬凱談到這些。她宛如一個拙劣的辯論者，在對這些事情的辯論上，她將永遠是個失敗者。

敬凱去了南部以後，卓步雲在晚上便經常到她家裡來閒坐。他一坐就是一兩個鐘點，問她工作上可有甚麼困難，物質上可有甚麼缺乏，又訴述著他婚姻上的不幸，心靈上的無依。若映爲了保持自己僅有的一點矜持，總儘量減少說話，祇傾聽著，傾聽著，表示自己那份無能爲力的同情，然後問了一句：「卓太太從臺北回來了吧？」意思是，卓處長，你小心啊，你是有妻室的人；我們的交誼祇能到此爲止！

「沒有。其實，她回來不回來都跟我無關。我真的不曾愛過她。我以前從來不曾愛過別的女人。不知道愛是這麼甜蜜，又這麼痛苦。」他搓著雙手。「若映，你是聰明人，我對你的感情，你該早已看出來了。我明知我不該奪朋友的愛人，然而，那種感情，竟然越抑制、越強烈。你知道，晚上，我本有許多應酬，我甯可拒絕一切來陪你。你罵我無賴，你罵我痴心，我也顧不了。現在，一切對我都不重要，除了你！」

「卓處長，請你冷靜一點。我非常感激你，但事實是不可能的。噢，我好久沒跟淑君碰面了，今晚，我們還是去找淑君談談吧。她是住在她行裡的宿舍裡吧？」

「半月前，她已奉調到高雄分行去服務；她臨行匆匆，沒能親來向你辭行，要我轉達，但我卻忘了。所以我們還是在這兒隨便談談吧。」

若映感到惶惶不安。「卓處長，其實，我早想跟你說的，我們左右都有鄰居，你每晚來，大家不免會蜚短流長。」

卓步雲笑得很得意。他拉住若映的一隻手。「你眞是一個孩子，我就愛你這份單純。告訴你吧，這一年的房租，是以我的名義付的，大家都認爲我才是你的情人哩。」

若映挺直身子，雙唇顫抖：「敬凱答應的？卓處長，你別騙我。你這樣子，叫我怎麼對得起敬凱？」

「敬凱知道的，我跟他談過條件。我跟他如兄似弟，有什麼不可以商量的？我們同樣愛你，我們彼此都不妒忌，我們相處得這麼好，你成全了他，成全了我，也成全了你自己。」

若映猛然站了起來，怒叱著：「你們……你們……你們都把我……」她想衝出屋去，但卻被卓步雲一手攔住。她混身發軟，眼前昏黑一片……

自從那晚以後，若映已不再恐懼、不再憂慮、不再思前想後。她無法逃脫敬凱的安排，也無法逃脫卓步雲的控制。她受掣於他的太多：她父親的債款、她自己的職業；且把他的貪婪當作一種短暫的愛情，自我陶醉一陣。她不願親手去摧殘既得的果實。一樣東西失去了，你已不復能找到，但你如果因此而光火，或許你又會失去一樣。跟卓步雲的那段不公開的生活，她不願追憶；既不願意把牠當作恥辱，也不願把牠當作歡樂；這衹是一種有代價的工作。卓步雲很體貼。有時，當他吻她、擁她時，她閉上眼著，想像他就是敬凱。他很熱情，然而，有婦之夫的熱情，畢竟是一堆火，不會太持久的。她等待著火熄的那一天，因爲那便是她自由的一天。

白天、黑夜；黑夜、白天：日子就這樣地過去了。昇起的太陽與顯現的星星，對她全然無關。卓太太始終沒有回中部來，這是他們的生活未起變化的重大原因。有時候，卓步雲說，他要離婚，若映聽了，祇不過淡然一笑。她沒有眞正愛過他，也沒有這一希望。卓步雲從她的眼色裡也略略窺見了她的心意。於是，有一天，他對她說：「若映，上面派我出國考察去，爲期一年。」他停了一下。「我想，這是你高興聽到的消息，你的心在敬凱身上。我回來時，你已是敬凱的妻子，那末，我們就此分手了。」他輕柔地吻她：「你仍是多麼可愛！」

半月後，卓步雲搭乘飛機前去臺北時(在臺北停留幾天，然後再出國)，若映以朋友身分到機場去送他。她猜想敬凱和卓淑君也都會趕來送行的。果然不錯，他們都來了，而且是一起來的。飛機起飛後，若映仰望藍天，感覺自己已是一隻自由的鳥，回過頭來，正跟敬凱的眼光碰個正著。

她走過去，淺笑著。淑君拉著她，他們三個沒說什麼，先坐進一輛計程車裡。

「若映，我和淑君是前天下午到臺中的，正想去看你，實在，這兩天太忙。」敬凱說，隱隱地笑著。

「噢，說起來，也眞快，你們去南部已經幾個月了。這會就到我家裡去談談，好嗎？」她望著敬凱。她希望淑君能知趣一點，托故謝絕了她的邀請，好讓她跟敬凱單獨在久別重逢的今天暢著一下。啊，她不僅要暢談，她還要讓委屈的眼淚儘情地流。讓他替她把牠吻乾，讓他告訴她，他倆間的一切阻礙業已撤除，一條舖滿鮮花的大道正是他們婚後要走的路。

但敬凱卻避過她的眼光，瞥向卓淑君，卓淑君剔著她那尖尖的塗著銀紅色蔻丹的指甲，然後彎起嘴角，現出一絲歉然的笑意。

「非常抱歉，若映，我怕我們這會兒不能到府上去。我和敬凱定在後天訂婚，想趁這時去買些東西。」

倘如汽車的輪子筆直滾到若映的身上，她的痛苦也不過如此。在反射的小鏡中，她看到自己兩眼含淚，臉色慘白，但她卻一咬牙，把這抑了下去。

當她自知能自如地行走時，她吩咐下車，讓她下來；她沒有去看車子怎樣馳走，祇發覺不遠就是那間花店。她腦子裡一片空白，祇感到兩腿在移動，移向那家熟悉的店舖。她要買花嗎？她要買芬芳的鮮花，嬌麗的、永不凋萎的花朵！但在鉛盤上，花束零落，颱風剛過，大多數的花朵已被風暴摧殘、折損了。

她凝望久久，才恍悟到秋日將盡。聽見有人喚她，她轉過身去，是一個年輕的、穿著挺括的男士。

「施小姐，你要買花嗎？秋傑兄是我的朋友。記得以前他沒搬去臺北時，我常常到他家裡去。我見過你幾次，你認不得我了吧？」

宛如戴著一副眼鏡，若映望著他。他是以前的敬凱嗎？他們也是這樣熟悉起來的。啊，他不是敬凱，但模樣與語氣卻完全像敬凱。不知爲甚麼，她對他嫣然一笑。

「你眞美，施小姐，比花還美。雖然，今天沒有甚麼好花，但我還是要買一朵送你。」

他選了一朵粉紅的玫瑰插到她的衣襟上，然後低柔地說：「如果你有空，我中午請你吃飯。」

若映故意矜持了一下，然後點點頭。

她想，又是一個敬凱！但她既沒有歡樂，也沒有悲哀；既沒有希望，自然也不會有甚麼失望。她低頭再望一下襟上的那朵玫瑰；事實上，牠已並不鮮麗，離凋萎也不會太遠了。

一九六五年（民國五十四年）三月

我的日子好長

我叫江崖：老實說，我並不喜歡這個名字。有時，我想，我的爸媽或許可以給我取個比較好聽一點的名字，譬如：江浩、江鷗、江傑……可是，當我眞的頂著那個名字時，可能我又不喜歡它了。我感到許多事情都叫人膩、叫人煩，就是這麼一回事。

有一個問題我常提出來問自己：爲什麼一天有二十四小時？像這樣的問題，我知道是最愚蠢不過的，但它卻困擾著我，而且令我一思再思。我每天每天這樣想：要是一天只有十二小時，那該多好：我在床上睡七小時，三頓飯兩小時，喝水、大小便以及零星的事兒一小時，餘下來的兩小時就看看報紙，聽聽唱片。那樣，日子不就過得很容易了？因此，我覺得這世界不合我的理想，地球一直在跟我作對，它怎麼不轉動得快一點？

有時，媽跟老朋友聚在一起，就說：「日子眞是過得太快啦！」見鬼，我就不相信她這話是眞的，否則，她一轉過背來，怎麼又對我嚷嚷：

「我眞希望現在就七老八十了，耳朶聾了，眼睛瞎了，看不見，聽不到，這樣也就用不著煩心了！」

從各方面，我都漸漸看出媽是一個矛盾的女人。她所選的衣料是最好的、最流行的，但穿在她腳上的卻始終是平底圓頭的廉價皮鞋。她喜歡上美容院去洗、做頭髮，但她的髮型卻永遠不變，平平直直地貼在頭頂上，只髮梢有點兒彎曲。她走起路來時很輕，好似家裏有個重病的人，但她拉起窗子來，卻又特別響，用力一引，嘩啦啦地，好像要把整扇窗子上的玻璃都震落到地上。最近一年來，媽清晨下床的第一件大事就是開窗子；先打開她臥室和爸書房的窗子，然後是走廊上的窗子。要是你住過日式的房子，那你總該知道走廊的落地窗有多高多寬，而猛地被拉開來時的聲響又多具威力，彷彿一顆小型的黃色炸彈落到了我的床邊，叫我非從夢中醒來不可，因爲我的臥室就在走廊的後面，而它跟走廊之間又祇隔著一列薄薄的格子紙門。當我扯著半長的頭髮、在床上喊叫時，我不知道媽是仍在走廊上，還是已經走開了，或是站在走廊的盡頭竊聽？我搞不清楚她是一直在注意我的言行，還是早把我忘懷了？有時，我會突然一躍而起，推開紙門走出去，只見媽正在客廳裏輕輕地拭拂，一如剛才的拉門聲跟她無關，而壁上的掛鐘的指針才指著六點一刻哩。我回到床上，推敲著：媽幹嗎還要這麼早起來？現在，我可不必上學去，她根本無須忙著替我裝飯盒，也不用擔心我趁不上早班火車；更何況，爸已調農場工作，每星期回來一次，媽更不必爲他張羅早點。她可以舒舒服服地睡到八點，睡到陽光把房間都塗得亮汪汪的，一如整座的屋子都浮在閃爍波動的水面上；而我，當然也會在這樣的白日中自動醒來。

我喜歡睡到八點或者九點。

我不管你睡到什麼時候！你睡你的覺，我開我的窗。

我昨晚上十二點才回家睡覺的。

我沒有聽見。你回來又沒叫醒我，也沒跟我說一聲！

我不想吵醒你。昨晚，我在跟老李他們三個人一起玩橋牌。

我不知道。我不想管你的閒事，你也別想要求我什麼。我喜歡大聲地拉開窗子，我喜歡六點鐘起床，我就是喜歡這樣。

隔些日子，我總要跟媽來這樣的一段對話。媽看來一點也不講理。我十七歲，她四十七歲，可是，看來，她簡直也像十七歲。我斷定她是返老還童了：我十歲、她四十歲時，她可不是這樣的。後來，我明白，她不是喜歡開窗子，她是存心要把我鬧醒。她看不得我睡懶覺。其實，一天的時間這麼長，我的日子又有這麼多，睡睡懶覺有什麼關係？媽眞是個死心眼兒的女人，腦筋像鋼板一樣，一點兒也彎不過來。

好啦，我既然不能在跟媽的辯論上獲勝，那麼，每天，我也就只得在六點出零時被硬生生地吵醒過來。老李告訴我，他每天也是在六點多鐘時被叫賣豆腐的聲音吵醒的，但他一會兒後便又睡去了，而我卻睡不著。就因爲知道自己醒來後就睡不著，所以我一醒就滿腔怒火——也或許是由於光了火才睡不著的。啊，這因因果果，誰知道？我扯著自己的頭髮，叫嚷著，又搗著床板，把棉被踢到床後去。然而，這些舉動，對媽卻總起不了什麼作用，因此，過不了多少時候，我也就自動停止下來。我平躺著，瞪著天花板：天花板年久發黃，憔悴萎頓，像老婦人的臉，越看越不是味兒。於是，我轉過臉去，望著被晨光映成乳白色的窗子。我知道，這會兒，整座屋子裏只有我這個房間裏的窗子沒有打開。照媽的說法，經過一個悶熱的夏夜，我房間裏的空氣重濁得猶似一盆洗過身子的污水，但我並不在乎——或者說，我懶得起來去打開窗子；就像在有些斜風細雨的夜裏，當我發覺屋子裏的窗子都緊閉著、獨有我臥室的窗子卻仍敞開著時我也懶得去把它們拉上一樣。爲什麼我在這方面懶於動，我可說不上來。我之對於開窗、關窗不感興趣，正如我之對於側院不感興趣一樣。窗外的側院是個儘夠都市人種花、晒衣，卻不夠鄉下人舒散筋骨的狹長地帶。以前，在我讀初一的那一年，我曾在那塊土地上栽過幾株木瓜。兩株公的，砍了，餘下來的兩株，才結果子不久，卻被颱風刮倒了，所以現在，那裏什麼都沒有，只有那些籬笆樹，經過一春的發枝，再加夏日的生長，現在是又亂、又雜、又高，整個兒遮斷了我對外界的視線。我把它們恨得牙癢癢的，幾次發誓想把它們連根挖掉，但又沒有人來助我幾臂之力！

我躺著、躺著，開始時，覺得這張三尺寬的床倒是蠻舒適的，後來就漸漸地變得不對勁了：仰躺不好，側睡不好，掉過頭來睡不好，斜躺著、把雙腳抵在牆上，還是不好。於是，我就乾脆上廁所去。廁所在走廊的那一頭，我去那裏時，準會瞧見媽在客廳裏或飯廳裏擦擦拭拭的。早上，我們娘兒倆的怨恨似乎特別深，誰也不願打誰的照面。我拉開紙門，低頭疾走，但我卻知道她是在悄悄地傾聽，偷偷地瞥視。我走進廁所去。廁所的地板跟走廊的地板一樣，給抹得一乾二淨（那是由一個阿巴桑抹的），而且還有一股樟腦的香味。我很樂意聞這種味兒，因此，小便之後，我又在便器那兒蹲下來，打算屙大便——或許只是想在那裏蹲一會。那裏放著兩本舊書，一本是關於庭園佈置方面的，一本是小說。我每次要看五面小說，但每次都是開頭的那五面，再往下看，可就沒有胃口了。那幾面裏描寫一個少年帶了幾百塊錢離家出走，但在下了火車之後，卻碰到了壞蛋。我倒也有過離家出走的念頭，那無非是想嚐嚐新鮮、刺激的滋味；如果眞要我吃苦、挨打，那我可不幹，所以我始終不敢出走。有時候，我想，那本小說是媽故意放在那裏叫我看的。媽對我的愛與恨，我分不清楚。她以前曾經非常愛我，因爲我是她的獨生子；現在，她又非常怨我，因爲我畢竟是她的獨生子。

今天，我又拿起那本小說來，看那已經看過無數遍的前五面，我想找尋一下書中的少年是否也是獨生子，但那裏卻一個字也沒提及。我把它丟到一邊，我又翻開那本庭院佈置方面的舊書。那些百合花和鬱金香都很美，如果狹長的側院也種上那些花，那有多好！但由誰去種呢？

我從廁所出來，媽還在客廳裏。她似乎一直在等我。她口口聲聲說，她不想管我的任何事，其實，她是連芝麻綠豆大的小事都想插一手哩。媽就有這麼矛盾！我可不是這樣，不在乎就是不在乎。我大踏步地去飯廳喝了一杯白開水之後，就又回到臥室裏。可是，生活的趣味在哪裏？早上就乏味得像白開水，甚至比白開水更乏味。我在臥室的地板上坐下來，抓來一疊書，一本一本地丟開去，散得滿地都是。那些都是初中的課本、參考書，可眞不少。那是讀初中的人要用的，也是考高中的人要用的，但我已初中畢業，高中卻考不上，我不想再考，那麼，它們對我不是已經失卻價值了嗎？

現在，除了看報以外（還有每天在廁所裏看那前五面的小說），什麼事都不想看。媽曾經問過我：爲什麼？爸也曾經婉轉地問過我：爲什麼？理由很簡單，我沒有興趣。

但你對別的許多事，不都很有興趣嗎？

不是很有興趣，只是有一點兒興趣，因爲我既然不想看書，就總得找些別的事情做做。

譬如對打司諾克？

現在才祇學會哩。

譬如對玩橋牌？

一玩就可以幾個鐘頭，很可以打發時間。

譬如對打籃球？

爸，你太矮了，我一直擔心自己長不高，幸而常常打打籃球，現在總算不太矮了。

譬如對聽搖滾樂，一個半天就這麼神哭鬼嚎的，搞得別人不得安寧。

嘿，誰不喜歡把家裏搞得熱鬧一點、生氣勃勃一點！我一個人在家，太冷清、太寂寞了；我實在受不了。

我想，你跟誰都合得來，獨獨不能跟自己的爸媽處在一起。

那也不見得。我跟巷尾的趙大頭就合不來，他連走路時都在背英文生字。我喚他幾聲，他只咧嘴一笑，死相！

噢，那是因爲他是一個用功、守份的好孩子。
什麼用功？死啃書本的蛀蟲，好不好？瘦排骨一個，雖然他要比我大一歲，但較起臂力來，他準不是我的對手！
你光長身材有什麼用？聽你的口氣，似乎專想找人打架！你不拿面鏡子照照看，一臉的邪氣！
哈，大家都說我的臉長得挺帥呢！爸，小時候，你不是說我長得挺好看嗎？
小時候好看有什麼用？
不是三歲可以看到老嗎？
江崖！
我希望我的名字不是江崖。
江崖，你到底要不要再去讀書？
我沒有多大興趣。
你考不上高中，讀個私立五專也好。
我去年不也考上了一個私立五專？我讀了一個月，覺得沒有意思。
你到底喜歡怎麼樣？
我不知道。我只覺得生活很膩，日子好長。假如每天只有十二小時，那不是很好嗎？
爸的脾氣比媽的好，對我說話的口吻也比媽的友善得多，但我們還是談不出什麼結果來。

她的要求，不是我的希望，而我的希望又是什麼——希望一天不要這麼長！我也探問過老李他們：他們的希望是什麼？他們說，他們沒有什麼希望；過一天，等於兩個半天。我覺得他們的辦法倒是「亂」輕鬆的。

現在，我把散滿在地上的書本堆到屋角去，騰出來的地方，好讓我來做伏地挺身。這種健身運動，是我唸初一時開始的，那時，我的胸部小，肩膀窄，爸說我的體型太差，於是每天晚上就陪著我一起做。開頭，我只起伏了四下，漸漸增加，而今，我一口氣做他五、六十下也不吭一聲。因爲晚上回家得遲，我就改在早上做。或許這是我惟一能夠維持長久的一件事。我做了六十下以後，渾身冒汗，就停止下來，把臉貼在冷陰陰的地板上，休息著，感到整個身子就像躺在湖面上，舒暢、涼爽。這是我每天上午最快樂的時刻。我儘量多躺一會，躺得讓別人以爲我又睡過去了，這時，彷彿聽到教堂的鐘聲似的，我聽見飯廳裏清脆的碗碟相碰聲。七點三刻。老天爺，媽已把早飯準備好了，宛如我是一個需要準時上班的人！

我有點兒餓，確實有點兒餓，但我並不急著去吃飯。有時，我甚至希望自己現在跟十來歲時一樣瘦弱，餓上一頓，叫媽心痛半天。如今，媽已不再問我喜歡吃些什麼菜（雖然每天的菜依舊不錯），但我的胃口卻奇佳，每餐都能吃上二、三碗。我計算好時間，等媽用畢早飯、推開椅子以後，我就走到飯廳去，我看見她站在走廊的落地窗前，定睛望著後院，是在看那紅成一簇簇的繡球花，還是那白似雪片的馬蹄花？或者什麼都沒有在看。待我快吃完了飯，她就朝著窗外，問了我一句：

「你上午要不要出去？」

「要出去。」

「去哪裏？」

「隨便走走，去哪裏都好。」

媽不再問，我也不再說。每天都是那幾句話，等於放次錄音帶。媽推開走廊的紗門，走到後院去。她在這株樹邊站一會，又在那株樹邊站一會，然後開始澆花。我則打著飽嗝，到客廳裏坐上幾分鐘，然後去盥洗。我在頭髮上搽了些油，梳了又梳。我的頭髮比老李他們的柔滑、好看多了。我一壁梳頭，一壁從鏡子的反射中窺視著媽。她蹲著身子，在細心地拔除花木旁邊的野草。爲什麼她每天做著細瑣的家事而不感到無聊呢？而我卻無法在家裏獃上一天！

我到臥室裏去換衣服。紅白條子的毛巾布運動衫，咖啡格子的短褲，套上拖鞋，把單車推出大門，心裏直嘀咕：今天該上哪兒去才好？昨晚老李說，他的爸要在今天押著他回到鄉下老家種田去，而阿財卻要上台北幫他的姨父做生意，至於瘋狗呢？他媽前天就病了！我跨上單車，在巷子的水泥路上作之字形的行進。後面的鈴聲一個勁兒地響著，原來是巷尾的趙伯伯騎著單車來了，我停下來，他的車子在我車旁困難地擦過，我喚了他一聲，他連頭也沒動，猛踩著車子，馳遠了。

我心裏怪彆扭的。我小時候，趙伯伯還用單車載過我咧，我坐在前面，他兒子趙大頭坐在車後。現在，就因爲我比趙大頭差勁，他連認也不認我了！他還以爲我會靠著接近他去接近趙大頭；笑話，現在，我跟趙大頭根本就談不起話來。如果我說：

「趙大頭，你好用功啊，明年你一定考上一所理想的大學。」

那麼，他就會假意假語地回答：「哪裏，我可一點兒也不行；你不知道，我在學校裏的成績有多差，上次月考，我險些兒抗了一個紅字！」

「我可不相信，你這麼用功，怎麼會？你晚上睡得很晚吧？」

「才不是。十點不到就睡了。我這人就是熬不得夜。江崖，你實在比我強多了。」

如此這般。那些話，說了等於白說，何苦來哉。

我騎著單車，慢條斯理地從巷子裏轉出來。巷外是條較爲寬闊的水泥路，繞過一排房子，就是一個橄欖形的小公園，大約有一甲大，長著大榕樹，設著小石凳，水泥路作了它的飾邊。我就順著那圈飾邊趟過去。好在沒有事，繞了一圈，又是一圈。雖是大熱天，大樹的枝葉卻洒下碎碎的風。倘如有好些同伴並駕齊驅，那該多好！倘如來次單車競賽，又該多好！我雙手放開車把，車子仍然一溜煙地滑去。這條路上，這個時候，總有好些上菜場買菜的女人（媽出來得似乎較遲），她們多半是我所熟悉的；我管她們喚劉媽媽、王媽媽、趙媽媽、朱媽媽的……但她們總是談笑自若地從我身邊走過去，對我的存在視若無睹。有時，她們走遠了，還忽然回過頭來，對我瞥上一眼，叫我渾身發毛。

我騎著、騎著，也就索然無味起來。現在是六月中旬，中學還未放假。在這個宿舍區裏，我在白天簡直可以說是碰不到一個跟我年齡相仿的少年。他們全都上學去了。劉家的劉小偉，王家的王子良，朱家的朱維吉……他們全是我初中的同學。我不知道我們是什麼時候分道揚鑣的？以前，我的世界絢爛而熱鬧，早上六點半背著書包跑出來，在公園邊的水泥路上一站，就聽見有兩、三個人在這邊那邊地招呼我：

喂，江崖！

喂，江崖，你好準時啊！

喂，江崖，你今天還帶了水壺啊！

嘰嘰喳喳地圍攏來，大家一起走向車站去。早班火車總是特別擠，我們幾個人有時就這樣擠在盥洗室裏，毫不在乎地談笑著。

騎了好久，我還以為該十點出零了，看看手錶，才九點半；糟了，今天的時間怎麼就像用不完似的。

但總不能在這小公園四周轉上一天。我離開那裏，馳向街上。我有點兒後悔，幹嗎不替媽買些菜！街邊擺滿了水果和蔬菜。我下了車，推著車子走，不時俯下身去瞧瞧，那些小販還以爲主顧上門，不敢怠慢，便把蔬菜或水果送到我的眼前來。我搖搖頭，告訴他們，我只是順便看看，買菜是我媽的事。那些小販別轉了頭。我也不管他們理不理，一攤一攤地看過去，等快要彎到魚市場去時，我才退出來，往另一邊走，走到電影院前看預告片。從第一張看到最後一張，然後又從最後一張往回看到第一張。現在，媽給我的零用錢，已從每星期三十塊減少爲十五塊。我在第一天裏幾乎就把它化光了。我窮得只能自管自的，沒法請朋友飽飽眼福，即使偶爾請他們吃碗涼粉，也還得在褲袋裏掏上半天，看看夠不夠會帳呢！

然後，我又走到賣草藥的那裏，看那光著古銅色上身的壯漢，在口沫橫飛地大吹法螺；然後，我又走到玩具攤旁，佇立在那些七彩玲瓏的玩意兒之前；然後，我又回來，站在蛇肉店的門口，看那斑駁的爬蟲在鐵絲籠裏盤曲、糾纏；然後，我又來到一家製冰店的門口，看一個胖女人汗流涔涔地在鋸冰塊；然後……單車的輪子無目的地滾動，好啦，這裏是一家皮鞋店，店門前放著一架縫皮機，還有一隻矮小的工作檯，無數的舊皮鞋。現在，修補皮鞋已然成了小皮鞋店的主要業務之一了。

「喂，老闆娘，生意很好吧！」我把單車停在騎樓下，看到那裏有隻空著的凳子，就禁不住坐下來。

那個三十多歲的老闆娘，正用強力膠在黏一隻女鞋的鞋底，抬頭看看我。她是認識我的。這些年來，我家的皮鞋不僅都是向她的店裏買，而且是在她的店裏修的。

「差不多吶。你是不是想買一雙新皮鞋？今夏又流行方頭了。」雖然這樣說，卻沒有領我去櫥窗前看。

我只說明後天讓媽陪著我來買。

我坐在她的對面，探身向前，拿起鑽子，一下一下地戳著工作檯；過了一會，又拿起鋒利的削皮刀，在一塊碎皮上胡亂劃著，然後，又拿來繞在線軸上的麻線，用手試著它的堅韌度。老闆娘不時抬起頭來看我一下。她已開始在黏另一隻女鞋的鞋底了。

「補鞋倒滿不錯，」我說。「簡單、方便，又能賺錢。」

老闆娘笑笑。「你喜歡做這種事？」

「我不是這意思。我看你在做，滿有興趣。要不要我幫你黏？」

「不敢當。其實，我們這裏的事你是幫不上忙的。」她拿起一雙初中男生的皮鞋，走到縫皮機的旁邊。「你爲什麼不讀書去？」

「有一陣子，我生了一場病，病假請得太多了。」我隨口扯謊。「現在，那種初中學生的皮鞋，多少錢一雙？」

「你爸爸和媽媽不生氣嗎？」

「嗨，」我故作驚訝地向櫥窗望去。「那雙涼鞋很不錯，晚上我再帶錢來買。」我站起身，把單車推到街上。

小鎭的街道就只這麼幾條。趟過去，馳回來，騎了幾個來回，也沒碰到一個可以交談的人。太陽越來越烈，我感到肚餓、口渴。回家去吧！十二點差一刻。

我在用淋浴沖掉渾身的臭汗之後，剛好趕上媽燒好的午飯。眞不想睡午覺。如果有人跟我打場乒乓，要比這有意思些；只是想不起去找誰。我躺在地板上，一隻八吋的小型電扇正對著我的臉孔吹，吹久了，眼睛發酸。我闔上眼，只一會便睡去了，睡到兩點半才起來，就走到浴室去，想再洗個澡。不料推門進去，媽正在洗兩件毛線衣。她說：

「前天才用的藥皂，今天被你泡在水裏，溶去了一小半。浪費得太不像話了。」

我說：「我替你省回來。這一星期裏，我洗澡不用肥皂！」

「說起來倒很有志氣。爲什麼不說：以前，我把時間浪費得太不像話了，從今以後，我不再往外闖，替你把時間省回來。」

「時間不用花錢買，我身邊多的是。」我說，退出門來。

「下午去哪裏？」媽用雙手拎著濕淋淋的一件毛線衣，臉上濺了好些水珠，眼珠子卻是清烏烏的。

「不知道。」

這個小鎮的每一寸土地，我都摸熟了，還有什麼新鮮的去處。我又騎著單車出來，在公園左近習慣地繞了好幾個圈子。來往的人，有些對我視而不見，有些面無表情地盯視著我。一個兩三歲大的小女孩，一直站在大樹下，挺有興趣地看我騎車。我覺得她很友善、很可愛，就走過去，把她抱到車上，想帶她去兜幾圈，不料她卻大哭大嚷起來。她的媽媽不知道從哪裏跑了出來，對我高聲叱罵，彷彿我要拐走她的女兒似的。我一氣，幾乎想把那個女孩摔到地上去。

我騎著單車離開那裏。假如我眞能把時間賣掉，多好；我的時間像白紙一樣，一大張、一大張的。

不想再上街去。跟大街相反方向的一條路是通往農場的。我忽然想去農場逛逛——順便看看爸爸。我在路邊腳踏車店裏給車胎灌滿了氣，車子就精神抖擻、神氣活現了。以前我是緩馳慢行，現在是快馬加鞭。我曾經跟著爸去過一次農場，印象依稀猶在。果，然五十分鐘後，我到達那裏，但也已經滿身塵沙、一身臭汗了。

「你找誰？」農場入口處的管理員問我。

「江濤聲技師。」

「你找他有什麼事？」

「沒有事。」

「那麼，他沒有空。」

「我是他的兒子。」

他只好把我帶到爸跟前。爸正在泥手泥腳地指導工人作業，看到我，吃了一驚。他問我是坐誰的吉普車來的？幹什麼來的？家裏出了什麼事了？那副緊張勁兒，看了著實叫人好笑。我說，什麼也不是，我只是沒有地方可去、沒有事兒可做，來這裏農場走走的。爸的臉色一下子變成了蛋青色。我又說，我是臨時決定的。要是我早知道自己要來，我就會告訴媽，那她或許會叫我帶些吃的東西來給他。我知道農場裏的伙食一定不及家裏的合胃。

爸的一隻泥糊糊的手拉住我的胳臂。「這裏不是什麼遊樂場，你往這裏跑做什麼？」

「當然不是，」我說。「如果是，我早就來過好多次了。」

「這裏也不是什麼風景區、名勝地。」

「當然不是。我早知道的，這裏只有一些甘蔗罷了。」

「這裏沒有你的事。」爸把我一推，我跟蹌了一下。爸的體力實在好。「你回家去，你媽在家等你。」

「家裏沒有一點事情可做，無聊透了。而且，我也找不到可以跟我玩耍、聊天的朋友。」

「坐到書桌前去；書是你的朋友。」爸總是唱這老調。他帶我走到農場的入口處，把我停在那裏的單車推到我身邊。「回家去，這裏沒有你的事！」

「哪裏都沒有我的事。」我說，一面跨上單車，向回程馳去。我隨口唱著：

我的日子好長，

你的日子好短，

請你告訴我——

爲什麼，

爲什麼我徘徊、徬徨，

而你卻神采飛揚？

告訴我——告訴我，

爲什麼我的日子這麼長？

失去了來時的那股衝勁，單車就成了在碎石路上喘息地蹒跚前進的老牛。在這條寂寂長路上，我眞希望遇到一點小插曲——一輛計程車抛了錨，兩個農婦隔著田塍吵架……然而，什麼也沒有發生，平和、單調，讓人感到倦怠慵懶，宛如這條路一直要通到天涯地角去！

果眞通到天涯地角去，對我來說，也就好了，但我卻註定是屬於這個小鎮的，因爲我又看到這家公路邊的腳踏車店。我跳下車，一屁股坐到店門口的一只竹凳上。這小店最近也買了一架二手貨的十七吋的電視機，在這黃昏時刻，螢光幕上正熱鬧非凡，而我也就順理成章地觀賞著。正看得入神時，肩胛上被猛地搥了一下，痛得我直叫，回過頭去，嘿，是瘋狗！

「你這瘋狗，你差點兒把我的肩胛咬斷了。」

「你這小子，我找了你一下午，你去哪裏了？」

「我去農場看我爸。」我眨眨眼睛。「你媽的病怎樣了？」

「送了醫院，醫生說要開刀，爸叫我回來管家。」瘋狗雙手一攤。「據說沒有危險。晚上你去不去我家？」

「也好，我先回去吃晚飯。」

「算了，今天我家裏有飯菜，你陪我將就著吃一頓，飯後我們玩橋牌。」

「老李和阿財呢，他們都走了？」

「阿財去了台北，老李不肯去鄉下，晚上他會溜出來找我們的。嘿，至少我們還有三個人。」

我也不管媽是否在等我吃飯，我畢竟去了瘋狗的家，在那裏胡亂吃了一頓飯，八點不到，老李找來了。

「阿財眞的去台北了？」

「當然，我還送他上車哩，他連眼睛也沒紅，可說一點兒情意也沒有。」

我們把兩條舊蓆子鋪在客廳的水泥地上，坐在那裏玩橋牌。玩久了，我又感到橋牌也沒有什麼好玩的，可是除了橋牌，一時也想不出另外還有什麼又好玩、又不必花錢的，所以我還是一直玩下去。

「江崖，你今天怎麼老是打呵欠？」

「不知道，」

「如果你想睡，就早點回家去。」

「誰說的，我要玩到十二點。」

過了半晌，老李又問：「江崖，你呆呆地在想什麼？」

「我在想，我的一天有多少小時？」

「蠢蛋，這還會不知道？你的數學越來越差勁了！」

我支撐著，直到夜深才回家。像往日一樣，大門早已關上。我從側門進去，在屋簷下支好單車。我知道客廳門是用椅子抵著的，我輕輕地、輕輕地推進去。我瞧見媽臥室裏的小電燈還亮著，但當我按上插梢、踩上走廊時，我卻發覺它已熄了。

客廳裏的掛鐘敲了十二下，又響又脆，猶如一條虛線，要把今天與明天劃劃得涇渭分明。

我的眼皮沉沉下垂，我迷迷糊糊地想：

可不是嗎？媽說過，她什麼都不管我了！

一九七一年(民國六十年)八月

熄滅了星火

石青伯坐在這小木屋的窗前，額頭緊抵著窗玻璃。從窗縫中鑽進來的一股股細細的冷風，在他耳畔絲溜溜地作響。在往時，碰到這種情形，他的耳孔就會發癢，好像有隻俏皮的小蟲直往裏鑽；然而，今天，他對於這富於挑逗性的風聲，竟能充耳無聞。

以這種姿勢，他坐在這裏已經很久很久了。透過那層窗玻璃，他曾看見：在藍黝黝的夜空上，幾顆稀疏的星在怎樣寂寞地閃爍。他也曾注意到：在夜的歷程將終時，牠們又怎樣淒涼地顫巍巍地殞落下去。就當它們在天際劃著生命的弧線時，夜，滑過去了。然而，他，卻似一座跌坐在窗邊的石膏像，動也不曾動過。他不想動，太深的悲痛使他的心變得麻木了。

而此刻，他看到，在窗外，黎明已在夜幔的後面漸漸顯靈，蒼白而沉鬱，如一個滿懷心事的病弱少女，她爲了怕冷，終於裹上了那件厚厚的灰色棉披風——這是一個沒有陽光、陰沉而冷澀的早晨。

他終於移動痠麻的兩腿，站起身來。「白雪！」習慣使他衝口想喊，但這兩個字音還沒有形成，就噎死喉間了。牠已經死了，那條老狗！他把目光移向床邊，那用稻草破絮舖成的窩裏，僵直直地躺著那隻狗。連牠也永遠離開他了。

「白雪！」他激動地喊，跑了過去。他不能相信牠就此死去——他不敢相信，也不想相信。他要把牠喚醒過來。「白雪！」——一無動靜。他跪了下來，把手指挿進牠的毛叢裏。以前，在冬天，牠曾多少次烘暖了他冰冷的雙手，而現在，一股寒森森的感覺，卻由指尖直透上來。他從沒想到在厚厚的毛叢裏還有冷的存在！啊，這不是夢，牠確是在昨晚九點光景死了。他把頭依偎在牠的背上，他那皤白的頭髮跟白雪那多日未洗、略現灰色的白毛混在一起，分不清彼此。他沒有淚，祗張著嘴，口水順著嘴角流出來。無聲的絕望的悲哀。

屋旁，開始有人在鋤地，或許那塊一直荒蕪著的土地是太堅硬了，一下一下的鋤擊聲，重重地敲打在他心頭上。他彷彿看見鋤頭落處，褐黃色的泥塊飛濺開來，就像有人挖掘墓穴那樣。他這纔記起，今天，他也要到不遠的墳山去掘一個坑兒，親自把白雪埋葬。

他根本不想吃早飯，昨天嚥下的晚飯依然梗在胸口。在窩邊，他瞧見昨晚的狗飼還原封不動在放在那裏，現在看來，那竟像是祭品一般。那隻盛食的鋁碗，在幽暗的房間中閃著令人打顫的鉛灰色的微光。以後，他進食時，將再也用不著它來裝盛狗飼了。以後，在這屋子裏看到的，將祗有他自己的一個身影，一雙腳印，感到的，也祗有他自己的呼吸！

他強打起精神，起身找來了一條半新的草蓆，把牠平攤在地上，又將白雪搬到上面，像打舖蓋那樣地把牠捲起來。草蓆是他在熱天時寢臥用的，這就使他有種自己也一同被捲在裏面的感覺。那條結實的舖蓋繩子也給拿出來了。在捆紮草蓆時，他總不時觸到狗的四腳和頭部。他的手在顫抖，他突然停下來，還以為是白雪在動——但甚麼都沒有，僵硬冷森，如這座低矮小木屋裏的空氣，如一個孤獨老年人的晚景！

蓆包已捆紮停當，他費力地提起繩子，又在門邊拿了一個鐵鏟，開門出去。外面，風冷雲厚，寶島的春天哪有這麼冷峭肅殺過，這倒頗像故鄉江南的深秋。白雪很重，使他步履蹣跚，他想，祇有老年人和未成年的孩子，纔會對這十多斤重的東西有不勝負荷之苦。

他緩緩地朝著墳山的方向前進。那條赭色的小泥路，很平坦，很光滑，踩在上面，就像踩在故鄉那滑溜溜的紅石板路上；那右手提著的蓆包，也像是當年上學時所帶的舖蓋。歲月如攝影者手裏的三腳架，一下子縮了回去，縮到那矮小的年輕時代。

他小時長得很矮小，十二歲時，看來還祇有八九歲。他對朋友總這麼解說，這是他先天不足；當然，他心裏何嘗不明白這是他吃得太差。他家裏窮，母親拖拖拉拉地帶著一群小弟妹。他父親是個販賣女人們日常用品的貨郎兒，掮著一副貨郎擔，噗啷，噗啷，噗啷……無休止地搖著那隻小皮鼓，成天在外跑，挨家挨戶地，把這單調的聲響帶到農村樸實婦女的耳中，從她們那裏博取一些蠅頭微利。噗啷，噗啷，噗啷，……他一邊走，那鼓聲一邊響，他走得越快，那鼓聲也就響得越頻，宛如他是被那鼓聲追趕著，宛如那鼓聲裏有著妻兒們的啼哭。

打他有這種感覺起，他自己就立意要讀書。他不但要讀，而且要讀得好，讀得高。他大起來，也要做些大事，賺些大錢，他要讓父親享幾年晚福，讓弟妹們舒舒服服，讓自己……讓自己的兒女不要再過這種生活。他人雖小，但他的心卻已懂得很多了。自來窮苦的孩子總是早熟的。當時，連他父母都無法瞭解他。他讀了三年私塾後，就被逼去學裁縫，跟著師父從這家趕到那家。倒臉水，調漿糊，呼嚕呼嚕地吹熨斗，薄薄的白炭灰從熨斗口裏揚出來，落滿了他一頭一身。師父不高興時，黑漆厚實的老尺便會倏地橫飛過來，使他光亮的前額平添上一個青裏帶紅的大疙瘩。他學了一年，連針都拿不穩，師父叫他編鈕子，他總覺得自己好比是在攀登一條漫無止境的樓梯，一級復一級地，怎麼老是攀不到梯頂！

他不願在冷板凳上度過他的一生，忙著爲人縫製嫁衣。五光十色的綾羅綢緞，不是他討生活的對象，他有他自己的理想。那時正是民國初年的仲夏，他受了革命黨人精神的感召，終於鼓起勇氣，帶著一些數目少得可憐的月規錢，不告而別，步行到寧波，考上了斐迪學堂。等他回到家來，他父母的心腸竟軟了下來，他們又悲又喜，像孩子似的對他哭哭啼啼：

「石青啊，天下哪個父母不望子成龍，說來說去，祇是因爲我們沒有錢。難得你要上進，千年瓦片會翻身，我們就指望你了，好歹總得把你的學費張羅起來。」

這一段短短的日子，他不知道是怎樣挨過去的。每天，他的母親跑到外面去，求奶奶拜爺爺地去借錢，而他除了陪著幾個吵吵鬧鬧的弟妹以外，還死啃著書本。如果一個窮人想知道甚麼是自找痛楚，那就是伸手去向人告貸。看著空手回來的母親，她那菜黃色的臉被過濃的悲哀浸得略微有些浮腫，他簡直不忍再去堅持他的主張，他簡直懷疑自己這樣做，是想拯救家庭，還是想拖垮家庭？最後，族長可憐他們，終於在公產名下撥出幾十塊錢，充當他第一學期的學雜費，以後，一概不管。那白花花的銀洋，灑上他們自己那白瀅瀅的眼淚，在白色天光下熠耀——那銀洋上的老鷹的翅膀正負著他的命運！

離家的前夕，打好了鋪蓋，外面再用一張半新的草蓆包起來，裏面是一條薄被以及衣服、布鞋、書籍、臉盆等——他全部的行裝。初秋的早晨，在父母的叮嚀下，他提著鋪蓋，開門出去。一陣風，迎面撲來，屋旁那枝梧桐樹滴溜溜地旋下一片巴掌般大的葉子來，不偏不倚地落在他的腳前，他彎身把它撿起，放在短衫的袋裏。對這個貧困的家，他不勝依依，抬頭望去，那條紅石板路這麼自如地伸展著，正像他父親掛在貨郎擔裏的鍛帶。陡然，他勇氣百倍，向前走去——走向他未來的前程……

那條提著白雪的右臂膀，漸漸地越來越瘦痛了，他祇得把牠放下，在路邊歇下來。年邁竟比年幼還無用呵！以前，他提著鋪蓋，曾步行過三十多里路。兩臂由瘦痛變成麻木，十指給鋪蓋繩子勒得又紅又熱，一根根猶如剛出鍋的滾燙的油煎麻花，但他總是歇一歇，就馬上咬緊牙齒重新提起鋪蓋趕路；因爲那紅石板路的盡頭，便是光明的遠景。祇有一步一步地前進，他纔會一點一點地更其挨近它。年青的心中，有一堆用青樹枝燃燒著的希望之火；靠著它，他可以甚麼都不怕。然而時間漸漸過去，柴枝冒完了煙，變成了殷紅的炭，最後祇剩下一小撮微溫的死白的灰燼。生命從黛綠而梔紅以迄於蒼白，他也從那條紅石板路，走到這條赭色的小泥路來——走向那去埋葬白雪的荒涼墳山。

身邊不時擦過幾輛單車。他想，這個海島眞是單車的王國。幾乎每家都有一輛車子，從十來歲的孩子到五六十歲的老人，差不多都能騎車如飛。剛想間，嘀鈴，嘀鈴，嘀鈴……又是兩輛單車風般地掠過去了。兩個穿童軍裝的十四五歲的男學生，前後啣接著，往鎭頭的方向馳去。車遠了，但鈴聲卻被風吹落在他的身畔，久久不散。清脆的，悠揚的，悅耳的，響著年青人無憂無慮的歡樂。他這纔記起今天原是星期日。這幾年來，日子對他已經沒有多大意義，那份掛在牆上的日曆，竟成了裝飾品。有時，連一整月都沒撕掉一張，好似他故意想把歲月強留住，其實，目前這凄苦的日子縱使能強留住，又有甚麼用？他想留住的是那已逝的青春！

他年輕時，沒有過過無憂無慮的歡樂，但縱然這樣，青春自有它本身的歡樂。他窮，他苦，但他有憧憬，有希望，所以他還是常常高興的。在學校裏，他不是一個頑皮的孩子。他有禮貌，肯用功，成績總是遙遙領先。每到星期日，當同學們三五成群地外出遊玩時，他有時也眞想偷上一會兒懶，出去玩玩，但父親那噗啷，噗啷，噗啷……的小皮鼓聲卻越過遼闊的空間向他逼近來。「石青啊……我們就指望你了……」他像猛地挨了一拳，倏然跳了起來，抓緊了書，好似這書就是落水人所祈求的浮木。

第一學期的學雜費是由公產名下撥給的。以後他以出衆的成績在善人所設的輔仁堂裏領得了一份津貼。在那裏畢業後，他以名列前茅由母校保送到上海的聖約翰大學，開始了他半工半讀的生活。這像是一個奇蹟。他，一個貨郎兒的孩子，竟能有緣踏入這個貴族化的大學。靜靜的夜晚，他獨個兒坐在校園中，那小皮鼓的聲音又響起來了，噗啷，噗啷，噗啷……不過沒有以前那樣頻急，叫人心亂，它緩慢中帶著親切，又像是帶著一絲讚許的溫存。現在，他可以不必再這麼怕它了，因爲他現在已有理由相信他不會讓他的父親永遠搖著它了……

手臂的痠痛略微好了些，石青伯重又提起白雪和鐵鏟前進。氣壓越來越低，猶如壓在他的頭頂上，他抵著整個天的重量，使他的背也微微駝了。突然，白雪的尾巴從蓆包裏漏了出來。硬挺挺的。他放下蓆包，仔細地把尾巴塞進去，再舉步向前。以前，當白雪健壯時，他到外面去，牠總是陪著他，時而尾隨，時而前導。有時，跑得遠了，就停下來等他，看他走近，得意地擺擺牠的白尾巴，軟軟的，有彈性的，有規律的，如在揮動一根四周紮著白色鬃毛、一根老長老長的瓶刷子，刷得他陰冷的心窩溫暖而舒平。然而今天，牠倒很像一根灰白的棍子，不，簡直像根沾滿了泥灰的哭喪棒兒——他父親出殯時，他拿的那根哭喪棒兒。

大學畢業後，他幸運地進入了揚州的鹽務稽核分所，充任三等科員，派在浦口協助緝私事宜，月入一百元。但父親剛放下貨郎擔、小皮鼓，便伸伸腿死了。這可憐的老人，他大半生消磨在鼓聲裏，心靈永遠在喧鬧中顫慄。直至有一日，他眞能丟棄它，他自己卻也像鼓聲一樣消逝了。他得到噩耗，回家奔喪，想著父親一生所過的日子，淚如雨下。以後，他無論何時，一想到父親的死，便會熱淚盈眶，但他萬沒想到他的晚年竟比父親更悽愴；他父親死時，還有妻兒們隨侍在側。現在，他連最後一個友伴白雪，也先他而去了。

安葬了父親，當晚，一家人圍坐在小屋的火盆邊。那時，冬意正濃，外面，衹有北風的哀號，一陣又一陣，連天地竟也有哭不完的傷心憾事！打紙窗的破洞裏望出去，月冷星寒，天空像塊古青銅，這麼幽森，這麼板實，那時，他簡直相信，如果有人用塊石頭向牠砸去，牠便會「蹦」地發出聲來。屋子裏，火盆發出熱與光，母親的眼睛紅腫得像棗子。兩個已經出嫁的妹妹，正默默地在餵自己孩子的奶，而三個纔十歲左右的小弟妹，卻在溫暖的火邊昏昏欲睡。母親的眼色，悲哀中還略帶不安。她時時望著他。那時，他是一個多麼被人重視的了不起的英雄，他們的希望歸依於他，他們的命運寄託於他。他，要用隻手撐起這個快要傾圮的家。

「娘，」他終於開了口。「鄉下還有沒清的債務嗎？」

「全清了，石清……」

「娘預備以後怎樣？仍在這裏住下去？還是跟我到浦口去？」

他那矮小的、被長久的辛勞生活壓縮得像葡萄乾似的母親，聽了這話，簡直答不上來。去？還是不去？一生當中，她從不曾走出過這座村莊，彷彿在這塊土地上生根的樹，她擔心別處是否跟她適宜。她衹是尋找託辭：

「衹是這棟小屋怎麼辦？」

「關起來就得啦，這屋反正値不了多少錢。娘，我在那裏一個人也怪孤單的，你跟弟妹們搬過去，大家都有照應，弟妹們也好上中學了。」

「呃，就這麼辦吧——這個家幸而有你。回想十年前，你要進學堂，我東奔西跑都借不到一個錢，那光景多慘……」母親說著，說著，又哭了起來。他知道她並不是專爲憶起這件事而哭，她一生中經歷的苦難太多，抑制得太久，她要趁這個悲慟的時光哭個痛快。

他默然地望著火盆。火，漸漸小了。他撿起幾根松枝扔進去。松枝發出劈啦、劈啦的清脆響聲，一股火舌竄得老高，照亮了圍坐著的人們的臉孔，也映紅了這黝黑的小屋子。一個松實在火盆裏給燒得通紅，活像一顆紅瑪瑙。他的心情在悲哀中略有一絲驕傲，以前，本是一個不值一顧的松實，而現在卻已給鍛成一顆紅瑪瑙了。無論如何，他的努力，他的奮鬥，都沒有白費。

火熄滅時，已是子夜。他掌著燈，扶母親站起來，說：「娘，再過五天，我們就要走了。」

母親茫然地望著他。

「家裏的事，都無用娘操心，我來動手——該帶的就帶，該丟的就丟，你放心。」

母親把整個身子靠在他的手臂上。他忽然覺得平日這麼能幹的母親，如今卻像孩子似的，需要他來保護。他當時不懂這是爲甚麼，現在纔知道老年人的心竟比孩子還脆弱，比孩子更切盼溫情。

白雪，越來越重了。在途中，他放了好幾次，幸而，越過大溪，前面不遠，就是墳山。他走上一座吊橋。橋面上鋪著木板，他自己步履的蹣跚，再加上吊橋的晃動，使他感到猶如置身在一隻顚簸不定的小船上。攀住鐵索的欄杆向下望，他可以瞧見漲得很高的春水就在下面。那滿天雲塊，映得溪水也變得灰黯了，煞像暮靄低垂下的浦口江面。

他把家安頓在浦口以後，就經常在那一帶從事查緝私鹽的工作。帶著十幾個緝私兵，分乘幾隻緝私船，在江上巡邏，遼闊的江面，駕著小舟，徐徐滑行，回過頭來，映入眼簾的是泊在碼頭邊許多大小不同的船隻，向前望去，極目之處，依稀南京。他每天蕩漾於水面之上，感到悠閒自得，了無掛礙。他曾往來於清晨的江面，看朝陽怎樣把晨霧染成金色的薄紗，但他尤愛暮時的江畔，淡灰的天，淡灰的江面，淡灰的暮靄籠罩下的船艇和建築。一概全是淡灰色，宛如一幅淡雅超卓的中國山水畫，而他自己便是幸運的畫中人。時間過去，夜，隨著兩岸的萬家燈火來臨了。深邃幽黑的江面上，祇倒映出點點星星和燈火，像綴在黑緞上的顆顆鑽石。他燃起一支煙，小船飛馳而過，那煙頭火的影子滑過水面，恰如掠過天際的流星。他捻亮永備牌的大頭長電筒，向江面掃射，猛然，他瞥見有十多隻模樣兒相仿的木船，在疏疏落落地從上游駛來，它們揚帆疾駛，似乎是想急忙逃過這帶江面。他揚起電筒，用燈光做了訊號。幾隻小船便箭般地分向它們竄過去。他們大聲地叱喝著：「停下來！」但那些木船祇是不顧一切地疾駛。他再一揮手電筒，一個緝私兵便舉起了槍，砰地朝天開了一槍。「停下來！」黑亮的江面上，那些木船忽地像膠住般的不動了。小船駛近去，他攀上那隻領先的木船，看見船上裝滿了一包包的食鹽。

「把稅單拿出來。」他說。

船上的人探索過所有的口袋，但卻拿不出來——他們根本沒有完稅，卻推說單子丟了。一個中年漢子，彎腰拱手，笑容滿面，挨近他：「先生，眞是落掉了，後面十一隻船也是我的自己人，通融一點。」他從船頭艙板下拿出兩聽香煙，硬塞給他。他用電筒直逼著那兩隻香燈罐頭。那是兩聽大英牌香煙，金黃色的蓋子並沒有蓋緊。他打開一隻蓋子，罐裏實篤篤地塞著一捲十元鈔，再打開一隻，裏面又是一捲十元鈔。他怦然地心跳起來，那小小的鉛皮罐裏，竟是一宗他先前所夢想不到的財富，要用他父親十多年在鼓聲裏消磨的歲月纔能換到它！他一低頭，腳邊就是黑油油的深邃的江水，他稍一不愼，就會栽下去，永遠爬不起來。他打了一個哆嗦，舉起手，用力把罐頭摔到船艙裏。

「我用不著！」他說，然後，回頭向幾個緝私兵招呼：「告訴別的弟兄，把所有的鹽船帶到岸邊去！」

他不再理睬那鹽梟的打恭作揖、苦苦哀求，轉身站在船頭上，眺望浦口岸上的絢燦燈火。暗流漸漸在他身後流逝，燈火越來越近。在他人生的歷程上，那貧苦的暗流也終於過去了。他在處理這件事情上的奉公守法，廉潔忠貞，大大地搏得了上司的信任，奠定了他日後在事業上的一帆風順的基礎。

他回家已是次日上午。他家住在二層樓上。他登登地衝上樓梯去，覺得自己剛做了一件了不起的事，別人都有避讓他的義務。那樓梯本是既窄又陡，老年人攀登它，好比攀山一樣吃力，而年輕人卻正可以在這裏試試他的活力。他這麼一股作氣地衝上去，毫不理會上面剛有人走下來。而那個年輕的女房客，手拿著鈎針、線團，正在鈎織一隻小小的錢袋。她以爲自己是個新來的房客，別人也會讓她的路，因此在樓梯的上端，他們兩個人便撞上了。要不是他倆及時攀住旁邊的扶手，準會摔下樓去。

他們面對面地站立著，僵持好久，像兩隻昂首相鬪的公雞，誰也不肯讓誰一步。他看她雪白的圓臉脹成粉紅色，而她手中的粉紅線團也早已骨碌碌地滾下樓去。他揣想得到，它一定沾滿了塵污，躺在樓梯腳邊。他想，那粉紅線團眞像她圓臉的縮型。假使她的臉，不，她整個的身子，也像線團那樣滾下去，那她粉白的嫩臉是不是也會給摔得青腫腫的一團？他忽然感到不忍，慶幸自己沒有眞的把她摔下去。這一念頭，終於使他自動道了歉。

「對不起，撞痛你了——我眞太魯莽了。」他說著，向旁邊移了半步。

她頭一偏，這纔微微一笑。粉紅線團突然變成了嬌媚的淡紅玫瑰，不是從花店裏買來的，而是剛從清晨的花園裏採下來的。她的光彩把樓梯都照亮了。

他沒想到他的道歉竟成了他們日後過往的基石。不到一年，她便成了他的妻子。他倆一同度過了多少年和諧的愛戀生活！她替他生了三個孩子——一個女兒，兩個兒子。除了料理家務照管孩子而外，她空下來就喜歡織錢袋。大大小小、各式各樣、五顏六色的錢袋，裝盛銅板、銀角、大頭、鎳幣和鈔票。而她自身，也跟錢袋一樣，把錢一個個省下，藏進去，待別人需要時，又鬆開帶子，倒出來。至於他自己，則是一個永遠帶著錢袋、不虞匱乏的幸福丈夫。十五年中，他所希冀的，幾乎全都獲得了。嬌妻、愛兒、金錢、地位。他培植了弟妹，並爲他們婚嫁。他闊綽地安葬了母親——母親是含笑而死的，而他也因爲盡了子責，沒有像父親死時那樣悲痛。他想像二三十年後的自己，一個白髮蒼蒼的慈祥老太爺，同著自己的老伴，生活在兒孫繞膝的安樂氣氛中。他忽然覺得，人，辛勞一生，除對國家竭盡棉力而外，對自己，最重要的，無非是想享受晚年的一份安樂和溫馨。他沒有去揣摩孤獨究竟是甚麼滋味，他可以不必去想它，因爲那時，它離他是如此之遙遠，遙遠得像是永遠挨不著他。然而，料不到的事情卻偏來了，是因爲他不幸生在這個戰亂的時代？

小路已到盡頭，墳山就在跟前，他慢慢地支撐著走上去。其實，說這是山，還不如說這是個大土丘。一眼望去，儘是高高低低的墳堆。黃土掩埋著白骨，不同的人生，但都歸於同一的結局。他悲嘆了一下，揀一塊空處，放下白雪和鐵鏟。他自己也在旁邊站下來休息。天，不知甚麼時候已經下起毛毛雨來。白濛濛，毛茸茸，不斷地貼到他的身上、臉上，一如往日白雪用牠長著白毛的身子挨近他的那種感覺。那時候，牠挨著他，使他想起故鄉江南的白雪，四川自貢一帶濃厚乳白的晨霧。他感到親切，又感到悲哀。此刻，他站在墳山上，俯視下面的溪澗、田疇，恍惚自己又站在自流井那傍山而築的鹽務局辦公廳的前廊上。

抗戰軍興時，他奉令調長四川鹽務局。靠著前廊的欄杆向外望去，前面是條如帶的溪水，溪那邊，則是一座座高聳的鹽井架，那模樣兒就像廣播電臺的鐵塔，右邊，在位於山巔的他官邸的下首，是刻著「中流砥柱」四個大字的石壁。在黃昏夕照下，它顯得莊嚴而閃熠，如一面永遠不會被繫倒的勝利旗幟。每每，他激動得熱淚盈眶。想起外寇當前，國運維艱；而自己又值壯年，理該如何腳踏實地，埋頭苦幹，興利革弊，開源節流，爲國家增加稅收。在那幾年裏，他確實剪除了鹽務上的許多秕政。公畢回家，在夜深時分，他總還要在燈光下披閱他的前輩林振翰著的「川鹽紀要」，妻則在他身旁補綴衣襪。

「你先去睡吧，孩子都睡了好一會了。」他抬頭對她說。

「我陪著你，」她回答。「這裏是山上，太靜了。」

「不用了。這麼一把年紀的人，難道還怕甚麼鬼怪？」

「我不是這意思，我是擔心你怕孤寂。一個人，年紀越大，就越怕孤寂。」

「可是，我有你，」他伸手捉住她的臂膀。「而且，我還有我們的孩子，即使別人離開我，你們是不會離開我的。」

他想得太天眞嗎？一個人倘若沒有漫長的歲月來做試金石，你就永遠無法知道人生的變幻莫測。在熠耀璀燦的表面下，原隱藏著多少突發的不幸呵！

在川八年，他們天天盼望勝利還鄉。勝利畢竟來了。它來得突然，使人們的心從痛苦一躍而臻於狂歡的頂峰。還鄉的夢，太平盛世的夢，晚年安樂的夢，在那不眠之夜，連續不斷地映現在他凝視著的帳頂布上，彷彿他小時候瞪著一隻眼，湊著鏡頭在看西洋鏡，令他心醉無已。

每個人都歸心如箭。各種交通工具上都擠滿了復員的人。那時，他恰好奉令調長浙江鹽務局，這自然叫他得意。他好容易纔買到兩張車票，便叫妻和最小的兒子先行啓程，到重慶已出嫁的女兒家裏住幾天，等他辦完移交之後，再跟大兒子同去重慶匯合，然後南下。妻兒動身的那天，是個有霧的日子。妻穿著一件桃灰色的毛葛袷袍——這還是十年前在上海做的——梳著橫S頭，右手拿著一隻皮箱，左手提著一隻胖鼓鼓的粉紅錢袋；他再一注視，那不就是她第一次碰見他時正在編織的那隻錢袋！他喚了她一聲，她正跟在兒子後面跨上汽車去，回過頭來，微微一笑。那笑容又使他記起她第一次的笑容來。他內心的感情，波動起伏。他想，雖然歲月和世事不斷地前進、變幻，幸而他們還有兩顆永遠不變的心。一時間，他簡直不想讓她先離開，即便是極其短暫的別離，他也受不了。他又開始喚她，她伸長了脖子，叫他放心。他的臉脹得通紅，他眞想告訴她他那時心中的感受，但他的喉頭卻像被甚麼梗住似的，說不出話來。他舉起手，揮著——不，招著，招她下來，熱切而迷糊地。車子的引擎響了，她不懂他這時的心緒，也揚起手揮著——車駛走了，進入霧裏，他仍然呆立在那裏，招著手，但她無法再看到他。霧已經把他們隔開了——而且把他們永遠隔開了。就在那天，她和兒子在車禍中死了。

他憂傷過度，生了一場大病。病中，他常覺得自己仍坐在那隻緝私船上，船身顚簸搖晃，江水寬闊混濁，使他頭昏目眩。他又覺得自己在攀登那既窄又陡的樓梯，沒有一個伴兒，沒有一絲光亮，他攀登得兩腿僵痳，腰背痠痛。而且，那消失了多年的父親的小皮鼓聲又響起來了，噗啷，噗啷，噗啷……喧鬧中有那寂寞的悲哀。他忽然覺得自己眞的老了，老得像那快要被淘汰了的古老的小皮鼓的聲響。

他的病，使他丟掉了差使，因爲他久久無法前去杭州接事，上峰就以年老爲辭，叫他退休。他果眞老了嗎？從未成年起，多少年來，他一直在跟生活命運搏鬪，他過得太緊張，太辛勞了，他或許是該休息了。幸而，他的女兒已經出嫁，他的大兒子也祇差一年就可以在大學畢業。想到他們，他略微感到安慰些。無論如何他還有兩個骨肉。在未來的歲月中，他們將會不斷地輸給他以溫暖。

他已經休息好一會了。他拿起鏟子，用勁剷掘泥土。他沒有想到這鐵鏟今天會這麼沉重，是因爲裏面有那沉甸甸的悲哀？

一年以後，他的疾病纔告痊癒，這時，大兒子已大學畢業，他成親養子之後，又去美深造，而他自己就帶著媳婦孫兒從四川回到江南的故鄉，旋又因戰亂從故鄉來到臺灣。這期間，他跟女兒一家人便失掉了聯繫。在異鄉的這座小木屋裏住下來，他雖沒有一個鄉友親朋，但卻有媳婦的侍奉，孫子的承歡，倒也十分稱心。他最殷切的期望就是等待兒子的歸來。他計算著他的歸期，迫不及待地撕掉每天的日曆，想像著如果這一疊小紙片會像一群鴿子似的一下子展翅飛去，那該多好！

「他回來後，這一次，我甚麼都卸給他，不管了，我可眞的要過些安樂的日子。」

「他回來後，這屋子怕不夠住了，我們要賣掉它，租一座比較寬敞的房屋——不，或許他工作的機關有合適的房子配給他。」

「他回來後……」「他回來後……」每天，他在腦子中架設著的儘是一些「他回來後怎樣」的樓閣。直至兒子眞的回來，他覺得祇要兒子一開口，說這不好，說那不好，他馬上就說出一套井然有條的計劃來。然而兒子來到家裏，對這小屋卻採取漠然的態度。他等得不耐煩了。

「小青，」他說。「你覺得這屋子怎樣？」

「甚麼——啊，當然，差一點，但還可以住。」兒子正在逗他自己的孩子。

「你意思是住下去？」

「是的。」

「那你連一間書房也沒有，這總不大好，或者我們再搭一間。」

「甚麼，你預備給我住？說起這，我倒忘了，爸爸，我這次來，沒打算在這兒住下去。我已在美國找到了一個小小的工作，我是……」

「你是特地來接家眷的。」他悻然地替他接了下去。

「還有你爸爸，如果你也喜歡去。」他不自然地說。

「不用在我面前說違心的話。」過殷的期望衹換來兒子這份淡漠的心意，他抑制不住悲憤，大聲地說，「你厭煩我，你儘管帶著老婆兒子遠走高飛好了，你大了，書讀成了，會賺錢了，該可以把老父親踢開了，『如果你也喜歡去』，這是多好聽的矯飾之詞！但我告訴你：我不喜歡。我不願求你憐憫，寧可在自己的國土上住下去！」

小青沒再答腔。但他住了半個月，待辦理好了妻兒的出國手續，便走了。那是幾年前了？六年多了。六年前的冬天，天寒風大。他送他們趁上北上的火車。小青嘴裏說得多好聽：「爸，我會常常寫信來的，祇要有機會，我就會回國來看你。」「爸，我經常會匯錢給你，你不用發愁。」難道他以為金錢可以補償一切？那天，他不知道自己是怎樣走回家的。那條路變得又長又軟，他擔心自己隨時會陷下去，永遠站不起來。他到達小木屋前，簡直沒有勇氣去推門，那裏面，除了一些沒有感覺的傢俱用品而外，已沒剩下一樣活的東西了。但他還得進去，他沒有別的地方可去。他進去掩了門坐在空落落的屋子裏，用手摀住臉。外面，風追逐著，尖叫著，裏面卻是滿屋子的沉寂、空虛。他記起了那座曾經度過他童年的古老小屋來。小時候，他的天地多熱鬧，多擁擠！五六個弟妹，父親，母親，一家八九個人，塞在一座比現在還小的小屋裏。挨著，踩著，像竹簍裏的螃蟹：碰來碰去都是腳。當時，他曾厭惡過那種熱鬧、擁擠，現在，他卻恨不得回到那個時候去。他突然聽見虛掩著的門被推了開來。是風吹開的吧！他沒有站起來去把它關好。他想，讓風進來也好。風總還會吹動，會發出聲響，像是活的東西。人可以甚麼都不怕，不過，他可不能不怕孤寂。他坐著，等待風的冷手掌的撫摸，但他卻聽見門邊有嗚嗚的叫聲，這不是風聲。他從臉上放下手，向門邊瞥去。門邊躺著一隻狗，那隻每日來乞取殘菜剩飯的狗，一隻沒有主人、到處流浪的可憐的野狗。牠抬頭望著他。牠那原本白色的毛，已被塵土沾污得失掉了光彩。牠瞧見他在看牠，站起來，搖著尾巴走過來。他伸出手，在牠的頭上輕輕地拍了一下。牠嗚嗚地叫了兩聲，親熱地挨近他，用身子擦著他的兩腿，熱烘烘，隔著一層布褲，那種溫暖，刹那間直透到他心的深處。他不自禁地俯下頭去，牠也在抬頭看他。牠的眼睛淺褐色，牠忠誠地、依戀地、戚然地望著他。他覺得那像是人的眼睛：牠懂得他的一切，因爲牠自己也是一條悽孑的得不到溫情的狗。他忽然從椅子上滑下來，跪在地上，抱著牠的頭頸，哭了起來。一股冷風從門縫吹了進來，但狗的身子卻足以把它擋住了。

「白雪！」他輕輕地喚，那是牠前此走來乞食時、他看牠混身白毛而給牠取的名字。「白雪！」

牠又嗚嗚地低叫幾聲，用牠粉紅色的舌頭舔著他的臉，那舌頭柔軟得猶如海綿。

「白雪！白雪！」他放下雙手，用那遍佈皺紋的臉輕擦著牠的背毛，夢囈般地喃喃著。多少年前溫柔的往事都翻騰起來了。慈母懷中的舒適，愛妻臉頰的溫馨，兒女胖嘟嘟小手的柔滑……像潮水一樣地相繼湧來，但又像潮水一樣地漸漸低落、消退、遠去，剩下的又祗是目前白雪身上所散發出來的那份溫熱。

「你不用走，你跟我住在一起好了。」他驀然大聲地說，像對一個人說話似的。

他把牠收養下來，當作他唯一的朋友，唯一的親人。牠的窩就鋪在他的床頭邊。他躺著時，可以俯首看到牠。早晨醒來，他第一聲就呼喚牠。牠把前足架在床沿，用舌頭舔他的手，用鼻子嗅他的臉，把這一天第一次的溫暖帶給他。他常常替牠洗澡，牠的毛變得純白了，宛如一堆白雪。他走到那裏，牠跟到那裏；他坐下來，牠便躺在他的腳邊。他想說話時，儘可以對牠絮絮而談。在岑寂的下午和晚上，他坐在矮竹凳上，撫著牠，回想起自貢的濃霧，懷念著江南鬆軟的白雪。他輕輕地對牠說。

「白雪，你想去大陸嗎？」

牠豎起耳朵，睜著眼睛，諦聽著。

「你想去，對嗎？因爲我喜歡去。你是不肯離開我的。哪一天時局太平，我就哪一天帶你回去。讓你見識見識跟你的毛一樣白的白雪。這裏雖好，卻不是我的老家，我終究要回去的。我老了，我改變不過來，我對甚麼都太陌生。我不懂別人，別人也無法懂我。我的記憶大半生根在大陸上，我太寂寞了。如果我有一個家人在這裏，那就好了，但他們都離開我了。你懂得我的寂寞嗎？你懂得的，對嗎？因爲你自己也身受過。我們兩個是好朋友，我們不能再分離了……」他說著，說著，有時，頭靠在白雪的背上，就這麼迷迷糊糊地睡去了。多少個孤寂難熬的日子就這麼過去了。他還以爲牠永遠不會離開他。他沒想到牠也會老——或許牠在碰到他之前已經活了好幾年了——老得走不動，老得死了。

他一次一次放下鐵鐽來歇力，然後又繼續挖掘。終於他看看土抗已掘得差不多了，便丟下鐽子，解開蓆包，最後一次看著白雪，牠靜靜地躺著，沒有甚麼比死更平靜了。昨天，牠還呼吸著，今天，牠已僵硬，而且快將入土了。近幾個月來，爲了牠跑不動路，所以除了買東西而外，他連門口都很少去。牠躺在窩裏，他在旁邊陪著牠。「白雪！」他喚，牠嗚嗚地低叫著，連這叫聲也顯得蒼涼老邁了。昨晚八時，他躺在床上，又聽見牠嗚嗚地叫了起來。他滑下床去。「白雪，你要喝水嗎？」他拿來了水，但牠沒喝，衹嗚嗚地叫著，聲音越來越低弱、顫抖而悽惻。「你不舒服嗎？」他說。他察覺牠的身子在痙攣。他用手遍撫牠的全身，又捧起牠的頭端詳。牠的視力已經有些減退，但他卻瞧得出牠的目光正是恐怖、痛苦、留戀所交織成的。即使是個對狗毫無感情的人，看到這，也會感到不忍，更何況多少日子來，這狗已成了他生活中的伴侶，他冷寂心頭的惟一的星火！「白雪！」他忽然明白快將發生甚麼，他自己將要失掉甚麼。他嘶啞地喊：「白雪，你不能……你不能……」

他把白雪放進坑裏，上面蓋了蓆子。為了他，牠是不該死的，但牠終於死了。以後，在未來的日子中，他眞眞實實的祇有一個人了。他一鏟一鏟把土蓋上去。雨還在不斷地下著，一絲絲，一絲絲，他覺得他的心越來越空虛。眼前，那密密麻麻的絲都是從他心裏抽出來的，沉重地、一成不變地落入土中，隨著鐵鏟的揮動，牠們又伴著泥土，逐漸埋到那個安葬白雪的深坑裏……

石青伯葬好了白雪回來，關在自己的小木屋裏，一整天沒有進食，沒有走動，祇停停歇歇地哭了好幾次。這哭聲漏到屋外，跟他沒有往來的左近鄰居纔知道他的那隻狗死了，但他們都說：「這老頭兒眞是瘋瘋癲癲的，死了一隻老狗——以前還是一隻沒人要的野狗呢——也值得這麼痛哭流涕。唉，這老頭兒眞是瘋瘋癲癲的！」

一九五七年（民國四十六年）五月

一條粉紅手帕

胡麗雅不喜歡今天這個日子，不喜歡今天的早晨，不喜歡今天早晨的車站，也不喜歡今天的自己。

有薄霧，冷而濕；原該是冬晨的霧，卻加之於這個春晨，簡直是無理可喻嘛。她也不喜歡這霧，下場大雨吧，下場春雨吧。豪爽、透亮，涼陰中有微溫，把隱去的春日再裝飾在大玻璃箱裏展覽；讓她在雨中滑一次跤，好回來躲在屋子裏聽雨聲、迎雨聲。滿屋子的雨聲可以堵住周圍的寂靜。

「麗雅，怎麼還站在窗前，不趕車去？」父親的臉半埋在被筒裏，一雙半睜的眼大概瞥見了窗口的白以及她身影的黑。雖是催促，語音卻給悶在被筒裏，沒能全部溜出來，含含糊糊地，是一堆稀飯。麗雅聽慣了，也就很容易地辨了出來；她一轉身，拿起書包，走到門邊去穿鞋。

六點四十九分的列車。六點廿五分她就得出門。天，沒有雨意，且披一身冷霧，去趕車站的喧囂！好啊，這皮鞋的扳扣竟也跟她作對起來！短短的白亮銅絲，怎麼也不肯受她的指揮伸到鞋帶的小洞裏去。你不肯就不肯，我也懶得理你。我懊悔昨天放學回家，把皮鞋擦得烏亮。黏一點泥土在上面，有啥關係？或許別人會說：「瞧，這樣大的女孩兒了，穿一雙蹦的皮鞋上學去！」但當然也會有人代她辯護：「沒人料理呀——沒娘照管呀！」

麗雅揹上書包，打開拉門，然後又高舉手臂，取下那把擱在門楣上面的鎖。平日，父親要睡到將近八點才起來，沖牛奶，吃麵包——注意，這兒環境複雜，光把門拉攏，並不妥當，該上鎖才對，麗雅——父親說的。這樣，她就把他鎖在裡面，而讓那把獨一無二的鎖匙每天伴著她的鉛筆。父親會從側門出去，再用另一把僅有一支鑰匙的鎖，把側門鎖住。兩人分別走兩扇不同的門，白天用兩把鎖鎖住一屋清冷。小院裡有一株不用照顧的扶桑，滿樹粉紅的大花——一團團揉縐了的潮濕的粉紅手帕，讓人看著難過。

她抄小路往火車站走，走得不快，沒上扣兒的皮鞋嗒啦嗒啦的。霧使眼睛有點迷糊，她掏出手帕，高級粉紅麻紗手帕，這可不是她自己的。早上，她去浴室時，在盥洗檯上發現了它。第一眼，她還以爲是扶桑花，想抓起它，往浴室地上一丟，但手指一觸到它，就知道不對。朦朧的眼與混沌的腦子同時清澈了，認出是昨夜晚歸的父親在洗臉時留下的；手帕當然也不是父親的。她展開它來，細細地看了看：桃花紅上還沾著兩對榴紅的弧線；聞了聞：淡淡的花香。她把它揣到左邊褲袋裡，然後才開始洗臉。這時，放在電炒鍋裡的麵包快烤焦了。

「她哭過了？」一個難題沉在心底。

這難題不是不能解答，祇是要費些腦筋去兜個圈子湊一湊。X和Y是已知數，X是父親，

Y是一個女人，他們間的事情是Z，她所要解答的就是Z。Y這個女人她見過。父親要她叫Y是趙阿姨，瘦長個子，笑起來已經有魚尾紋。她推測趙是老處女。那一天，她摟住一屋清冷，不肯讓趙的笑聲去沖走它。自此，趙就知難而退了。父親也不再提到趙，祇對她說：可憐的孩子，爸來照顧你吧。她要讓父親知道她會照顧自己，把什麼都收拾得整整齊齊。中飯在學校福利社的食堂裏吃；放學時，買回來罐頭、蔬菜，自己做晚餐。不能照顧自己的卻是父親。他十天有八天回來得很晚，打開他自己鎖上的鎖，走那扇他一個人走的側門。早晨，他含糊地催促著：「麗雅，該去趕車啦。」

她讀初三，功課很多，她不想去求那個Z。她也不在父親面前提到他的夜歸，故意把Y和Z都丟開了，但父親卻沒有把它們忘掉。

她走得很慢。她不想去上學。路邊的風景又被晨霧罩了起來，翠竹紅屋都離她很遙遠了。她什麼都看不清楚，祇有那個Z在她面前幌動——逼著她去解答。

趙哭過了？是的，她哭過了，在昨夜。

你怎麼知道？

我知道的——父親昨夜回來得特別晚，脾氣特別壞，把碰到他腳的一隻凳子踢翻了，因此吵醒了我。我說：「爸爸，你要喝茶？水瓶裏的水是我晚上才燒的。」他粗魯地拒絕了我：「不要，不要，我什麼也不要！你睡你的。」我久久無法入睡，而他倒先我睡著了。我聽見他在夢囈：「你不要哭了，你不要哭！」無助地哀求著，對著一片虛無，不，對著趙。今天早上，一條潮濕的粉紅手帕在盥洗檯上。

小路在街口跟公路匯合。搭早車的學生忽然從各處鑽了出來，連薄霧也被衝得更薄了。麗雅胸口鬱悶，左手挿在褲袋裏，揑在掌心裏的仍是那朶粉紅色的扶桑花。她落在別人後面。她不想跟任何人在一起。那『Z』是別人解答不了的，祇有由她自己，或者是出這個題目的父親。她靠著樹走，希望有一條高出地面的粗樹根，絆她一下，讓她跌痛了，回家去。她眞不喜歡今天的車站。

看來是這樣——父親和趙是眞的相愛了。因爲父親不願令女兒傷心，就祇得趁晚上跟趙消磨兩三個鐘點。但趙卻是那種一本正經的女人，她不願聽人們的閒言閒語。於是趙哭了。她說，她要離開這兒。

趕早班列車的年輕學生全已通過剪票口。她幾乎是最後的一個。她十分困惱。皮鞋嗒啦嗒啦的，走起來眞累！她應該回家去，打開她鎖上的鎖，對還未起床的父親說：她是不是哭過了？她是不是要走了？

父親回答：是的，就是這樣——這樣也好。麗雅，你趕快上學去！

麗雅很難過，非常難過。父親的臉在棉被的半掩下顯得異常疲乏——永遠恢復不過來的疲乏。以後，晚上，他就不會晚歸了，祇躺在被窩中繁殖他的疲乏。「麗雅，你好好兒地讀書！」小院裏的扶桑不斷地開著大朶大朶的花，潮濕的粉紅，但，花在白晝展露，晚上便凋萎了。

麗雅煩躁地這兒站站、那兒轉轉。於是，她看到在通往公路的站前廣場上，走來了一個穿著米黃風衣的瘦長女人，載著黑眼鏡，右手費力地提著一只蛇皮色的尼龍皮箱。她在候車室裏坐下來。她不是來趕這班擁擠的列車的。

她是趙，麗雅認了出來。她準是哭過了，否則，在這會兒，她是用不著戴黑眼鏡的。她的臉也顯得非常疲乏——或許也是一種永遠恢復不過來的疲乏。麗雅想回家去。那個車站，那些跟她完全不同的、談笑自若的年輕學生，她都不喜歡。她要回到那個用兩把鎖鎖住一屋清冷的家去，跟父親作伴。

但她不能通過那間候車室。趙在那兒。

而且，火車來了，黑煙打著旗幟，汽笛跟著放肆地開路，喝退了那僅存的一絲霧氣，嚇得那些年輕學生都緊張起來；往前跑呢？往後鑽呢？不明白爲什麼在去教室的中途，還要坐這麼一列囚車。帽子是不是穩穩地蹲在光滑的頭顱上？希望有一條長頸鹿的脖子，不致被同儕把帽擠落了；也希望腦瓜子上有個肉鈎，把帽拉住，免得被掠過的疾風攫走。

胡麗雅不必擔心，她是女學生。她甚至不擔心擠不擠得上車。那隻蛇皮色尼龍皮箱擋住了她的視線。她左手深插在褲袋裏，掌心裏還是那塊潮濕的粉紅手帕。

回家去，回家去！她不喜歡那列囚車。等車駛走了，越過鐵軌，繞道走出車站去。

但有人在叫她，是她的同學？是她的鄰居？「胡麗雅，快上來！胡麗雅，快上來！」那樣尖亮的叫聲，形成了一根透明的繩子，圈住她，把她拉向車門去。但車門在哪兒？祇有人身砌成的車門，而且給堵了起來，不讓她走進去。「快上來！快上來！」喊聲飄在窗口。可是車門仍給堵著。一系列的年輕囚犯，背貼背，胸靠胸。她實在不願意上去。但，突然間，一隻手臂跟一聲汽笛同時閃過來。她被一種力量提到踏腳板上，右手抓住車門的鐵把手，左手還揷在褲袋裏。

彷彿又聽見有人在叫喊：「麗雅，快下來！麗雅，快下來！」喊聲跟汽笛聲絞在一起。火車頭的輪子一拉扯，一連串的碰接聲滑至最後一對車輪上。「快下來！快下來！」混雜在各種音波裏——不太眞實的喊聲。一定是自己聽錯了，誰會叫她下來的？是風，是風編造出來的，哄騙她的！她站在風裏，站在剛興起的輪聲裏。風冷，鐵把手冷；是她的右手伸進冷凍箱裏去了？眞想移動一下右腳，但又不行，皮鞋帶被踩在左腳底下。不動也罷，至少她是自由的：她站在車廂之外。還有一個女人，在今晨，也要趁另一班列車離開這兒。月臺滑向後面去，讓她側過身子，是不是還可以再看她一眼？「不要下來！不要下來！」是風的聲音，隨它高興怎麼編就怎麼編吧——上來，下來，不要下來！簡直在胡扯！十五分鐘的路程，什麼大不了？風眞冷，鐵把手成了冰柱了吧？那皮鞋帶今天怎麼搞的，老絆著她？她的右手僵麻了。她要呵一呵手，換一隻左手去拉左邊的鐵把手。月臺還未退去，或許她還可以看她一眼。

火車的尾巴剛跟月臺脫節，一個軀體落在月臺的邊上。一個男人，躍過剪票口，向那昏過去的軀體奔去。「不要！不要！不要！」穿著挺刮的西裝，卻像瘋子似地喊著。不知道他是叫她不要上去，還是不要下來，抑或是不要昏迷？那個穿風衣的女人，站在剪票口旁邊，呆住了，想去掏手帕，卻發覺風衣口袋裡是空的。

但昏迷過去的人，在經過急救後，終於醒了過來。她祇是受了些輕傷，睜開眼來，看到穿著西裝的父親，也看到遠遠地站在一邊的那個穿風衣的女人。麗雅的左手本能地伸到褲袋裡去，粉紅的手帕還在那兒。她把它掏了出來。

「爸，你把這條手帕還給趙阿姨，叫她以後不要再哭了。也叫她別走了。」她說。

一九六五年（民國五十四年）四月

黑夜的影子

夜在哪兒？

藍韻有點兒醉；醉在舞影裏，醉在燈光裏，醉在淡淡的酒與濃濃的讚美裏。冬日的冷與夏天的熱在這兒比賽，重甸甸的厚呢大衣跟輕飄飄的短袖旗袍在一起炫耀。在所有這許多的人與物的中間，藍韻找不到夜在哪兒。是她自己的眼睛變得朦朧了？不，她非常清楚它們跟往常一樣明澈。她想，這會兒，倒像是有陽光的下午，有彩霞的黃昏，有生氣的清晨。夜？她以前看到過的夜，可不是這個樣子。

但她還是讓朋友李祖英扶了起來，披上大衣。祖英告訴她，夜在這兒，在她的手錶上，在長短針交疊在12的垂直線上。她眨眨眼睛。她還不想讓自己的感覺屈服於這一小小的機械之下，但祖英卻挽著她步出了那彈簧玻璃門。冰河般冷寂的馬路，一下子把她推入黑夜之中。風從黯幽幽的地方吹來，舞廳門口的兩支躲在長柱形壓克力罩裏的日光燈迸射著寒光。

「哦，」藍韻走前幾步，仰望著夜空說，「這是一個沒有星月的夜！」

李祖英沒有抬頭去看夜空。他對夜空的漠然態度意味著他早已知道了這一點。他站在那裏，穩健得猶如一株樹。他略略皺起了眉。那表情，對他來說，倒不是表示焦慮，而是表示他思考的周密。

「實在太晚了，我想，你今晚還是不要回家去的好，藍韻。」

「太晚了，又怎樣？太晚跟不晚，有什麼區別？白天跟黑夜，對我有什麼不同？」藍韻一甩頭髮，那模樣兒著實倔強得可愛。她挺挺胸，面對著夜的黑臉。是的，夜，我看到了你，但我卻並不怕你。我不是一個膽小的女孩，你嚇唬不了我、阻擋不了我。我仍要回到我那在六、七十公里外的鄉下的家裏去。

李祖英望著藍韻的側臉，笑了。他比她大十二歲。他幾乎是看著她長大的。這會兒，瞧見她那倔強的樣兒，就等於瞧見孩子時代的她：生氣時在地上打滾、撒野，染一身黃泥在身上、臉上，等一會又站起來，掛著和著泥土的鼻涕和眼淚發笑。這孩子！特別惹人喜愛，又特別令人擔心。

「我可以把你送到同事那兒——女同事那兒去宿一晚，藍韻。」

藍韻揮揮手，那意思是叫他不要說，叫他走開。那揮手的姿勢無異是把他當成了孩子。李祖英不服氣。這孩子簡直目中無人！她如果要在無涯的黑夜裏打滾、撒野，就隨她去。他把她的盒形皮包遞到她手裏；承認自己的話起不了什麼作用，承認同樣的歲月，加在兩個人身上，但所得的歲數，卻不一樣。

冰凍的幽黑的河面上滑過來一只紅色的船，假惺惺地嗚了一聲喇叭。藍韻一揚手，手影子切斷了右首的一道光流，船，立即在岸邊停下來。「你不去我家？」藍韻側臉對祖英說，聽得出是試探，但卻具有挑逗性的誘惑。祖英仍穩穩地站在那兒，費力地擠去她跟許多年輕人共舞時的那種嬌媚，祗留下她兒時的那份稚眞。於是，他又看見她笑了——一種故意使明澈的眼睛矇矓起來的笑。這孩子，他想，這會兒，你又把我當作同年齡的人了。你上車離開這個冷了的城市吧。我果眞要找夢，也得回到我的床上去找，可不會在這冰凍的河面上找。

「不，謝謝。」祖英說，發覺自己的語氣是嚴肅的。這會兒，他該記住，他跟她並不同樣年輕，他比她要大上十二歲。雖然，這種嚴肅有些殘酷，但卻是一種値得的殘酷。

藍韻對期待著的司機說出了她要去的地方，而她自己則是期待著祖英會扶她上車；她的高跟鞋、窄旗袍、碰不得的尼龍襪子，都使她有這種需要。這種需要對仕女們來說，確是正當的要求。但祖英卻仍穩穩地站在那兒，在夜的遮掩下無視於她的希望。她一氣，也就無視於司機爲她打開的後座車門，用右手揑住前座車門的把手，拉開門，提起右腿，跨上車去。年輕的司機關上了後座車門，看到她的掙扎，不由自主地伸手去攙她。

在浮盪著淡黃光液的車廂內，她接觸到一雙明亮的眼睛，一雙應該屬於年輕人的眼睛，一雙跟今晚與她共舞的那些年輕男伴的眼睛類似的眼睛。一股熟悉的感覺在她與他之間冉冉昇起。「嗄，我要去——」她重覆地說。第一次對那司機說時，是命令，這次卻是輕柔的要求，語音迴旋在這薄明的車廂內，散發著少女的明麗。年輕的司機又伸過手來，掠過她的黛綠大衣，碰的一聲拉上了前座車門。她向祖英擺擺手，心裏還在恨他剛才沒有扶她。呵，你在嫉妒，她在心裏說，你在妒嫉那群曾讚美過我的年輕人，妒嫉我的美麗已越出了你的掌握。你穩穩地站著吧，我可要走了。

車子滑開去，她有一種舒服輕鬆之感。車廂裏暗了下來，沒有暗下來的是司機的那雙亮眼睛。她要跟他比一比眼睛，看誰的亮。他偶爾把臉側過來時，她微笑地瞟了他一眼，彷彿他就是她剛才的舞伴。她要他默認她的眼睛比他的亮，比別些女人的亮。她要他默認她美，比別些女人美。她今天可眞是野心勃勃。呵，女人中的拿破崙！她忽然笑出聲來，細碎的笑的水珠，縱然是不經心地噴出來的，可也濺到了年輕司機的臉上。他又回過頭來，同樣衝她笑了笑：笑得很特別、很友善，簡直承認自己是她的朋友。藍韻一點也不迴避，反而跟他搭起訕來：「深夜開車，很痛快，噢！」說完，又笑了笑，很得意、很誘人。呃，你，年輕的舵手，往後你會懷念，在某年某月，在一個黑黑的冷夜裏，你那紅色的車子曾載過這麼一個穿著黛綠大衣的年輕小姐，她漂亮而又和氣。你會懷念，哪一天，你會再遇見她，再讓她坐在你的車內。

年輕的司機的確很悠然，一手握著方向盤，一手往夾克袋裏去掏紙煙，「可不是，小姐，這會兒開車，的確很放心，的確可以大膽一點。」把摸出來的紙煙吊到嘴角上，然後又去掏打火機。長方形的銀色盒子給揿了開來，立時綻出了一朵小小的紅絨花，染紅了紙煙的頭兒，也照亮了他的臉。看來，他才二十五、六，長方臉，鼻樑很挺，要是穿上西裝，無論走到哪兒去，準會顯得很英俊。紅絨花消失了，他又伸手掏出一支紙煙來，出其不意地把那根白色的小棍兒豎在藍韻的面前：「請抽一支，小姐，來路貨！」紅絨花又開了，這舉動是帶著強迫的意味的。藍韻怔住了。她今天在舞廳裏第一次抽煙，難道他聞得出來？她雖接住了煙，卻想把紅絨花退回去。手一抬，尖尖的銀紅指甲刺到了他那粗粗的手，彷彿被刺到的不是他的手，而是她自己的手；手，馬上受驚地落了下來。她衹聽見他在說：「沒關係，大膽一點。深夜裏抽煙，誰看見？」他那穩重的聲音又是一種威脅。抽煙，怕什麼？藍韻的嘴角勾出一彎倔強，她一低頭，讓自己的紙煙的頭兒也染成紅色。紅絨花又開了片刻。藍韻斜睨過去，他竟藉著這抹微光在看她。倏然，他笑了，笑得比她的舞伴更深情。她一下子吹熄了那圈小小的光亮，警告他：「小心，你在開車！」用意很峻厲，語調卻硬朗不起來。

他已把車開出市區，甩掉了冷的城市，卻招來了更冷的田野。他沒費一點兒力氣，雙手就叫車子穩穩地駛向黑夜。車前燈的白亮的長鞭揮不走夜的深沉。夜，在這兒，在車子裏，在車子外，在她的身旁，它那黑黑的影子已然落在她的心上。她曾對自己說過，她不怕它，它的黑臉衹是一個嚇唬孩子的面具，但，倏然間，它變了，變得刁滑、陰險，變得莫可逆測，變得如同一個漆黑黑的萬仞深淵！

「在這條路上，我開了六、七年的車子，我熟悉每一寸地方、每一個角落。我可以大膽一點。」

年輕司機的聲音很驕傲，宛如他就是夜的統治者。他從嘴邊拿開煙支，把煙慢慢兒地噴向擋風玻璃，揚起了一片極薄極薄的霧，頃刻間，又消失在虛無中。他掉臉向著藍韻，吁出的熱氣拂到藍韻的左頰：一種男人的氣息，比她的舞伴的粗獷，卻同樣混和著慾望。藍韻警覺地舉手去擋她的左頰，卻在匆促慌忙之間打落了他的煙支。兩人的目光同時追隨煙支跌落在排檔邊。沒來得及考慮，藍韻彎身撿起了它。立即，她又懊悔自己的舉動太過輕率，然而，在兩手分揑兩支香煙的情形下，除了遞還給他，她似乎再沒有別的辦法。

「謝謝你，小姐。」他說，語氣端莊，一如他是一位年輕的紳士。煙支給夾在兩唇間，閃灼灼的煙頭像顆紅寶石，在咄咄逼人地炫示它跟主人是一樣地高貴。

藍韻有點兒安心。他是司機，還是紳士？可能他是司機，又是紳士。爲什麼他不是一個自己駕駛自備汽車的年輕紳士？呵，這有什麼不同？司機跟紳士！小小的紅光下，他的臉是善良的。夜的黑臉又變得並不可怖了。有一輛吉普車和一輛銀灰小轎車馳過。藍韻向前伸開她那緊縮著的雙腿。煙支已燃去一半，煙絲的辛辣執拗地留在舌尖。什麼事都不是一下子學得會的，連抽煙也是，眞是！她將車上的玻璃窗旋開了一些，從兩寸來寬的縫裏，扔掉了那截香煙，反正不是丟在草逢上，讓它躺在堅實的路上，它要燃上多久，就讓它燃上多久。她剛要去合攏玻璃窗，另一截煙也給拋了出去。「風好冷！」聲音在她耳際響，窗玻璃也隨即給旋上了，但那只胳臂卻橫在她身後的靠背上，沒有移去。它立即成了一只電熱器，烘得她的背部一陣熱似一陣。她沒敢動一下。她惱恨自己不是一根煙支，可以這麼方便地躍出去。

「走了多少里了？」她問。

他放下右臂，用手指指指計程表——才十五公里。「還早得很呢！」他說。「你看，此刻，車速是一小時六十公里。」胳臂又移到了靠背上，比剛才更靠近她些，簡直想擱到她的肩上來。一種渴望轉過臉去看看那條手臂的念頭，使她對於此刻的坐姿感到不耐，而一種如若她果眞轉過身去，那條胳臂就會乾脆落在她腰部的恐懼，又使她對於此刻的坐姿感到痛苦。

「你媽在家等著你？」司機的問話是飄忽的，冷森的，脖子硬硬地，也沒動一下，表示他雖這麼問，卻並不信任。

對什麼不信任？對她的身份？對她的職業？認爲她是舞女？是交際花？是……是隨便碰碰都無所謂的女人？她剛才怎麼笑的？該死，她是不該笑的，不該跟他比一比亮眼睛，不該要他承認她是比別的女人美，不該要他懷念她；一切都不該！她該知道黑夜的存在；它不存於舞廳，卻存於無人的冷凍的公路上，存於司機的滿懷慾望的眼神中。

「呵，當然，」她說。「家裏的人都等著我。」

「我也是，我願意現在已回到家裏。」司機說。前面是公路局的一個小站，站邊的小店舖早已打烊。車子疾街過去。眞快，怕超出六十公里了？慢一點吧，他有一絲兒倦意。如果是在家裏，他早已躺在暖暖的被筒裏了。有時，他眞願意在家裏躺上一天。這一個月裏，他忙著開車，連手和腳都快給震麻了。在一個開車的人的感覺上，過年的滋味就是這樣的！嘿！近來，他感到自己不像一個人，而衹是一只輪子，在乘客的需要下，不斷地滾動、滾動，什麼感覺都被輾出去了。可是今天，這位小姐的笑容可眞動人。在這小小的車廂內，她衹對他微笑，她的眼睛好亮，呵，如車前燈的兩道光！車子馳過去，馳過去，馳過去。許多溫柔的感覺又回到了他的身上：跟女友在夏夜裏兜風，她挨著他；在海濱浴場游過水，他倆並躺在沙灘上晒太陽。馳過去，馳過去，在白日，在黑夜，在鄉區，在鬧街，這小小的車廂內竟然網羅了一切——這個無所不有的宇宙。跟女友在一起，她偎著他；他明顯的聞到她的髮香，她的粉香，她的膚香。她的眼睛望著他，星星似的亮眼睛。呵，眞可愛。他賺錢，就是爲了她！他看到她時，他就不再是輪子，而是自己了。她的雙頰多紅潤，她的嘴唇多柔軟，他想吻吻她。在那成排的大樹的黑而又黑的影子下，他要把車子停下來，緊緊地摟住她，吻她，然後問她什麼時候願作他的小妻子。

車子的速度驟減下來，斜斜地向樹邊靠近，於是停了下來。他的右臂從靠背上滑下，恰好落在藍韻的腰部上。藍韻如被槍彈擊中似的，震起來，又坐下去。在他轉身向她時，她也狠狠地面對著他。「幹嗎不開了？」她尖著嗓子問。

司機震得比她還厲害，幾乎像遭到了一場車禍。她是誰？她是他親愛的小娟？不是，不是，她是一個曾向他笑過——媚笑過的女乘客。糟透了，他怎麼把她倆攪在一起的？他快有兩個月沒見小娟就渴念得這樣？這會兒身畔的她，比小娟穿得漂亮，也比小娟長得美，但卻跟小娟一樣年輕。她剛才笑的時候，她就把小娟的影子投進他的腦子裏了。他從來不曾在這樣的深夜載過這樣年輕的女客人。

「我口渴！」他期期艾艾地說出了他的藉口。幸而，他的座旁今天剛好放著一個水壺。他把它拿起來，旋開蓋子，眞的咕嚕咕嚕地渴了幾大口。好了，蘇吉民，你現在該清醒了。

這兒不是你的床，你別做夢；你該做的事，就是把這位女乘客送回家去。

車子又滑行了。一輛滿載貨物的大卡車轟轟然衝過，可想而知，還有一兩個助手正在車頂上尋夢。那冷水眞好，靠著它，他是完全清醒了，但他仍願自己這會兒是躺在床上，即使沒有睡意，也可以自由自在地緬懷、幻想。去年夏天，他跟小娟玩得眞痛快。小娟好豐滿，有時，她隨便穿上一件布洋裝，就有那麼動人，引得他看上老半天。他吻她時，慾望很大。哦，眞該死！他知道，他該結婚了。他的好些同行，不結婚就走上了邪路，他可不想讓自己這樣。他望著車前那段在無盡的黑夜中的有限的光疇，機械地操縱著方向盤。那女客人所用的香水是什麼牌子的？這麼香！以後他也要買一瓶，送給小娟。她穿的大衣是用什麼呢製的？碰到手上有多柔軟。呵，他倒並不喜歡她穿著大衣，他很想看看不穿大衣時的她，身段是不是豐滿？車子向前馳去。七十公里，超速！不要，還是慢一點，六十公里的好。啊，能夠讓他看看她穿薄衣服時、身段是不是豐滿，那該多好！黛綠大衣裏是件蛋青的緞子旗袍。她應該有兩條渾圓的象牙般的手臂。哦，能讓他看看多好！

他把車子的速度再次加快，然後又減緩下來。他清醒了沒有？當然，他是清醒的，非常清醒，一無睡意的清醒，清醒得祇想看看不穿大衣時的她的身段是不是豐滿！他此刻實在並不願意自己清醒，讓腦子混沌一點、迷糊一點吧，但卻已經不可能了。到底他爲什麼要知道她的身段是不是豐滿？她的豐滿對他有什麼關係？他不知道。然而他卻牢執著這個慾望。到底是他的慾望，還是黑夜的慾望？蘇吉民，你自己去回答吧。如果你無法回答，那又叫誰回答呢？

車子馳著，馳著，黑夜把他們兩個嚴扃在小小的華美的鐵籠子裏，在誰也不能作主的情況下，衝向未可預測的前方。如果這是黑夜給我的慾望，那又怎樣呢？蘇吉民想。她是誰呢？在這樣的深夜回家，而且是從舞廳裏出來，而且會給一個年輕司機以媚笑！呵，她的身段有什麼好秘密的！裹著蛋青緞子的細腰，曾無數次被環在無數個男人的手臂中。眞的沒有什麼好秘密的。你衹爲了錢才送客人去他們要去的地方的，否則，你也有機會看到舞廳裏她被男人摟著時的輕挑相了。噢，現在，你該知道你爲什麼對她懷著慾望了，因爲就在沒有多久以前，別的男人對她也曾有過慾望。

他摸出紙煙，然後又摸出打火機。「小姐，請再抽一支。」他說完，就憑打火機綻出的那朵小紅絨花去看她的臉。

「不。」藍韻說，兩手揷在大衣口袋裏，晶亮的盒形皮包，穩穩地坐在她的右首。

「何必？大膽一點，你在舞廳裏準也抽煙的。」他知道他在微笑，他的眼睛瞇細著。那種笑——友善還是不友善？

「不要！」藍韻說。

「啊，那太可惜了。」蘇吉民說。他把紙煙丟在排檔邊，而且用穿著厚重的黑皮鞋的腳踩爛了它。但紅絨花還是開著，從藍韻的臉前往下移到她的胸、腹之間。藍韻僵坐著，沒敢動一下。

「不。」藍韻說。她的嘴唇不太靈活，她的意思是，她不要這朵花。

花兒枯萎了，但他的眼睛還是盯著她。「你眞漂亮，你衹穿一件旗袍時，一定更漂亮。」

「小心，開你的車！」藍韻說，但她不知道她的聲音有否溜出嘴外。她的喉舌，她的雙唇，都已失去靈活。這樣冷，是在北極的黑色的冰河上旅行？讓這隻船撞到冰山上去！呵，她怎麼也想不到她找到的竟是一隻駛向冰河去的船。眼前的那個舵手，原來是個冒險家。他的目的是在等候一個同伴跟他同去冒險！我可不是這種人，我可不願冒這種險！我寧愛舞池，那由音符築成的池塘很淺，淹沒不了我。即使眞的醉了，即使那群年輕舞伴的有慾望的眼睛箍成一個圈圈，也捕捉不住我——李祖英在我的一旁。呃，他不該穩穩地站著。他不該妒嫉那些年輕人。我跟他的交情不一樣。他既然知道夜在那兒，他就不該不扶我上車，不該不陪我一同回家。讓他安靜地去睡他的覺吧，以後他會懊悔的……啊，懊悔的到底是誰？是我自己！看那旁邊的冒險家，那眩耀的火光，那脅逼的眼神。他什麼都不在乎——他不怕冷！他大膽！什麼機器能夠計算出他的膽量有多大？六十公里？七十公里？不，這是速度表。他的膽量或許等於今晚上所有跟她共舞過的年輕舞伴的膽量的總和！這兒爲什麼沒有一架計算機？

車子馳著。沒有星，沒有月。沒有誰要注意這場冒險。

蘇吉民用左手握著方向盤。他不怕冷。他的手心正沁著汗，他感到他的右臂固執地想要離開他的身體，移到那個女客人的腰部上去。他控制它，比控制方向盤更困難。剛才小小的火光中的她，縮瑟著猶如冬夜中的一只翠鳥。他的慾望是群山間的迴旋公路，上昇到山頂，又下降到山麓。呵，烈日之下的跋涉。他混身冒汗。摟住她？吻她？暫時把她當作另一個小娟？或者問她，她肯不肯做他的妻子？他們就趁著這輛車子去度密月！不，不，絕不。他費力地把右手放到方向盤上，記著，你是一個司機，你應該用手握著方向盤。這會兒，你的雙手，除了握著方向盤，就沒有別的用處。你流汗吧，讓太陽晒著你，讓它晒乾你的慾望！她不是小娟，世界上沒有兩個相同的小娟。不要，不要，不要！讓你明後日就去找小娟，告訴她，你要儘快地跟她結婚，就是這樣。

蘇吉民從褲袋裏摸出了手帕，拭去了額上的汗。他極其小心地想使他的手臂不致碰觸到藍韻大衣上的任何部份，但不知怎的，卻老是碰到她的；小小的摩擦，總引起了相互的驚悸。夜在更深，更深，更深。門窗緊閉的屋子內，人們夢到了他們的快樂，也夢到了他們的憂慮。衹有他們兩個，夢在清醒的夢裏，浮沉在黑幽幽的河裏。車子以七十公里的飛快速度前進。他和她，一個年輕的男人與一個年輕的女人，在極熱與極冷的氣氛中僵持著。路途跟夜似乎黏在一起，永無盡頭。藍韻坐著，混身酸痛，她看到舞廳，看到辦公室，看到舒適的家；於是又看到了朋友，看到了父母，看到了兄弟和姊妹。他們都圍著她哭，但她卻沒有淚，她衹靜靜地躺著，把白日與黑夜，把歡樂與悲哀，把希望與失望，統統推出體外。

車子突然顛簸了一下，駛過一座水泥橋。一塊白底黑字的牌子，如遊行者擎著的標語，躍進車前燈的光疇內，然後又被丟在車後。片刻，在一個街口的一根路燈柱子邊，車子被命令著停下來。蘇吉民用沁汗的右手從藍韻的身後伸過去，爲她打開了門。藍韻扶著車門，掙扎著跳下車去。當她轉過身子、把車資交給蘇吉民時，兩人都怔望了一會。兩人都看到對方的亮眼睛與臉部的表情。於是，車子開走了，衝入黑暗中，沒有留下痕跡，彷彿它根本沒有出現過。

一九六五年（民國五十四年）四月

風與沙

雖然說，那條像大動脈似的、貫穿全島的省線公路是既寬闊又平坦，不致如黃泥大道那樣，遇風就飄起漫天濃沙，可是，在南部，每到乾燥的冬季，西北風的大手，加上那像跟風在比賽似的川流不息的疾馳的車輛，卻也會把公路上面那層薄薄的塵土捲了起來；飛飛揚揚地，足以使兩旁的店舖蒙上一層細沙，也使那裏的人們不得不經常注意揩抹了。

碧珍父親所開的小飯館「小洞天」，就是挨在K鎭的省線公路旁。一間低矮的小瓦屋，進門左首就是一口大灶和一塊作板。昇騰著的乳色蒸氣，也幾乎想跟塵煙較量一般。肉包子的油膩膩的香味，滷豬舌、滷鴨肫的鹹稀稀的香味，清蒸魚的鮮霍霍的香味，蔥、薑、蒜、椒的辣呼呼的香味，結伴在西北風中盪漾，刺激著行人——尤其是那些在K鎭作短暫停留的旅客與司機——的食慾。然而，那股誘惑著別人的香味，卻吸引不住碧珍；祇有隔壁小百貨店的玻璃橱窗裏的衣服和飾物，才使這個十八歲的女孩子嚮往無已。

碧珍常常認爲：她父親的意見總跟自己的願望背道而馳。譬如說，她讀完初中，還想繼續讀高中，但父親卻叫她進家職。當她唸了一年的家職、心想最好能在什麼洋裁店找個工作時，父親竟計劃開舖子，要她幫忙。是呀，開舖子也不壞：開小百貨店，開糖果店，開布店甚至開文具店也好，讓她悠閒地站在透明的玻璃櫃的後面，笑盈盈地說：「太太，請進來看，您要買什麼呀？」輕易簡單，說不定還能博得「親切大方、美麗溫柔」的美名。然而，父親開的卻是小飯館，而且偏要開在公路旁，叫人在飽餐飯菜之外，還要飽嚐風沙！

碧珍認爲，在她所有的不愉快的事件中，要數這件事最最使她不高興。理想中的嫵媚的店員，忽然變成了「灶下婢」，那該多麼使人無法忍受。而且是千眞萬確、不折不扣的灶下婢！看哪，她父親掌廚，她添柴火，洗碗筷，抹桌子，招呼客人，端飯菜⋯⋯一雙手和一個臉老是油光光的。以前半個月才洗一次的頭髮，現在不到四天就發膩了，好像在洗鍋水裏浸過一樣，膩得嘔心。衣服呢，也常是漬痕斑斑的。因此，她的父親也就乾脆不給她做新衣服了。他說：「反正要沾上漬子的，還不如穿舊的不覺心疼！」話是不錯，祗是忽略了女兒是十八歲的姑娘，正需要衣著來點綴自己的青春哩。

碧珍覺得這幾個月來，日子好長——長得像沒有盡頭的公路；好忙——忙得像公路上的塵沙，憑空地飛揚了一陣，然後落在坦蕩蕩的、夜深的公路上：使她感到有種不著邊際的空虛。每天，在沒有發白的大清早，爹兒倆就起來了，從店門縫隙中去探看外面，連那慣於早醒的星星也還躺在天幕上酣睡哩。公路靜得像條安份的小河，而他們卻像河邊磨坊裏的牛，在拚命工作，蒸出一籠籠的包子和饅頭，要去供應那些急著要趕早班火車、卻沒吃過早飯的年輕學生們。六點半，卸下店門，那些學生便來了，裏面還有她的同學哩。「碧珍，你早啊——

—比我們還早！」「碧珍，買兩個肉包子——揀大的！」「碧珍，今天我們學校裏開運動會，我要多買幾個！」她微笑著，帶著一份羨慕與一份惆悵。她的雙手機械似地動作著，兩個一包，三個一包，兩個、三個……一邊把錢丟到抽屜裏去。刻把鐘內，她會把兩百多個包子或饅頭全部賣掉。她父親總笑著對她說：「碧珍，看你的人緣有多好，一定是你的同學介紹的。那些中學生就喜歡買我家的包子、饅頭，同時，他們也像非常喜歡看見你啊！」

「是啊，他們想看看一個賣包子、饅頭的女堂倌是怎麼個樣兒的？」這是碧珍微慍的回答。在激動與熱氣的熏炙下，她的兩頰有點泛紅，恰好給她白皙的臉蛋添上一抹嫵媚的色澤。她把空了的小篾筐推到桌子靠牆的那一端去，但由於用力過猛，發出了一下刺耳的磨擦聲，好像也在幫她提出抗議似的。百忙中的父親，回過頭來，看了她一眼，然後又皺皺眉，待她走近，悄悄地勸她：

「碧珍，別小心眼兒了，人家怎麼會瞧不起你呢？開飯館的不怕大肚子，各色各樣的顧客我們都歡迎，千切不要存這種念頭啊！」

「爸爸，你這小飯館要開多少年呀？」

「五年，十年，誰知道？這年頭，化錢容易賺錢難。有錢賺就開下去。碧珍，下午空的時候，爸再跟你聊天。現在趕快再把那兩張板桌抹一遍，又一批顧客要來了。」

今天，第二批顧客是那些貨運公司的卡車司機和助手，他們的頭上壓著鴨舌帽，脖子上纏著毛巾，也不撣撣那積滿塵沙的衣服，就大踏步衝進店堂裏來。四個人圍坐在一張板桌的旁邊，一碟滷豬舌，一碗蛋花湯，每人一連吃了五碗飯，連氣也不喘一口；吃完了，站起來，再喝下一大碗白開水，於是拉起毛巾的一角，抹抹嘴，然後望著公路微笑，好像這一切都是飛揚著的風沙賜給他們似的。

是的，碧珍也不喜歡那班顧客。他們骯髒、粗野、不懂禮貌。他們每星期總要來兩次，彼此間雖然已很熟悉，但走進店來，老是先把帽子往桌上一丟，隨即粗著嗓門說：「喂，夥計……」也不說一句「你好啊，碧珍！」直把她當作一個不重要的小丫頭。

碧珍臉上露著笑，招待客人，心中卻像一鍋沸騰的水，沒有安靜過。當她在圍裙上擦著油膩膩的雙手、送客人到店門外，回過身來，隔壁小百貨店的麗娟姊正衝著她笑。那抹浮在紅白分明的臉上的淡淡的笑，在她看來，像是澆在菜餚上的一層佐料，含著幾種味道：起先她覺得是跟她打招呼，繼而覺得含有惋惜的意味，最後覺得是在代她抱不平。她不由自主地走了過去，先向玻璃櫥、櫃瞥了一眼，這才細細端詳麗娟。打扮得豔麗入時的麗娟是這家百貨店的活招牌。入冬以來，她一直穿著一套兩件頭的松綠羊毛衫，下面是一條墨綠窄裙，前襟的胸針更是不時掉換（當然，她多半祇是把店裏的貨色借用一下），有幾天是一只金色的小鹿，隔兩天是一串紫色的葡萄，隨後又是一朵嵌著水鑽的閃亮的花……光是這些胸針，就已經足以使碧珍傾倒了，今天，她佩的是一只小巧精緻的提琴。

碧珍不敢把她那齷齪的圍裙碰到麗娟那擦得透亮的玻璃櫃。她說：「麗娟姊，你今天的胸針多麼別緻精巧啊！」一邊用指尖輕輕去觸了一觸，但又惟恐會弄污似的，馬上縮了回來。

麗娟倒很大方，立即把那只小提琴摘下來，放在碧珍的手上。「你看看，現在的東西眞是又好看又便宜，這麼一只胸針祇要二十五塊錢；兩年前，怕四十塊還買不到呢。」說著，又笑了。這笑是雙重的：不僅是讚揚了這小飾物，同時還讚揚了碧珍；一方面固然盡了友誼，一方面卻也對這貨品作了一個很好的、不著痕跡的宣傳。

嗯，當然，碧珍想。她將牠把玩了一陣。眞實的提琴對她並無用處，可是當牠給縮小了，對她可就珍貴了，猶如世界上假使果眞有小人國的話，那末，人們是準會在那裏流連忘返的。她帶著感激之情，把胸針還給了麗娟。一點不錯，東西是越來越便宜、越好看了；譬如再說麗娟所穿的那套羊毛衫吧，翻領，前面還有花紋。「你那套羊毛衫的顏色也眞好，佩什麼樣的胸針都行。」當麗娟重新扣上胸針時，碧珍又說。

麗娟的目光在碧珍的臉上打了一個圓圈，然後微傾上身，湊過來，向她知已地說：我這件是去年買的——今年的式樣、花色可比去年的更要好看。我這兒有一套榴紅色的，你穿最合適，你瞧！」說著，轉過身，從玻璃橱窗中把那件羊毛衣拿了出來。碧珍連忙阻止。麗娟又笑了起來；輕輕柔柔的笑，像一把軟刷子似地拂著別人的耳膜。「穿穿看，沒有關係，我又不是要你買，祇是讓你看看：穿了這件衣服，你會是多麼漂亮！」

碧珍再也無法推卸麗娟的盛意，便卸下圍裙和那件沖呢的外套，小心翼翼地把那件新羊毛衫穿在舊西服的外面。麗娟等她扣好了鈕子，便把鏡子推給她：「瞧，你簡直成了一個美人兒！」這句話宛如一盆熱溫溫的洗臉水，燙得她好舒服。她一低頭，看見鏡中的自己微漾著笑，襯著榴紅的毛衣，她的笑容就從沒有這樣明豔過。她今天才敢眞正相信，她自己原來還有幾分姿色——或許不止幾分——紅毛衣如一道陽光，照亮了她那隱藏在暗角落裏的青春！

忽然，她聽見她父親在店堂裏喊她：「碧珍！碧珍！」父親是個急性子的人，要是她再不趕去，他會喊得如「失火了！失火了！」那樣逼促。碧珍連忙脫下毛衣，拎著外套、圍裙，轉身跑回自己的店裏去。有個穿著灰色奧隆夾克的二十多歲的青年，正坐在一張桌子旁邊。

「碧珍，這位先生要吃東西！」父親說。

碧珍在一分鐘內穿上了外套，繫好了圍裙。「你要什麼，先生？」她問。

「我要請你把桌子抹一抹。」他煞有介事地。

這句話使碧珍的臉兒都紅了。嗯，他是個太不客氣的主顧，一開頭，就不給她一個面子。在上一批顧客用完飯之後，她就已把桌子抹過。刻把鐘內，風沙又幹下了牠的拿手好戲。碧珍來指桌子時，順便也帶來了筷、碟和湯匙。她再度問道：「你要什麼，先生？」

「一碟滷鴨肫，一碗菠菜湯。」他說，拿起碧珍送來的湯匙和碟子，仔細看了一看。「你洗得很乾淨。這條公路旁的風沙很大。」他望著她笑笑。

吃飯之前，他把夾克脫下來，搭在椅背上，裏面那件大方格子的襯衫，豆沙色的，配著他那棕色的皮膚，顯得挺英俊。碧珍坐在他的斜對面，望著他，並且不時站起來爲他添飯。他也很能吃，但卻不像上一批客人那樣狼吞虎嚥，在粗中還帶著一點教養所留下來的殘跡。吃完了，他向碧珍要了兩支牙籤，突然說：「這飯館的名字叫做『小洞天』，起得好極了。

奔波跋涉之後，在這裏休息一陣，舒適得很。」

「可不是，你是這鎭上的過客吧？」

「我是貨車司機，三輪小貨車的司機。一清早從嘉義出發到高雄去。」

碧珍皺起眉頭，看著他。「你並不像……」

「我不像司機？」那青年哈哈地笑了幾聲，把牙籤折斷了，丟在地上。「我是初出茅蘆，幹這工作還不到半年。我高中畢業，考不上大學，服過兵役以後，就更考不上了。別的工作找不到，於是就學了駕駛。現在，在一個藥廠裏當貨車司機，一個月能拿千把塊錢，也不比教書的差哩！」

「是呀，就是辛苦了一點。幹什麼都一樣——勞動神聖！就像我，我也是初中畢業的，現在還不是洗碗筷、抹桌子？」碧珍非常謹愼、卻又非常逼切地把自己的學歷說了出來。她從事這一工作以後，見了生人，就惟恐他把她當作一個認不得多少字的鄉下姑娘；但見了熟人，卻又惟恐自己不是一個鄉下姑娘——要不，她又怎會感慨萬千呢？

那年輕人披上了夾克，非常溫和地看著她。「我想你一定很不習慣。」

「我不懂你這是什麼意思？」

「這嗎？拿我自己來說，當我開始做司機時，無論怎樣去說服自己，總覺得很彆扭，跟同道在一起，也覺得有點格格不相入；但三、五個月後，卻漸漸地不在乎了。你知道吧，或許你現在的心境就跟我幾月前的心境一樣。」他付了錢，碧珍送他出來。他說：「剛才，我看見你在隔壁百貨店裏試穿毛衣，那件毛衣的顏色可眞好！」他揮揮手，走向停在馬路對面的那輛三輪貨車去。

碧珍在路邊呆了一會，望著風沙，望著在風沙中馳走的貨車，望著那些穿著流行冬裝、牽著孩子去搭公共汽車的婦女。她覺得胃裏很空，宛似牠裏面裝的不是食物，而是冷風。她想，他會不會再來呢？他說的話是眞的嗎？眞是！對一個顧客，這些疑問，已然超出範圍了。她掉過身子，那件榴紅色的毛衣又躍入她的眼裏。她不由得再度走了過去，問：「麗娟姊，那件毛衣賣多少錢？」

「一百九十，你瞧，比毛線織的還要便宜。」

「謝謝你。」

碧珍回到店裏去洗碗筷，但眼前老是幌動著那件榴紅色的毛衣。「以後買，以後買，等店裏賺了一些錢以後，我向爸爸要了錢，再來買你。」她對著眼前那件紅毛衣說，好像紅毛衣是個死纏不休的孩子，她要把他哄開去，但紅毛衣卻膩著不走。她光火了：「你要什麼？你要什麼？」她聽見牠在笑嘻嘻地回答：「我祇想叫你成爲一個美人兒，好讓那個年輕司機再度碰到你時刮目相看！」「誰說他一定會來？」她氣極了，不覺喊出了口。

「你在說誰會來，碧珍？」父親說。他在十幾分鐘前到店後的市場裏兜了一轉，這會兒剛拎著豬肉、豬舌、鴨肫和魚、菜走回來。

「噢，」碧珍有點不好意思，慌忙問，又把那些洗好的碗、碟重新用水沖了一遍，一抬頭，瞧見公路上正疾馳過一輛摩托車，她情急生智，笑著說：「快十點一刻了，那個朱瑞文不是又要來吃點心了嗎？」

「噢，」父親應著，泛起一抹隱隱約約的笑。「當然，當然，他會來的！」這麼鄭重其事地，好像對女兒作了一個保證。他把魚肉等放進小小的玻璃菜櫥裏，然後又偷偷地對女兒瞥了一眼，等抬起頭來，就大聲叫著：「來了！來了！」

「誰？」

「朱瑞文嘛。」

一輛淡綠色的日製摩托車在店門前停下來。朱瑞文跳下了車。他伸展一下雙臂，摘下那頂白色的冑狀帽，露出他那十分年輕的臉。他穿著一件天藍色鑲白邊的雞心領羊毛衫，配上一條白卡琪鑲藍條的運動褲，腳上是雙白色運動鞋。你再一注意，他的車後還縛著一副裝在帆布套裏的網球拍。不錯，他正跟朋友打完一場網球回來。十九歲的朱瑞文，今年高中畢業，沒考上大學，於是，打網球就成了他每天上午的必修課程，而到「小洞天」來吃些點心，也就順理成章地成了一個附帶節目了。至於他之選中「小洞天」，那倒還是他的妹妹瑞芳推荐的，因爲瑞芳跟碧珍原是初中時代的同班同學。

「好啊，碧珍，你好，徐老板！」朱瑞文響亮地打過了招呼，在固定的座位上坐下來，碧珍跟著拿來了一份固定的點心——三只包子，也在他旁邊坐下，因爲他們早就很熟悉了。

「今天玩得很高興吧？」她撫弄著他的冑狀帽。

「還用說？痛快極了！我是早上八點鐘就出來的。跟打球比起來，讀書眞是一件苦差使。」朱瑞文霎霎眼睛，「明年準又是考不上，我也管不得這些了。」

「哪裏，你是不會考不上的，白天運動，練練身體，晚上用功，還怕來不及？」碧珍說，但她心裏卻想，如果他這樣下去，就準考不上。但考不上有啥關係？他是個幸運兒。別人考不上，會給父母罵得狗血噴頭，但他的父母不僅沒有責怪他，反而給他買了一輛嶄新的摩托車，讓他玩玩散散心。如果他服了兵役，再考不上的話，也不至於像那個那樣，去當司機，因爲他家在臺南近海地區擁有十幾甲的魚塭哩。

爲什麼她要拿朱瑞文跟那個司機相比呢？但，爲什麼她又不能拿他們相比呢？笑話，她儘有她的思想自由。在容貌與體格上，朱瑞文跟那個司機可以說是不相上下。朱瑞文率眞、俊秀，那個司機堅毅、英武。朱瑞文是她的一個高不可攀的朋友，他倆始終有著一段路離；而那個司機，由於跟她「同病」，所以雖僅一面之緣，卻是怪親熱的。

然而，她連他的名字還不知道，惦記他似乎是多餘的；他離去時甚至沒有說聲「再見」，盼望他又該是多麼渺茫呵。

朱瑞文邊吃邊談，然後，騎上車，走了。或許是兩這個人被「相提並論」過，所以在以後的兩三天裏，一看到朱瑞文，碧珍就會自然而然地想到了那個司機。貨車的隆然巨響常使她猛地站起身來。這樣，在第四天上午，他終於又出現在她的眼界中。當他慢慢地走向店堂來時，她突然感到有點不安。她穿的仍是那套漬痕斑斑的舊衣。如果她能穿件新衣，那該多好！至少能夠給他以一個清新整潔的印象。她幾乎又希望他不要這麼快地在這裏出現了。

「你好，碧珍！」他走進來，溫柔親切地向她問候。這正是碧珍所巴望的，但也足以使碧珍吃驚。他已輕易地拆除顧客與店東間的那道藩籬了。

「你怎麼知道我的名字？」碧珍說，聲音有點尖銳，好像要衛護自己的尊嚴。

「我上次聽見你爸爸這樣喚你的。你不高興我叫你的名字？」

「當然，我還不知道你叫什麼名字，你怎麼可以喚我的？」

「你眞是一個不肯吃虧的女孩子！」他笑了起來。「我的名字，你聽了一遍，保證不會忘記，我叫林—大—道。」他坐下來，然後用手摸摸桌面。「今天的桌子很乾淨，剛抹過？」

「是的。」

「知道我要來？」

碧珍白了他一眼，但卻沒有怒意；顯然，她無意中已承認她在惦罣他了。

「林大道要了一碟鹵鴨肫和一條清蒸小紅魚。「我想喝一杯酒。」

「敝店的酒不賣給開車的。」碧珍挺挺眉。

「謝謝你提醒。我今天很高興。這兩天，我一直想重上這裏來吃飯。」他停了一停，隨即又輕輕地加上一句：「一直想來看你。你想奇怪不奇怪？」

碧珍低下頭，嘴唇微顫，好久才迸出兩句：「當然奇怪。你往來公路上，住的又是市區，見過的女孩子一定不少。」

「但祗喜歡一個。」

碧珍轉過身，盛了飯，端給他。他烏亮亮的目光有力地射向她的臉上，並且流連了好一會，這才低頭去扒飯，接著又說：

「我今天要慢慢兒地吃，可不要催我！」

「誰會催你？」碧珍回答。

碧珍當然也喜歡他慢慢兒地吃，這樣，他就不會離去得太快。這時，父親又到店後的市場買魚肉去了。林大道說：「碧珍，你父親祗有你一個女兒？」

碧珍搖搖頭。「不，我還有兩個讀小學的弟妹，祗是母親很早就過世了。」

「你一定很忙、很寂寞。」他說。這應該是詢問的句子，但他卻把牠說成了斷然的肯定語。碧珍瞥了他一眼，他抱歉地又接下去：「你不怪我吧，我說話很直率，但卻是誠心誠意的；我的感覺是這樣。你沒有母親，很少人會告訴你長得怎樣。今天，我要對你說：『你很美！』」

碧珍感到臉孔發熱。她伸出手，探探那吹進來的風，心想，今天的風倒很可愛。

林大道只顧說話，忘了吃飯，一碗飯還剩下一半；隨即他就猛扒了幾口，把空碗遞給碧珍，一邊說：「我到外面去買一樣東西，祗一會兒就來。」眞的，祗一會兒，他就回來了，手裏多了一個紙包。他忙不迭地把牠塞給她。「我送你一樣東西——不要現在就拆開來，等我走了再拆，我想，你會喜歡牠的。」

碧珍捧著紙包，像捧著一大塊剛煮好的豬肉，放也不好，拿也不好。「不要推卻，碧珍，否則你就瞧不起我了。」林大道說。碧珍向他感激地笑笑，把紙包放在擱板上去，這時，父親也從市場回來了。

林大道安心地重又吃了兩碗飯。臨走時，碧珍伴送他到公路邊。他迎著風沙，戴上了墨鏡。「我大約過三、四天會再來，碧珍。」

「你開車可要小心呀！」

「當然。撞斷了腿，怎能再來見你？」他穿過公路，走上他的貨車。車子開動時，他還向她揮揮手。

這次，碧珍覺得很充實；回過身時，習慣地向隔壁百貨商店的櫥窗瞟了一眼，卻發覺那件榴紅色的毛衣竟已不在那裏了。她呆了一呆，驀然，她記起剛才林大道送給她的那個鬆鬆軟軟的紙包來。她恍然明白那裏面是件什麼東西了。她衝進店堂，正想拿下紙包，要去證實自己猜測的不錯，這時，一輛摩托車在她的店門口停住，朱瑞文按時吃點心來了。她那條已經舉得高高的右臂，像被砍斷的樹枝那樣，一下子跌落下來。她走去拿來了一份筷、碟和一份固定的點心，把牠們放在朱瑞文的面前。

「最近你的網球技術，該大有進步了吧？」碧珍問。

「可不是，不僅這方面大有進步，就連騎摩托車的本領，也大有進步哩。」朱瑞文輕鬆地回答。「現在，我的妹妹瑞芳早上醒來遲了，趕不上早班火車，我就用摩托車送她去學校，比搭火車還要到得早呢！」

又一個顧客來了，碧珍忙去招呼，備齊了飯菜以後，又回到朱瑞文的旁邊。

「坐在摩托車的後座上很舒服，你要不要試試看，碧珍？下午，我上高雄看電影：『六壯士』，片子挺好，我請客，你去不去？」

「謝謝你，可惜我沒有空。」她又抬頭去看了看紙包，她衹希望他快點走。

「你整天忙，整月忙，眞太辛苦了。哪天有空，我一定請你看電影，碧珍。」朱瑞文豪爽地說。三只包子已裝到肚子裏。他用手帕抹抹油嘴，戴上了青狀帽。「碧珍，你今天要不要坐在車後試試看，讓我們在左近兜個圈子。」

「我怕沒有空呢，你瞧！」她說，然後走近父親。做父親的已然聽到這些話了，馬上說：

「碧珍，你去好了，衹一會兒，店裏的事，爸會招顧的。」

父親這麼慷慨還是第一遭。碧珍本來是想假父親的口來回絕瑞文的，但現在衹好去試坐了。朱瑞文先把球拍袋從後座拿下，放在飯館裏，這才把車子推到公路上。於是，他踏著油門，一邊叫碧珍坐上去。車子慢慢地動了，她的頭髮給風吹得像搞亂了的黑線。「瑞文，我不要坐，風好大，頭髮把我的眼睛都遮住了。」她要跳下來，但瑞文煞住車子，比她跳得更快。「你坐著，我自有辦法。」他跑到百貨店裏，買來了一塊榴紅色的方形羊毛圍巾，遞給她。「用牠把頭髮包好！」「我可不要這！」「我已經買了，假使你不要，那末，用過後，就送給我妹妹。」

朱瑞文瑞帶著碧珍在鎮上繞了一圈，回到店裏，碧珍覺得除了撲面的風沙而外，坐在摩托車後，實在怪舒服的。她把圍巾解下來時，不由得留戀地打量了一下。瑞文就說：「碧珍，你收下吧，算是我妹妹瑞芳送給你的好了！其實，她已經有塊棗紅色的，我拿回去，她也並不需要。」說完，他就拿了球拍走了。

碧珍把牠摺好了，放在外套口袋裏。回到店堂後，她一直沒空，直到午後兩時，她才拿了紙包，走進後面的小房間，掩上了門，仔細地把牠打開來，那裏面果然是那件榴紅羊毛衫。於是她又把那條圍巾拉出來。拿來一比，這兩樣東西的顏色竟是一模一樣的！她高興得摟著牠們，在小房間裏轉了幾個圓圈。眞是，眞是……太興奮了，連思想也連貫不起來。然後，她把牠們平攤在自己的床上，癡望著。嘖，大道眞細心，知道我渴望那件紅毛衣，知道我穿這毛衣最好看，就這麼悄悄地……嘖，那雙烏溜溜的、有勁的眼睛，直看到你心裏。而那圍巾，啊，祇是證明我的好運吧了，瑞文這個人本來就豪爽！

正想在店堂裏睡午覺的父親，這時推門進來，眼光在一片榴紅色的光彩上停住了。「誰送給你的，碧珍？」

「當然有人！」碧珍側著頭，撅著嘴，怪父親干涉她，隨即兩臂一伸，把毛衣摺起來。父親點點頭，含蓄地笑笑：彷彿是說「我知道是誰送的」；隨即，退了出來，但那絲笑意，卻像膠住了似的，久久不褪。

自此而後，「小洞天」裏的氣氛很和睦：父女倆老是笑嘻嘻的，碧珍的怨言，像長了翅膀的鳥兒，忽然飛得無影無蹤了。工作雖仍是那份工作，但卻感到輕鬆得多；風沙仍是那片風沙，但風沙裏卻含有希望。林大道每隔三、四天來一次，整齊英俊，就像剛從理髮店裏出來、前赴盛宴一樣。這一頓飯也越吃越長，有時竟要耽上半小時之久，因此，他就跟朱瑞文碰上了。碧珍給他們介紹了一下，將他們安排在一起。兩個都是年輕人，林大道在學校唸書時，也打得一手好網球，所以談起來就很投機。朱瑞文有一次還說，什麼時候林大道有空，他們一同去打場網球呢。

有一天，林大道突然在下午出現，沒駕貨車，而是搭公路車來的。「我專程來看你，碧珍。明天是元旦，我有三天假——」下面的一句話沒有說出口，祇瞪著眼，等她接下去。

碧珍半垂下眼皮。「不過，每逢佳節，我們店裏總更忙，我準騰不出時間來跟你一起出去走走，大道。」她看到他立刻顯得垂頭喪氣，又想法補救一下：「今晚八點，我們去看場電影，可好？晚上，店裏是很少生意的。」大道馬上又像孩子似地笑了，挺胸直腰，神氣得很。他乾脆在店裏吃了晚飯，但碧珍卻叫他先走一步：「你先去買票，然後在街角上等我。我要換身衣服。我不要別人在這裏坐著等我。」

大道走後，冷落的店堂沒有一個顧客。父親去上店門時，碧珍返身入內，在一件白襯衫外面，套上了榴紅毛衣。她還是第一次穿牠，而且，眞像是完全爲了林大道而穿著似的，然後再配上一條黑色的長褲，顯得十分醒目。臨行時，又用那條榴紅圍巾，小心地包好了頭髮，心裏想，這眞是一身新年的裝束，或者說，是一身象徵青春的裝束！

這身裝束，的確使碧珍看來可愛多了。林大道瞧見她，就輕輕地叫了一個「好」，端詳了一下，又端詳了一下。碧珍微嗔地：「走嘛，風好大！」但他還要再端詳她一次，這才挽起她，邊走邊說：「眞美，比想像中的還美。你的臉在榴紅圍巾中半露出來，像一塊白玉。眞是，當初我竟沒有想到買一條同色的給你，這條是你最近才買的吧，碧珍？」

「不是，別人送的。」

「誰？」

「朱瑞文，在我家店裏跟你一起談過話的那個人。」

林大道沒說話，腳步卻在加快。一會，又問：「他每天上午都來吃點心嗎？」

「是的，他喜歡吃我家的包子。」

「他很早就跟你認識了嗎？」

「可不是，他的妹妹是我的同學。他爲人很好，很豪爽，今年高中畢業了，沒有考上大學，幸而他家很有錢……」碧珍滔滔地說著，宛如一只漏水的玻璃袋。

林大道猛地停住了步，想再端詳她的臉，但在燈光黯淡的地方，卻祇看到碧珍那對熠熠有光的、愉快的眸子。他又開始走起來，挽得她更緊，卻走得很慢，輕輕的說：「今晚好冷啊！」輕得像蚊子叫，彷彿是在獨白。

林大道取消了在K鎮歡度新年的計劃，當晚就乘車趕回嘉義去了。碧珍在新年裏穿著那身新衣，仔細地忙碌著，但總因沒有一雙深情的眼光，像一對蝴蝶似地在她身畔迴繞、蹁躚，而覺得落寞異常，臉上的笑容變成了塑膠做的花：失去了生氣；幸而，朱瑞文倒仍然每天來到，總算還有一個人可以跟她說說笑笑。

「喂，碧珍，你那件新衣就像一片彩霞，把『小洞天』都映紅了！」彷彿是開玩笑，又彷彿是認眞。「這兩天來，顧客這麼擁擠，恐怕不是因爲時值新年，而是專程來看你的吧。」他發出一串笑聲，與其說牠是調侃，倒毋寧說是讚美來得恰當。「我一直在想，這件毛衣上似乎還缺少一樣東西，就好像一件美麗的禮物還缺少一條綰紮牠的緞帶一樣。你還需要一枚胸針！」

碧珍用食指輕輕敲著桌沿。「注意，我不需要十全十美。」

「但，非常可惜。」朱瑞文也敲敲桌沿，祇是兩人所表示的意思不同：碧珍是「何必」；朱瑞文卻是「必須」。兩人互望了一下，朱瑞文伸手到衣袋裏，掏出一只胸針，放到碧珍的手裏，她這才看清楚是一只精緻的小提琴！

「我買時本想送給瑞芳的，但現在覺得佩在你身上將更合適，就算是瑞芳送給你的吧，碧珍。」

「啊，」碧珍幾乎驚叫出聲。多麼奇怪，她所想望過的東西，竟都像小魚兒般地游了攏來。驚異間，忘了推卻，朱瑞文卻已騎上車子走了。她想，既然牠是一條綰紮禮物的不可或缺的緞帶，那就把牠佩上吧。

新年很快過去，一切工作都恢復原狀。林大道又駕著三輪貨車來了。他走進店堂，先向碧珍瞅上一眼，看碧珍仍帶笑意，才走近她。「不要怪我吧，碧珍，我知道你這兩天不高興，但我比你更不痛快，我在車庫裏睡了整整三天的覺。」

「誰怪你？」碧珍說。她的確不怪他，她衹是想念他。她不明白他爲什麼要說這種話。她爲他切來了一碟他最愛吃的鹵鴨肫，外加一碗榨菜肉絲湯，然後在他對面坐下來，看他吃飯。

「你還穿著這件毛衣，碧珍？」

「我喜歡牠。你不知道，我多麼喜歡牠！」

林大道臉上的線條變得非常柔和，兩眼重又靈活起來。「你眞好，你的那枚胸針多漂亮，碧珍！」

「是朱瑞文在新年裏送我的。」碧珍笑容可掬地，一邊低下頭，用手去撫摸那胸針，因此並沒有注意到林大道那突然陰沉下來的目光。

「是呀，是呀，是朱小開送的。」碧珍的父親這時竟也插了進來，原來他又要去後面的市場了，經過他們桌邊，聽見他們的談話，不由得也想把自己內心的一大喜事，像把門拉開一條縫似的，略略透露一點。「林司機，不瞞你說，朱小開爲人可眞好，又年輕，又漂亮，又不搭架子。他送碧珍這，送碧珍那，邀碧珍坐著他的車子兜風，還請碧珍上高雄看電影哩，衹是她沒有空。」

「是呀，朱小開眞好，而且，要緊的，家裏有錢嘛！」林大道說完，而還拖了兩聲哈哈。

林大道的這頓飯仍然吃得很慢，幾粒幾粒地划。碧珍想跟他聊聊，但他的嘴裏總被飯粒佔據著，因而也就什麼都沒有說。「碧珍，你眞美麗——但也眞夠聰明！」吃完，才盯著她說，猶如想了半天，就祇想出這麼兩句話；而碧珍呢，滿肚子的話蹩久了，現在竟連一句話也答不出來。

他們兩個同時站起來，望著外面。今天的風好大，灰沙肆意地飛舞著，斜對面的公路旁，有一株像矮胖婦人似的麵包樹，葉子成群地給刮了下來，彷彿孩子們的小手掌，想要跟風先生一同玩沙，又彷彿是想要把沙按住，不讓牠們揚起來。

「啊，今天的風沙好大，碧珍，你不要出來了。」林大道載上了墨鏡，在門口伸手擋住了碧珍，然後低著頭，精神恍惚的穿過公路，跳上自己的貨車。

碧珍回進店來，拭好桌子，洗淨了碗碟。一會兒，風沙又把桌面搞髒了，碧珍又拭了一次；十五分鐘後，又拭了一次，她這才發覺早已過了十點一刻，而朱瑞文卻仍然沒有來。

她踱出店堂去。許多人都聚在街角處談論。麗娟也在那裏。她看見碧珍，便急呼呼地跑過來，說：「剛出年，這裏就發生了車禍，半個鐘點之前，在五百來碼遠的地方，那輛三輪貨車跟朱小開的摩托車碰上了。」

「什麼？」

「兩輛車子面對面地撞上了。朱小開摔斷了一條腿，他給人抬上車子，已經送到醫院去了。據那個司機說，因爲今天的風沙太大了，所以他根本看不清楚對方的車子。說怎麼，官司是吃定了，說不定那司機還得坐幾個月的牢呢！」

碧珍像一條被冰凍住的魚，僵硬地立了一會，然後慢慢地回到店堂裏，在凳上坐下來，臉朝著外，兩臂無力地垂在兩側。風，依舊吹著；沙，依舊在空間飛揚。碧珍此刻的感覺，像風一樣的飄忽，像沙一樣的迷惘。

一九六三年（民國五十二年）四月

將軍淚

一

剛纔括了一陣風，院子裏又盡是落葉了。我蹲在屋角的陰影裏，望著院子；在金色的夕照下，那些落葉顯得分外乾、黃，像炙焦了的橢圓形的小紙片。前一會兒，它們還像頑皮的孩子一樣，儘在那兒翻滾、追逐，聚攏來，又散開去；這會兒倒想不到這麼安安份份地躺在那兒，一動也不動了。

「快五點半了啊，」我咕嚕著，一邊從舊軍服的口袋裏摸出一包香煙，挑了一支，點上火，抽起來。我今天下午已經抽了兩支，現在是第三支了，這是超出我日常的規定的。好幾年了，我限制自己每天衹抽三支煙——飯後各一支——雖然爲了心裏煩或者心頭樂，間或也會添上一支，但總沒有像今天這樣多抽。

香蕉牌的辛辣的煙味，經過口腔，直衝喉頭和氣管。我倒不怕蹩腳煙，從前我還撿了別人的煙屁股來抽呢。不過，不知怎麼，現在的這支煙，我卻越抽越苦、越澀，所以衹抽了一半，我便用手指捻熄了它；隨即就站起身子。

「別老昏了，」我罵自己。「擺著滿院子的落葉不掃，還等司令來檢閱？他司令待我好，我可不能懶得像條母豬哪！說不定，我掃好院子，少爺也就回來了。」我瘸著一條腿，去柴房裏拿掃把。我原本是他的勤務兵，六年前，我奉令除役，爲的是我瘸了一條腿（這是三十八年春天血戰時跌壞的），司令怕我轉業到其他的機關裏會吃不消，所以仍然留我在他家裏。雖然是吃他的，拿他的，但他卻非常體恤我，祇讓我幹些輕便的活兒：看看門戶哪，掃掃院子哪，剪剪樹木哪，端端飯菜哪……。他眞的待我太好了；有時，他還堆起一臉的笑，親切地拍拍我的肩胛說：

「張得標，別老是站在那兒，坐下來吧，我們來談談往昔的事。」那語調、態度，簡直就像跟老朋友在說話。

然而，在他的面前，我總不免有種敬畏交揉的心情。這是習慣，不是理由，怎樣也改不了。我今年五十四，打抗戰那年追隨他算起，到如今，已是二十年出頭了。司令今年也有五十光景，但他精神飽滿，體態靈活，雙目矍鑠，聲音宏亮，似乎一點也沒有蒼老的跡象。看他挺著胸，穿著皮靴，喀喀地從遠處走來，我常恍惚以爲還是二十多年前那位年青的少校營長呢。呵，不，不，到底是老將軍了，當他走進門來，我恭恭敬敬地迎上去，用雙手接過他的帽子來時，我能清楚地瞧見他鬢角邊幾根閃閃躲躲的白髮。怎麼不老？連那位最小的少爺也長得跟司令一般高了。

我從院子的東首掃起，一排一排把落葉往西首推，兩眼卻不時向那隻舊腕錶看，然後又向院門口瞥，看看少爺有沒有回來。昨天司令接到他的信，他說，這星期六準定回家來，搭的是二點五十七分的車。每次，週末他如果回家，總是趕這班車的。

但今天，他爲甚麼到此刻還不來？

我掃著地，心裏總是惦記著這。不用隱瞞，一下午，我就是在等他。誰叫我從他小時起就抱他、背他、逗他，對他有這份割不斷的感情！

我把落葉掃作一堆，然後把它傾倒到垃圾箱裏。五點三刻了，我看看腕錶。我走到院門外瞧了瞧，還不見少爺的影子，而司令又因公事忙，要在六點多纔得回來。我轉身往後院走，後院也得掃一掃。我低著頭，纔掃了幾下子，就聽見落葉在悉悉索索地作響，抬起頭，看見少爺正從後院門口悄悄地走進來。

我臉上頓時展開了笑容。好少爺，他就是這麼愛跟我玩，他一定打算嚇我一跳，纔走後門的，正如以前他在我背後放鞭炮一樣。他就是這麼天眞，我的好少爺！

我說：「少爺，這次你嚇不著我啦，老得標早就知道你會走後門的！」我扯謊，我就喜歡逗他。按說，我也有這麼一大把年紀了，但見著他，總禁不住要說上幾句笑話，這大概是以前跟他玩慣了的緣故吧。

他一聲不響，站在門邊，怔怔地望著我，帶著一種說不出來的神情，這是以前不曾有過的。「你……你早知道……」

我想，一定是我把他惹惱了，我連忙改正：「是我騙你的，我哪是知道？在前院，我等了你一下午。少爺你怎麼現在纔回來？」我跑過去，左腿一蹺一蹺地，這樣子該夠好看的；往日，他總忍不住要笑起來，一邊把帆布手提袋拋給我，一邊說：「老得標，做鐵拐李，你祇少一根拐杖了！」

可是今天，他臉上一點也沒有笑容，陰沉、憂惶，那隻手提袋也還緊握在他的手裏，沒有交給我。他祇低低地問：「爸爸回來了沒有？」

「還沒有。」

「爸爸回來，要是問起我甚麼時候到家的，你就說三點好了。」

我望著他，不明白爲甚麼他要這樣，而我在平日又是不敢在司令面前撒謊的。

「我在學校做了一點功課，所以來遲了。但我原跟爸爸說好的，趁二點五十七分的那班車回來；爸爸喜歡守信，我不願叫他難過。」

哎，原來他在用功！我的好少爺，我知道他大起來會像他的爸爸：一塊棟樑之材。他兩歲時，我就看準了他的相。而且，瞧，他還是個孝順兒子呢，我張得標沒理由不成全他的這份孝心！

「好，好，少爺快進屋去歇歇吧。」我拿過他的手提袋。這時，我纔注意到他的黃卡其褲和米黃襯衫，亂皺皺的，好幾處還沾著泥巴，右臂上有幾條凝了血的傷痕，頭髮裏也嵌著許多灰沙。

「少爺，你？」

他馬上明白我的意思，若無其事地揮揮衣服。「在車站上給人撞了一跤。老得標，快給我去預備熱水，我要洗澡。」我正待走開，他又喊住了我。「老得標你記住，甚麼也不要跟爸爸說。」接著，又忽然問了一句：「屋裏可還有別的人？」

「沒有，少爺，除了劉嫂，一個也沒有。」

他這纔滿意地點點頭，跟著我走進了屋。

二

少爺在洗澡時，我在抹飯桌。心裏一樂，那張飯桌不知給我抹了多少遍。今天看來，那張圓桌正像一個笑咪咪的圓臉，它大概也在爲少爺的回來而高興吧。少爺今年讀高三，功課多，一個月裏難得回家來一次，所以怎麼說，今天總是個興奮的日子。

「少爺，」我隔著一扇門，問：「你洗好了澡，要不要喝杯咖啡？」

「不要，我今天不要喝！」往日他一邊洗澡，一邊總哼著歌曲，但今天他卻一聲也不響，連回答我的話也是呑吐含混的。

「那也好，會等兒多吃些飯。」我大聲說。

劉嫂在廚房裏做菜，陣陣的菜香直向飯廳裏衝來。這是司令早上吩咐她的，少爺回來，菜要好些。司令是很疼少爺的。小兒子，唉，祇這麼一個兒子了，怎麼不疼？

這時，前門忽然傳來了汽車的喇叭聲，我連忙跑出去，司令已經從吉普車上走下來。他跨進門，一手把帽子交給我。「志康有沒有回來？」他劈面就問我。

我馬上立正，答道：「是，司令，少爺回來了。」我想幸虧少爺關照過我，要不，我一定還要加上一句：他是趕五點多那班車回來的。

我跟著司令走進客廳，這麼一會兒工，夫少爺已經整整齊齊地在那兒了。光彩而有精神，他是這樣的自然，好像他回家時就是這副模樣的。他可眞夠伶俐，像獵狗一樣伶俐，我想。他跑近司令，喚了一聲爸爸，親切而又恭敬，沒有人能比他喚得更好聽。

「回來啦，兩點五十七分的那班車很擠吧？」司令的語氣雖是淡淡的，但視線卻始終繫在兒子的身上，臉上也有盪漾的笑影。

「還好，我還在車上看了一些書呢。」是少爺的回答。

司令點點頭，表示這句話很使他滿意。「高三了，倒眞的要用功一點，要不，明年就很難考上大學。你知道怎樣利用時間，我也放心多了。」

爺兒倆在沙發上坐下來，我沏上了茶，站在一邊。司令呷著茶，望著少爺，喜悅中突然迸出一聲長嘆。

「志康，要是不接到你的信，我也要今天叫你回家來的，你可記得明天是甚麼日子？」

少爺一時愣住了，呆瞪著眼，答不上來；我也想不出明天是個甚麼特別的日子。

「唉，你到底還年輕，明天是你媽媽忌日，她死去已足足十個年頭了。」語音低沉，含蓄著多少悲戚！

少爺悄然地低下了頭。

「眞快，那時你纔八歲，如今你也長得跟你哥哥一模一樣了。」他驀地挨近兒子，摸摸他的臂膀。無限的關切，無限的期望，無限的憂傷，都在聲音、目光和動作中透露出來。

提起司令的家庭，我眞要爲他掬一把辛酸淚。他本來有個很美滿的家，一個賢慧的太太，三個兒女。然而十年前，太太病故；大兒子追隨爸爸，進出沙場，也在一次戰役中成了仁；二女兒又在匆促的大撤退中失掉了連繫；祇剩下這個最小的少爺。司令是個堅毅的人，在極端的悲痛下，把家恨併作國仇，也把全部的希望寄託在這位最小的少爺身上。

「如果你媽媽還在，我對你，也不必這麼操心了，」司令又說。「你明白爸的苦心，你就越發要求上進了。」

少爺還是默默不響，一臉的馴順樣子，但客廳中的氣氛已從歡愉變爲沉悶。司令覺察到這，馬上用力把這局面挽回過來：

「不談這些吧，你高高興興地回來，我不該叫你洩氣，我們吃飯去。」

兩個人，五六道菜，司令在平時是不肯這樣化費的。用飯時，司令直把好菜往少爺碗裏送，可是今天少爺的胃口卻小得出奇。難道是吃慣了大鍋米飯，家裏的飯反而不香了？還是看到堆在他碗裏的菜餚，肚子就被塞飽，他祇吃了一碗便停下來，平日他可以吃上兩碗。

「少爺，再添一碗。」我拿起了碗。

「我眞的吃不下了。」他說，這時，我好似覺得他有點煩躁不安。

「這幾道菜都是爲你預備的，志康，你不要因爲我說了幾句，就倒了胃口。」

「不是爲這，我的確吃不下，爸。」

司令放下筷子，隔著桌子看少爺，他看得這樣仔細、認眞，倒像他在看一幅軍用地圖。

「你有心事！志康，你在學校裏跟得上嗎？」

「跟得上。」

「今天你遇到甚麼事？」

「沒有，爸，你別疑心。你問張得標好了，有事我總會跟他談起的。」

我沒料到這一著，他把我拖進去做擋箭牌。我馬上立正，心裏倒在發愁我到底要不要把他摔跤的事說出來，幸而司令並不想打破沙鍋問到底。他衹說：

「沒有就好了，那你一定在想你的媽媽了。明天，我們備些酒菜，買些香燭、紙箔來祭一祭。」

吃完了飯，天很快就黑下來。少爺說他要讀書，逕自走到他的臥房裏去，關上了門；我則在走廊上伺候，因爲按照一向的習慣，他如果晚上要看書，總得喊我三四次。一會兒要倒茶，一會兒要手巾把，一會兒又喊：「老得標，有甚麼吃的沒有？」

到十一點，司令已經睡了（他囑咐我照顧少爺），而少爺的臥房裏還是燈光雪亮，卻又一絲也沒聲響。我湊著鑰孔，向裏窺視，衹見他愣愣地坐在桌前，似乎並沒把心放在書上。

「少爺，你餓了沒有？」我問。「廚房裏有新鮮饅頭！」

他起先一驚，隨後便轉過頭，向我怒吼：「不要，甚麼也不要，你別來囉嗦，去睡你的！」

他對我聲勢洶洶，眞像是我冒犯了他。幸虧我自來受慣了他的脾氣，也就不見怪了。我一瘸一瘸地踅回自己的房間，在床上躺下來，準備入睡。

「老得標，」我忽然聽見少爺在低低喚我，「你開開門，讓我進來！」

我馬上起身下床，我想，他到底是少不掉我的，我心頭直樂。我打開門，問：

「你要喝茶，少爺？」

他搖搖頭，急急地拉住我的臂膀，說：「老得標，你告訴我，人死之後，是不是眞有鬼？」

「少爺，你怎會想到這上面去？」

「別管他！祗要你告訴我，有？還是沒有？」他焦急、恐怖。

「我哪裏知道？你今夜是不是在想你死去的媽媽和哥哥呀？」

「唉，我眞不敢獨個兒睡，我怕是夜裏……」他躲在我背後；這時，我瘸腿得標忽然又變成了衛護他的勇士，他也似乎變成了十來歲的孩子。說良心話，我是比較喜歡十來歲時的他的，他越長大起來，我就越摸不透他的心。就像今天，他每一行徑，都叫我吃驚。

「乾脆睡在我這兒吧，少爺，」我說，「你小時候，也常跟我一起睡的；今夜，我們痛快地來談它個半夜。」

他猶豫了一下，驀地，像來時一樣慌張，向門外竄去。

「不，老得標，我不能跟你睡，我要回去，我一定得一個人睡。不過，你得記住這點，任何人問起你，我今天甚麼時候到家的，你都要說是下午三點。」

「是，少爺，我知道。」

我嘴裏雖這麼答應，心裏卻一直在納悶兒，他今天的談吐擧止怎麼這樣失常？我想，可憐的少爺，他一定想他那死去的媽媽了。

三

人一上了年紀，就有早起的習慣，所以我每天早晨開門出去打掃院地時，即使是早起的司令，也還未醒來。這天在我開門出去之前，我忽然想先去看看少爺，不知道他昨夜睡得好不好？我悄悄地走向他的臥房去，卻發覺他房間的門竟半掩著，推門進去，他並不在那兒。他起床竟比我還早！

我想，他一定出去做早操了。我退出來，在經過司令的書房時，卻聽見裏面有聲響。我輕輕地一推，門就開了。原來少爺在書房裏，他似乎正在書桌的抽屜裏翻找甚麼，一聽到有人走近，便驚惶失措地轉過身來，用背抵著抽屜，及至看清是我，這纔鎭定下來。

「少爺，你昨夜睡得好嗎？」

「還好，還好，」他迭聲地說，我知道他這副樣子就是不希望我打擾他，但我卻又禁不住問了他一句：

「你一早就在書房裏找書看？少爺，你眞用功！」

「對，對，我正想找本書看看，趕快掃你的地去，老得標！」

我一拐一拐走開去，穿越那長走廊，纔走了一半，便聽見他關門出來，而且快步地追上了我。他左手拿了一本書，右手深埋在褲袋裏。「老得標，」他氣吁吁地說，「你可千萬不要跟爸爸說起我曾經到過他的書房。」

我點點頭，心裏卻直生疙瘩。爲甚麼從昨天回來起，他就左一樣叫我不要告訴司令，右一樣叫我別向司令提起？照我看來，這些事哪一樣不能讓司令知道？司令對少爺可並不嚴峻，尤其在太太死後，他在許多方面都跟慈母一樣，少爺原沒有瞞著司令的必要。難道他小小年紀，還有甚麼難言之隱？

直到我掃清了前院的地，我還是一逕在那兒想。我折了一根樹枝，蹲下來，在泥地上亂劃，好像這樣做，我就能找出少爺的心事來。我是這樣專心一意，以致司令一連喊我幾聲，我都不曾聽見。

「張得標，」司令洪鐘般的聲音響在我的面前，我纔慌忙抬起頭，站直了身子。「你告訴劉嫂，上街時別忘買香燭和紙箔。」

「是，司令！」

「總是說『是、是』，幹嗎不跟我像自家人那樣說話呀！」司令又是這一套，但要跟他隨便說話，硬比立著正說話還要累，因爲我不習慣。所以我又應著：

「是！司令。」

「你眞改不了，那我也不勉強你。張得標，說眞的，昨晚上志康是不是看書看到夜深？我剛纔走過他的臥房，房門關著，他還在睡。」

「是，司令。」這一次我是故意乞靈於「是」了。

「他沒有他哥哥那樣穩重，當然也不會像他姊姊那樣斯文，所以我對他特別放心不下。或許因爲現在我祇有他這麼一個孩子，對他的期望太切了。」他在院中踱起步來。星期天的早上，他常喜歡在院中散步的。不知怎的，我今天似乎覺得司令在散步中有著躁急，是因爲他心裏一直掛著少爺，還是因爲我自己一直想著少爺呢？

清晨是寧靜的，祇有樹葉子的輕響摻和著司令的步聲。一會後，我忽然聽見院牆外響起了一陣急促的步聲。我剛集中精神傾聽，院門口就出現了三個警察。

「請問沈威立司令可是住在這兒？」其中一個門。

「是的，」我回答。「你們有甚麼事嗎？是不是想見見司令，他就在那邊。」我指指正在院子裏面散步的司令。

「我們有事要跟沈司令當面談一談。」帶頭的一個說。我領著他們向司令走去。這時，司令也已發覺他們的來到，便站下來，向他們看。當走近司令時，他們全都禮貌地行了一個徒手禮。

「請問各位來這兒有甚麼貴幹？」司令趨前一步，問。

「沈司令，我們想問問您公子沈志康在不在家？」

「他在家，昨天纔從學校裏回來。你們找他幹麼？」司令的語氣雖然平靜，但仍掩不住他內心的不安。

「沈司令，」那個又說。「我們平時對您老都是非常景慕的，我們也知道您祇有這麼一位公子，但今天，我們卻不得不把一個不幸的消息告訴您，我想，您還不知道。」

「你快說吧，是甚麼事？」司令著急地問。

「我們剛纔接到臺南警察局的電話，昨天下午有個高中學生被人用尖刀刺傷胸部，當場昏厥，直到現在，還未脫離險境。這件事經他們多方調查，認爲令郎的嫌疑重大。令郎在校本來是個太保學生，常常無端滋事，這次又闖下這場大禍，眞是不幸。沈司令，我們是奉令來拘捕他的。」

「他用刀殺人！」司令臉色慘白，搖搖欲倒。身經百戰的將軍，即使遇到如何頑強的敵人，或者如何不利的情勢時，他也從來面不改色；想不到今天他竟會這樣全然失卻了鎮定，而我更是嚇得嗦嗦發抖了。

「我不相信他會幹出這種事情來！」司令突然從半昏暈中掙扎出來。「我先問你，這件事是發生在昨天下午幾點鐘？」

「四點鐘光景。」

「那就不對了。志康是趁兩點五十七分的班車到這兒的。雖然昨天那個時候我不在家，但是你們可以問問他。」他用手指指我，然後添上一句：「怕是你們搞錯了。」司令像又恢復了自信。

他們開始問我，但我一則是因爲嚇呆了，一則是因爲少爺實在不是趁兩點五十七分的車子回來的，所以結巴得說不出話來。

「張得標，你說呀！志康昨天到底是甚麼時候回來的？你照直說！」

「我……我……司司……令……」

「刮風前？還是刮風後？」

「我……我眞……眞的一……一點也記不起來了。」

「沈司令，」其中一個警察揷進來。「我想，我們現在不必爭論您少爺是甚麼時候回來的，既然他在這兒，我想還是委屈他去一趟。上面決不冤枉好人，如果他沒有罪，就馬上會被開釋。」

「張得標，你去叫志康出來！」

我眞沒了主意，幸而這時有個警察連忙接下去：

「沈司令，我想還是煩您陪我們去的好！」

「好，好，那麼就請各位跟我來！」他說，然後又喃喃地低語：「我相信這一定不是他幹的。如果他要殺人，他就會像我，像他哥哥那樣，到戰場上去殺敵人！」

司令昂然領先，他們跟著他，我隨在最後。我們五個人穿過院子，走進屋裏去。「我會叫他好好地跟你們走的，」在走向少爺的臥室時，司令說，「他知道自己沒有犯罪，就不會害怕。」

我們全都在少爺的房門口站定，門關著，正如司令所說，他還在睡，但我卻知道他是起床之後又去睡的，所以能睡得特別熟。

「志康，開門！」司令敲著門，說，「志康，爸有事，你快開門！」

我想，少爺是被敲門聲驚醒，而且馬上起來開門的。他沒有想到等在房門口的，除了司令之外，還有好幾個人。他打開門時，臉上還掛著惺忪的睡意，及至一看到門口的警察，他這纔陡地後退了兩步，臉色在一瞬間變得灰敗，驚惶、恐懼得就像一頭被貓追逐的耗子。

也就在這當兒，司令，甚至我，全都理會到：這件兇殺案八成是少爺幹的。

「志康，」司令用最淒厲的聲音，說：「你眞的瞞著我幹下了這種事！你……我的孩子，我祇有你這麼一個孩子，你竟用殺人來酬答我對你的關切和期待！」他停下來，用手招我。

「張得標，你把他的東西收拾收拾，他得馬上跟他們去。」

「他們要帶我去？」少爺又後退一步，把手深揷到褲袋裏去。

「是的，」其中一個警察說，一邊從袋裏拿出一副手銬來。

「我不去！」少爺忽然把頭一昂，露出一臉獰笑。「站住，不許動！」他驀地把右手抽出來，對準他們。天！他手裏握的竟是一支烏黑油亮的左輪！

「志康，你犯了一樣罪還不夠，你還想罪上加罪！快把手槍放下來，我想不到你會把我那支放在書房裏的手槍偷去！」司令怒不可遏。聽了他這話，我纔猛然領悟到，少爺早上去書房裏是偷手槍的。我跟他，都知道司令除隨身帶著一支手槍外，書房裏還擺了一支手槍。

但少爺並不聽從司令的話，一逕把槍口瞄準那些一籌莫展的警察，然後一步一步地向後退，退向窗口去。「不許動！你們一動，我就要開槍！」

看樣子，少爺是準備越窗逃走了。我掌心裏沁出了冷汗，緊張得不知如何纔好。我巴不得少爺能夠順利地逃跑。司令衹有他一個兒子，他多麼愛他，怎能讓他去過牢獄的生活？我轉臉去看司令，竟發現他已經不在房間裏。他到哪兒去了？去幹甚麼了？我納悶著。

「不許動！」少爺這時又說，我又趕忙轉臉去看少爺。他已退到窗口邊，反過左手去轉開窗子上的插梢，窗子被推開了，推得大大地。他躍上窗臺，眼看他就可以跳到窗外去了，冷不防這時窗外閃進來一根粗木棍，剛剛落在少爺的右手上。少爺「喲」的一聲，右手一抖，手槍就落到了地上。三個警察乘機一擁而上，逮住了少爺，就在這當身兒，窗口出現了一個人，我簡直不相信他就是少爺的爸爸！司令！

「沈司令，您眞是一個最最令人欽佩的將軍！」其中一個警察在帶走少爺之前，緊捏住司令的手，向他致敬，然後，他們帶著戴上手銬的少爺，一齊走出了屋子。

司令呆呆地望著他們消失在院門外，旋即轉過身來，左手搭在我的肩上，陡然間，他唏噓起來。

我知道司令的痛苦，他畢竟祗有這麼一個兒子——這麼一個親人啊。

「張得標，告訴劉嫂，她上街時別忘買香燭和紙箔。」好久，好久，司令纔抑制住自己，抬起頭來說。

然而這時，在司令的臉上，我卻瞧到，他是眞的已經老了。

一九五五年（民國四十四年）十二月

小玩意兒

宋玉峰有一副道學家的面容，他不苟言笑。長方臉平板得像堵水泥牆，兩隻眼睛呢，則是炯亮無比，看起人來，像兩支冷冷的箭。他不歡喜娛樂、消遣，這話一點兒也不假。早晚兩次散步，是爲了怕便秘；一個月一次電影，是太太硬拖他去的，爲的怕吵架；除此之外，公餘之暇，就是看看書，躺在床上凝望天花板。他說，像他這樣的人，任憑什麼都引誘不了他，而他最痛恨的娛樂，就是所謂打牌。

「一個人什麼事不可以做，要去打牌，勞神傷財；這不是自找罪受，自毀玉體嗎？」這是他常說的話。他對太太跳一兩次舞並不在乎，就是絕對不能打牌或者看打牌。「如果我太太也像有些太太那樣，坐上牌桌的話，我就跟他離婚！」他對朋友常說這樣的話，聽的人一點都不以爲他是言過其實；那時，他那微黑的臉，就像塊古銅一樣。在他所交的朋友裏，找不出一個打牌的，也就是說，打牌的就不是他的朋友。「打牌，打牌！」他感慨著：「懶散頹廢，爲這，社會的風氣敗壞了，國家的前途又何嘗不受摧殘呢！」

宋玉峰，像他那嚴肅單調的臉一樣，他幹的工作是會計，××工廠的會計主任。純理智的工作，對他的個性適合極了。對於這，他又有話說：「假如幹這種工作的喜歡雀戰，那末晚上不眠不休，白天頭昏腦脹，不把數目字搞錯才怪哩！」這的確是實情實理，而他的會計室的帳目，也總是清清楚楚的。

然而，雖然你是一清二楚的，有時候，總公司也會派稽核來查帳。於是有一天，上面派來了兩位稽核：張稽核和李稽核。兩位都是四十出頭的人，戴著寬邊近視眼鏡，態度嚴肅。會計室裏馬上忙碌起來，成堆的帳薄與原始憑證都給搬到了桌上。兩位稽核坐在沙發上詳細地翻閱，有時蹙眉，有時嘀咕，有時則在紙上寫上些什麼。宋玉峰坐在一旁，平日死板的臉，卻蕩漾起一絲笑花。有時遞煙。有時進茶，微傾著上身說：

「兩位稽核，我們的帳目都是一是一，二是二的，一切手續都照規矩，毫不馬虎！」

「咳，咳，」李稽核抽了幾口煙，嗆出一口痰。「可是，有幾筆支出尚不合理。譬如這筆招待費中，卻開列著煙、酒、車費……」

「這……李稽核，這實在很難，廠裏也確實需要跟外界聯絡。」

「每一項支出，在你們說來，當然都有理由，」張稽核冷冷地。「可是站在我們的立場，就不是這樣想了。」

宋玉峰覺得很尷尬，只好又打了幾個哈哈。這第一天查帳的工作繼續到傍晚。當辦公廳裏的日光燈亮起來時，宋玉峰請兩位稽核去交誼廳吃飯，他們兩位竟連客套話都收藏起來了。

晚飯後，宋玉峰送他們到招待所休息。回家後，他默默想著：這帳得繼續查幾天呢？看來，他倆的態度竟像有意在長篇小說裏逐字逐句找錯兒一樣——總想找一點差兒出來。而所謂支出得當與否，又有什麼標準？

他在家裏悶坐了一會，就走到總務主任趙琦梅家裏去。趙琦梅是笑面虎，人緣好，家裏正有三朋四友在高談闊論。宋玉峰走進去時，趙琦梅一邊說「難得，今天灶王爺也來串門兒了」，一邊就遞上香煙去。

坐下後，宋玉峰光是做聽衆，不則一聲。趙琦梅說：「老宋，有心事嗎？」

宋玉峰苦笑了一聲：「今天稽核來查帳。」

「你老宋準沒錯兒呀！」

「但是，人家偏要在雞蛋裏挑骨頭，你也拿他沒辦法。又沒有跟他們熟一點的朋友可以打一個招呼。」

「我倒知道小鄭跟他們很有點交情。」

「那個賭鬼；一年三百六十五天倒有三百天坐在牌桌旁的。」

「就是在牌桌上打的交道嘛，老宋。你是聰明人，『趣味不投，不成朋友，』你該懂得這個意思罷。我打個電話給小鄭如何？」他走到話機旁，撥到單人宿舍：

「啊，小鄭，今天晚上還沒有『上班』嗎？噢，兩個朋友都陪太太看電影去了。唔，上半夜可不易打發啊！我告訴你，上面的李、張兩位稽核，你都認識罷，他們今天來了。你約著老沐去看宋主任罷，別忘了帶那一盒子傢伙！」電話掛斷了，宋玉峰在一旁聽得臉都變了。

「你這是什麼意思？」

「我是替你出主意，老宋。那兩個稽核也是牌迷。你現在趕快到招待所去，說已經約好了搭子，請他們兩位到你家小玩一陣。唔，打過牌以後，大家是朋友了，再也不會臉兒板板地說『公事公辦』了。我這話準沒錯兒，你還楞著幹嗎？快去，快去！」

宋玉峰被趙琦梅推出了玄關，仰望著點點繁星，猶豫不決了好一會，最後還是回到家裏去，哭喪著臉對太太說：

「我的好太太，你先把那張吃飯桌重新擦抹一番，再準備一些宵夜的點心，兩包雙喜！」

「幹嗎，你的朋友來喝酒？」

「不是，不是，飯桌子用場大哩，抹乾之後，鋪上塊白布放在客廳中間，把客廳的窗簾拉上。我現在去招待所，說不定我一出門，小鄭就來了，你要留住他。」

「到底幹嗎？」

「打牌，我的好太太，你不要瞪眼睛了，我是沒有辦法，『捨命陪君子』，我在家裏擺牌桌招待那兩位稽核，你知道了嗎？他們別的不歡喜，就愛運動兩只手。你聽清楚了沒有？誰叫我做會計主任呀。」

說完，他像上法場似的，狠命地把車子推出門外，直駛招待所而去。

這一晚，宋玉峰家裏可從沒有如此熱鬧過，笑語聲洋溢屋外。兩位稽核一上牌桌，都像換了身，再加上牌風不壞，什麼笑話都混出來了。作爲一個主人，宋玉峰坐在桌子邊看他們打牌。他小時候，常看老祖母打牌；牌術雖不精，但總算也懂得些。而現在，時代進步，連牌的花樣也層出不窮，幾乎叫他看得眼花繚亂。八圈下來，吃過了夜宵，已是十一點，老沐輸贏平平，因爲第二天早上要出差臺北，所以非得歇手不可。宋玉峰如獲大赦似的，鬆了一口氣。但事情卻出乎他的意料之外，其他三人興致正濃，不肯罷手，拉著老宋做替身。李稽核說：

「宋主任，你老兄來八圈罷。」

「我眞的不大會，一點不假，你問鄭兄好了。我幾乎三十年不摸牌了。」

「三十年不摸牌，更應該重整旗鼓。來，來，今天你做主人，總得陪陪我們兩個老弟。打八圈，眞像吸了半支煙似的，太差勁！」

老宋像喝了一碗苦水，訕訕地笑著，硬著頭皮坐上了牌桌。臨陣讀兵書，開始前，先向他們討教一番，這才謹愼地打起牌來。

這一下又打了八圈。十六圈本是牌家的家常便飯。但在三個熟手之前，老宋不但沒有敗北，而且還贏了三百多塊錢。午夜後，他們這才盡興而歸，老宋看在錢的面上，這股鬱結在心頭的悶氣，也終於煙消雲散。

查了三天帳，打了三個半夜的牌，宋玉峰卻成了個大贏家，除了宵夜、香煙錢外，還足足剩下一千四百塊錢。但在他數計秒票時，他對太太說：「這是僅此一回，下不爲例。」

不久，快過年時，小鄭來叫他：「宋主任，怎麼樣？再破一次例罷，你贏了錢，可不能穩住不打啊！」

宋玉峰連忙搖手：「老兄，這一件事可不能依你，你知道我以前說過的。」

「說過有什麼關係？誰記得你這些話？消遣是爲了自己，不是爲了別人。」

「啊，打牌總不是我所樂意的，無論如何，這……」

「老兄，不要發『救國宏論』罷，你難道不知道好些達官貴人也在打牌嗎？」

「唉，老兄……」

「不要嘆氣，找我們幫忙的是你，現在我們也要求你幫幫忙；三缺一，不來傷陰騭，可不要再遲疑了。」

老宋被小鄭拉著走了。這一下又接連打了三天。每晚回家，他都罵小鄭缺德，但話聲裏卻沒有怒氣。他太太說：

「這下可好啦，自己找上門來的事兒！如果我換了你，不是要鬧離婚了嗎？」

「這算什麼話，我是不得已呀！而且，離婚，這不過是說說罷了，我們結婚了十幾年，有兒有女的，哪會爲了一點小事鬧翻。如果你爲了我玩了幾次牌而生氣，那末，你也不妨去玩兩次，大家彼此彼此，怨氣一筆勾銷！」

「我才眞沒這種興趣，串門兒還比它自由些。出去玩上半天，家裏一個人影也沒有，小偷不來光顧才怪哩。」

老宋、他太太，兩人都明白這不過是逢場作戲；然而老宋對於看書，凝望天花板的能耐沒有了。他常常沒事找事的在屋裏轉來轉去，有時候，八點過後，又要出去了。

「你不是飯後剛散步過嗎，玉峰？」

「沒有事嘛，出去走走，我或許要彎到朋友家去聊聊天，你可別等我。」

老宋踱著，踱著，不知不覺又走到單人宿舍的小鄭的房門口。小鄭也正整裝待發。

「怎麼樣，沒有事，一同走，宋主任？」

「這……唔……」

「別客氣了。一起去！你，會計主任，算盤打得精，準贏。又玩了，又能賺錢，這種差事哪兒去找，走！」

宋玉峰不久就跟小鄭做了「膩友」，兩人在一起消度公餘之暇的機會也越來越多。宋太太這才著急了，她低聲懇求他：「玉峰，打牌可不是一種好娛樂呀，你身體、公務要緊，可不要入迷啊！」

「小玩意兒，無傷大雅；你瞧，不是大家都在玩嗎？你跟孩子們先睡好了。唔，眞是小玩意兒，不必大驚小怪的。」

老宋說著說著，掩上門又逕向小鄭那兒走去，一邊還兀自在思：小玩意兒，不必大驚小怪的，不是大家都在玩嗎？

一九六一年（民國五十年）

花瓶

如果你住在都市裏，你會很自然地愛上都市的夜，就像你住在溪邊，會很自然地愛上釣魚一樣。都市的夜，是一盞宮燈，富麗堂皇；都市的夜，是一片雲彩，流動盪漾；都市的夜，是一齣演出於大劇院中令你心旌搖撼的美麗的悲劇……

當太陽認爲它應該把這個都市讓給燈光的時候，它便落了下去。陣陣涼風從港口吹進來，給夜開了路。一扇扇窗子給打了開來，彷彿在說：「歡迎啊，可愛的夜！」

會計員趙維英跟她的朋友梅小娟住在距高雄市中心區不遠的一條小巷的一座木屋裏。她們盡了最大的經濟能力，租下了其中一個六蓆大的小房間，而這個房間簡直就陳舊荒涼得只有她們的青春作爲點綴。二十二歲的趙維英有著一頭黑緞似的長髮，她臉上的五官分開來看並無什麼特別之處，但拼湊在一起，卻顯得非常合適而可愛，好像一件縫製別緻的花布衣服，有一種樸實與俊俏的美。所以這樣的女孩子，在都市人的眼中，她是樸實的都市人；在鄉下人的眼中，卻是漂亮的鄉下人。她在黯淡的房間裏，可使蓬蓽生輝，但在大百貨公司的櫥窗前，卻使自己倍增光采了。

每天，當夜在電線桿上掛起的時候，趙維英跟梅小娟也就在這個小房間裏休息下來。一盞四十瓦特的電燈亮在房間中央，她們相對坐著。簡單的晚餐，舒適的淋浴，把她們剛從辦公室裏帶回來的一身疲乏，全驅散了；她們不僅忘記了今天的勞苦，而且也忘記了明天就將來到的工作。趙維英把長髮散了開來，用手指理著，在這涼秋天氣，她卻感到一陣春日的溫暖。四年前，她從商職畢業以後，就一直把它留著，她不知道開始時是爲了什麼，無論是想省下一次一次的燙髮費用，抑或是想配合她的臉型……而以後，漸漸地，這頭髮倒成了她的一個朋友了。

這時，坐在對面的梅小娟說：「維英，留著一頭長髮多難受，爲什麼不把他剪掉？」語氣是這麼斬釘截鐵。她自己的髮型是學生式的，配著一個小圓臉，玲瓏、活潑。她比趙維英要小三歲。

「剪掉？那不是太可惜了！」趙維英有點吃驚，手從髮間滑下來，但語氣仍比梅小娟柔和得多。「而且，要說難受，那也未必，我沒事的時候，就理理它，摸摸它，猶如……」

「猶如那些老婆婆們撫摸戴在她們手腕上的玉鐲，多無聊呀！」梅小娟搶著接下去；停了停，又說：「胡冠亞喜歡你留著長髮？」

提起胡冠亞，趙維英不由得微笑一下，她清脆地說：「我不知道，他從來沒有談到我該留著長髮還是短髮。我想，如果他愛我，他會覺得我這樣也好，那樣也好！」趙維英說完，站起身來，拉開壁櫥，拿出鏡子和梳子，仔細地梳理頭髮，然後用一條寸把寬的綠綢帶子把它繫好。

「要是我，我決定把它剪掉，那樣豈不省事多了。」梅小娟有點固執地說，一邊也站了起來去拿書本。去年，她剛從高中畢業，她的愛人又在臺大唸書，所以她所有的希望還是集中在大專聯考上。她打算做兩年工作，也只不過是想給自己積貯一些今後的學雜費用而已。當她坐下來翻開書時，一封信從書頁間落了下來。

趙維英看了它一眼，笑著問：「你的那位盛宗明又來信了？」

「可不是，每星期一封，風雨無阻，一定不易，」她撅著小嘴，但卻洋洋得意。「他每次都勸我努力用功，簡直也希望我像他那樣整天價躲在圖書館裏，不曉得我還有八小時的工作哪！」她彈彈那封信。盛宗明是梅小娟的驕傲，而那些信便是他驕傲的憑證。趙維英明白這一點，好像她自己也總以有胡冠亞爲榮一樣。不管你的愛人是何等樣人，只要你愛上了他，他便成了你心目中的英雄。

趙維英開始穿上那襲黑邊的綠色府綢的西服，她的皮膚因此顯得更其白皙瑩潤，被夏天炎陽所塗上的那層淡棕色，已經隨著那個季節的消逝而褪淡。她在這小小的房間裏，急速地轉了一個圓圈來欣賞一下綠傘似的肥裙，極像金絲雀在侷促的籠子裏啄理自己的羽毛。「這件衣服的顏色眞不錯，洗了這許多次，還蔥綠如新。是嗎，小娟？」她說。

「可不是，什麼顏色對你都合適，這一點，我眞羨慕你！」梅小娟的回話雖有些問非所答，但這卻的確是她那時的感觸。「胡冠亞快要來了，維英。」

「是的，我也這樣想。」

「我不明白你們爲什麼每次都要去逛馬路。」

趙維英神秘地笑笑，沒有回答。他披上奧龍短外套，把那雙穿了將近一年的淡黃色皮鞋指了指之後，胡冠亞的步聲就從巷口響了過來：嗒嗒，嗒嗒，清楚而有規律，像一種信號似的。他每星期來看她三次的紀錄已經維持了兩年多，忍耐而堅定不移。趙維英雲雲烏亮的眼睛，向梅小娟揮了揮手，就走去開了門。胡冠亞站在門前，筆挺而英俊。他們互望了一眼，無言的眼神說出了他們慣常的話語：「走吧！」她一隻手掩上了門，一隻手伸進胡冠亞的臂彎中，胡冠亞也就側過臉，在她的額角上輕輕地吻了一下。

「今天，光復大戲院正在上映『賓漢』，你可要去看？」胡冠亞細聲細氣地問。

「我可不要擠在人群裏去排長蛇陣。」趙維英裝模作樣地哼著鼻音。

「到茶室裏去喝一杯咖啡怎樣？」胡冠亞思索一下，聲音提高了些。

「我剛喝下兩杯溫開水，快漲破了肚子。」趙維英打了一個飽嗝。

「那末我們只好……」

「……只好逛馬路了。」

一陣哈哈，兩個人同時發出歡笑。這場戲演得很認眞，很滿意。他們開始走出了小巷。

是的，趙維英承認：他們喜歡逛馬路，是一種習慣，是一種興趣，是一種必需的節目，是一種現實的逃避，是一種理想的誘惑；梅小娟不懂，是因爲她的愛人不在她身邊，她沒有這種經驗，而且也沒有一個靠她薪水貼補的家。七百元的薪水，規定四百元「繳庫」，她的口袋經常乾癟得猶如一片樹葉，做一件新衣服，老要叫她等上一年半載，而季節卻在她的等待中由冷變熱，從熱變冷。但她也很滿足，因為她認識了胡冠亞。在那波動著光潮的櫥窗前，雙方都發覺彼此的眼光比燈光還亮。他們互相吸引，互相愛戀，互相了解。可是，在這種情形下，當你沒有一個家來招待你的愛人，可以跟他獨自相處，並肩坐著聊天，而且他也沒有錢讓兩人成為電影院的觀衆以及茶室的顧客時，那末，光亮的櫥窗前，平坦的馬路上，便自然地成了最好的娛樂場所，最適宜談情說愛的地方了。

他們每天照著一定的路線走，從登山街出發，經過五福四路、大勇路，然後是大公路、七賢三路，再彎到五福四路，像一個大布口袋，囊括了整個的市中心，這樣的漫遊，卻是非常輕鬆，非常平穩。他們幾乎記熟了每家店鋪的門面，許多物品的價格；但每家店鋪，每一物品，對他們都沒有關係。趙維英不是一個虛榮的女人，否則，她就不會愛上像胡冠亞那樣在市政府當文書的窮小夥子，而且他還有一對住在鄉下的雙親需要他供養哩。櫥窗裏的閃爍眩目的寶石、晶瑩潔亮的珠鍊、款式繁多的皮鞋、五光十色的衣料、爭奇鬥豔的服裝……從她眼中進來，又從她眼中出去。她不曾想望過胡冠亞會買給她，即使是一支一、二十元的胸針。或許是她的那種令囊空如洗的男人跟她一同出外，也大可放心的美德，使胡冠亞更愛她。她們的愛，不雜一點虛偽與欺騙，沒有花朵與飾物的點綴；愛情赤裸裸的像燈泡，只有從內心發出來的熱，才是他們的光亮。他們談著家庭，談著經濟的拮据，談著工作的忙碌與同事間的瑣事趣聞。話語跟燈光混合在一起，勾起了可戀的往事，安慰了現實的困惱。於是，在這些話題之後，他們又談到了將來，那躲在紫絨幕布後的一串日子。胡冠亞說：

「維英，我們幾時能夠結婚？」

趙維英略略吃了一驚，緊接著是羞澀的一笑。對於這一重要的問話，她沒有作答，但是，從兩個人互相愛戀時起，很自然地，她不時想到這一點。戀愛，然後結婚，在她的想法上，是必然的定理。她已是一個二十二歲的女人，她願意結婚，願意嫁給她所愛的男人。他不想看著他一星期三次走這麼一段長路來找她，她也無法忍受深夜十一時在五福四路的路口上跟他戀戀的道別。她不願在久長的時日中，常常找不到共同進餐的機會。她在滿足中，還有許多的不滿，只因爲他們並不是在一起。也相信，他們除了對方，誰都不愛，但她還是不知道她什麼時候能夠跟他結婚。

「我們已經等了好些日子，或許我們不久就能組成一個家。」胡冠亞說，他舉起手，指指那對正在購買粉紅色尼龍紗帳的青年男女，他們的手中已經拎了許多大包和小包。「瞧，總有一天，我們也能像他們那樣，來共同置備一個家所需要的東西。維英，你會高興罷？」

趙維英遲疑了一下：「當然高興。」她低低地說，晃了晃頭；長髮飄動著，似在她的身畔揚起了一股微風。她那天沒有塗唇膏，淡紅色的嘴唇，豐滿而自然，配著她淡雅的服裝，樸素而高潔。至於胡冠亞，雖然穿著極普通的白襯衫和卡琪褲，卻也是神采飛揚，精神充沛。跟那一對青年男女相比，他們似乎更像一對標準的戀人。

「一個家，」胡冠亞沈吟了一下，又說：「我們要有一個怎樣的家？」

怎樣的家？

趙維英楞了一下，然後又顫抖了一下。她看見了自己生長的那個家：窄小而潮溼，塞滿了人和破舊的物件。爲了要搶一個比較舒適的位置來做功課，姊妹兄弟們常常發生爭執，相持不下；做警員的父親，不論冬天或夏天的傍晚，只要天不下雨，他總搬了一只凳子，在門外坐上半天。他說他喜歡觀察路上各色各樣的行人，但她卻明白，他只是不想跟兒女們爭占那有限的空間而已。母親從裁縫店裏拿些衣服來縫邊兒，雖然低頭縫紉，卻不時叫道：「孩子們，不要走近來。孩子們，不要走近來，免得弄髒衣服！」好像這是在街道上一樣。她又記起了她現在那個暫時的家：房間裏只有一張木板桌，她們席地而坐，席地而臥，被褥、衣物全放在壁櫥裏，眞可稱得上一句：家徒四壁。有一次，梅小娟回去了幾天，她獨個兒睡在空空的房間裏，聽著雨聲風聲，彷彿置身於荒野上一樣。她拚命向天花板找尋壁虎，希望這小動物做她淒寂中的伴侶，然而，就連牠們也躲得無影無蹤了。她不要那種家，她已經受夠了。她相信愛情的價値，但她也相信這一個「理想之家」在衛護愛情上所占的分量。她希望他們的愛是一株永遠不謝的鮮花，在一個清新得如同早晨那樣的環境中常年吐露芬芳。她不羨慕豪華和裔皇，只想有一個樸實而玲瓏的家。

她把這告訴了胡冠亞，他全力贊成。「只要我們有錢，我們就會得到它的，對不，維英？我們總有一天會積下那筆錢，不會太久，不會太久，只要再等一年，兩年……」

「……」趙維英微笑地望著他。

「可不是，再等一年，兩年……不會太久的，一定不會太久的。維英，有一天，我們會得到它的，就像我們獲得彼此的愛情那樣確實。」他激動地揮舞著右手，想加強他話語的可靠性。

「那末，我們現在不妨來計畫一下！」趙維英嘴角微掀，語音清亮地滑了出來。

胡冠亞幾乎跳了起來，啊，這眞是好主意！這樣就不會使他們以後事到臨頭時手足無措。於是，他們兩個人就在異常欣喜的情緒下，開始從事一種新的工作，給他們的漫遊注入了一種新的活力。按照他們的說法，他們是「定購物件，把買好的物件仍舊寄放在原店鋪裏，等有一天，再把它們拿回家去。」是的，不錯，他們會來拿的。譬如說，他們不久就要結婚了，他們已經租好了一座房子。什麼樣的房子呢？趙維英想了一想，一房一廳，外加廚、浴、廁。胡冠亞說她的眼光不錯，這樣大小的房子，對新婚的夫婦而言，是最恰當不過的。那末，且說，他們第一件要買的東西是什麼？「窗簾！」他們幾乎是異口同聲地說了出來。好極了，他們兩個人簡直具有一模一樣的思想，這將使兩人在以後共同生活中步調趨於一致。窗簾，根據「眼睛是靈魂之窗，窗子是屋子的眼睛」的說法，它將是屋子的眼皮，是理想之家與外界隔絕的屏障，是旁人對於一個家投以一瞥時的目光停留之處。一點不錯，它該列於第一位。因此，他們一邊走，一邊瀏覽著樓上一些住戶窗口所懸掛的窗簾。啊，他們驚異的發覺，即使是這種最簡單的裝飾物品，竟也有許多式樣。他們像獲得了一種知識，帶著歡欣與專心，品評著它們的優劣。最後，他們認爲：上面有橫幅、鑲著荷葉邊的式樣，最爲大方而適用。他們都鬆了一口氣。噢，現在應該決定是買什麼質料了。花洋布的，太粗劣；線織的、縷花的，都太昂貴。記著，他們不需要豪華，他們理想中的只是一個平凡而玲瓏的家。那些色彩鮮明、花朵很大、專做窗簾椅套用的布雖很合適，但厚得沒有一點情趣。是的，這一定需要一點情趣，一點飄飄然的情趣。他們還是買那薄薄的人造綢罷。在各種物資都這麼豐裕的現在，應該不會太貴。紫蘿蘭色的綢窗簾或者是桃灰色的綢窗簾。到底是紫蘿蘭色還是桃灰色？到底是那一種顏色？兩人停下了步，對看一會。噢，還是紫蘿蘭色更富於羅曼蒂克的情調！嘿，羅曼蒂克！他們全都微笑起來。

現在，他們該進店去選購了，但他們卻發覺他們已經兜了一個大圈子，回到五福四路上，而時間也已十點四十三分了。那末，後天再進去看罷。他們得仔仔細細地挑選。後天晚上，他們將有充分的時間。買東西，就和求知識一樣，不能性急。那末，後天晚上見！他們握手道別，帶著無限的希望。

是的，下一個碰面的晚上，他們確是認認眞眞地跑遍了這幾條馬路上的布莊，找到了他們所需要的紫蘿蘭色的人造綢。他們向店員聲言，過幾天就來買。這是開始。於是他們計畫購買另一件東西；於是，再另一件……

一個家就需要這麼多東西，一個晚上常常只能挑選這麼一件。他們懷著如此的狂熱，玩著這種遊戲——不，計畫著家的藍圖，並享受著它的樂趣。他們對於這幾條馬路，似乎有著一種永不厭倦的喜愛；對於那些店鋪裏的東西，也不再感到毫不相關的淡漠，因爲不論那個日子，他們都可能會突然想到某一件東西也是他們理想之家中所不可或缺的物品，正好可以跟那紫蘿蘭色的綢窗簾搭配起來。他們也選了碗碟和筷匙、水瓶和茶杯……他們訂好了許多東西，這些東西都寄放在原店鋪裏，等不久以後，他們再去拿。是的，不久以後，他們總會有錢。他們相信，日子過去，他們就越益確確實實地相信，他們是在買自己的東西，趙維英一閉上眼，常能很容易地看到這個由他們兩人合力設計的家庭。什麼東西是什麼式樣，什麼色調，放在什麼地方，井然有條，清晰明白，像拍下了照片一樣。在這樣的陶醉中，每一天都是歡樂的一天……

今天，懷著同樣的心情，趙維英和胡冠亞順著冷僻的登山街，走向那熱鬧的市中心去。一天繁星，滿街燈光，天上跟人間同樣美麗。誰家的屋子裏飄出了晚香玉的清芳？胡冠亞清了清喉嚨，鄭重其事地說：「維英，我們今天預備買的是什麼東西？」

趙維英幾乎是用著主婦的姿態，非常老練地凝思了一下，然後吐出兩個清脆的字：「花瓶！」接著，非常嫵媚地笑了，好像自己的笑容就是揷在花瓶裏的一朵鮮花。「你認爲——」

胡冠亞開始帶著詑異，馬上便又懷著驚奇的喜悅接納了這。嘔！趙維英到底要比他細密、週到多了。一個家有時需要一簇花來點綴，正如都市也需要草坪樹木來裝飾一樣。花瓶，揷著鮮花的花瓶，美化家庭的花瓶。太好了……

胡冠亞溫柔地說：「幸虧你想到了，維英，我們去買罷。不管怎樣，以後，在我們結婚紀念日那天，我一定得買上一捧紅玫瑰來插在那裏。一點不假，我一定會記住這一點你相信不？」

趙維英當然相信，她相信愛情，相信愛情所附帶的一切。她毫不疑慮地答：「當然，我相信你，正像相信都市的夜一定是『燈燭輝煌』一樣，走罷！」

他們繼續前進。寬闊的馬路，是光的河流，人們則如那多彩的熱帶魚。他們掠過了百貨商店、布莊、電料行、皮鞋店、文具鋪、鐘錶行、委託商行、服裝店……心裏只惦著花瓶。瓷器店裏該有花瓶出售。他們走到一家擺著各色各樣瓶罐、碗碟、茶杯等的店鋪裏。噢，他們記得很清楚：一個半月以前，他們曾在這裏「買」下了一套茶杯，後來又「買」下了四只飯碗、湯匙，然後又是菜碗和碟子；由於多次探詢的結果，他們已然知道這裏的貨眞價實。今天，他們又巡視著陳列在兩邊玻璃櫥窗中的物件，不錯，那兒有花瓶！一對，兩對……一共是五對，但卻是半透明的紅綠玻璃做成的，有些還帶著耳朵，庸俗而老式。他們不要這種，它會破壞房間的和諧。他們搖搖頭，回身走了出來。他們一邊走，一邊商討。看來，他們還是購買那大方而雅緻的仿古的陶製花瓶。不要一對，只要一只就行。他們一家一家地尋找，但出售這種花瓶的店家，實在太少。他們互相輕輕地安慰著對方：不要著急，不要怕買不到，大新公司的四樓有的是，有的是！

啊，提起了大新公司，他們內心不禁盪起了一層漣漪。對於大新公司裏的一切：櫥窗、電梯、不同式樣的模特兒、五光十色的物品，服裝劃一的女店員……他們全都太熟悉了。他們每次都要到那裏悠遊一番，讓如畫的燈光照亮他們的夢。他們也常常在大鏡子前看他們自己的身影，像在湖畔的戀人們對著湖水看他們自己的儷影那樣，帶著無窮的熱情與希望。四邊的一切模糊而遠去，只勝下兩個明晰的身影，兩抹微笑……

現在，他們並肩站在四樓那滿放著花瓶的架子之前，仔細地打量著架上的花瓶，神色間活像一對行將結婚的男女，女店員連忙走過來，禮貌十足地問：「買那一種花瓶，小姐？」

趙維英沒有馬上回答，繼續認眞地打量，三只大架子上陳列著各種大小、各種花色、各種式樣的花瓶。她一手扶著櫃子，側過臉去，問：

「我們需要那一種，冠亞，你說？」

胡冠亞把右手的大拇指揷在卡琪褲的錶袋中，微抬起下頷，從容地回答。

「中等大小的比較適用，維英。」

趙維英指了指其中的一只，女店員從架上把它拿出來，放在櫃臺上。那只花瓶是赭色的，有蟠龍的雕刻。「七十塊。」女店員說。一只花瓶七十塊，當然不算便宜，趙維英想，但這是一種古色古香的藝術品，你就不能說它貴了。趙維英向胡冠亞看了一眼，胡冠亞報他以會意的微笑。但趙維英再一端詳，發覺它的色調似嫌深重了一些，換一只蛋青色的可能更好。她揮手叫女店員拿來另一只，蛋青色的，雕著幾枝臘梅。對，蛋青色的配湖綠的沙發，會是非常悅目的。她退後兩步，對花瓶作一次遠距離的欣賞。嗯，給這只花瓶揷上兩株白百合，將是多麼清麗脫俗！或者來一株金色的大菊也好，要不，就揷上一捧紅玫瑰！當客人們走進來時，他們會同聲讚道：「多玲瓏宜人的客廳！」

「小姐，你的鑑賞力眞不錯，這隻花瓶雅緻極了，而且，七十元並不貴，龍門廠的出品，小姐，我叫人包起來吧。」女店員說。

「等一等，」趙維英說，她走近來。愛惜地摩挲著那細緻的花紋，然後把花瓶裏外上下都看了一遍。沒有一點粗糙損壞的痕跡，全然完美無瑕。她想，他們的客廳該有一個擱架，這邊擺茶具，那邊擺收音機，那末，花瓶就擺在中央。不，開水的熱氣會炙壞花兒的，那該擺得遠一點，遠一點，再遠一點，爽性擺在收音機的那一端，她把花瓶繼續向右挪。她是置身在自己的客廳裏，眼裏所見到的全是客廳裏的一切。當她鬆開手時，響亮的「喀啦」聲驚醒了她。她看到的是水泥地上花瓶的碎片。

「眞對不起，眞對不起，我還以爲是在自家的客廳裏呢。」趙維英驚惶失措了，緊握著胡冠亞的手。胡冠亞同樣吃了一驚，不過，他還強制著自己鎭定下來。接著，他便彎下身，想去撿起碎片。女店員說：

「不要緊，我會叫人掃去的；只是小姐，本來，你可以買只完好的的花瓶，現在你只好買一只破了的花瓶了。」

「可是，我並不想在今天買回去。」

「那不要緊，」女店員仍然笑著。「那你只好賠一只了。七十塊錢！」

趙維英的臉一下變得慘白，嘴唇顫抖著。頭上的日光燈光像寒光一樣地使她發冷，旁觀者射過來的目光像利箭般地令她發痛，她轉臉望著胡冠亞。胡冠亞不自然地笑著，每一條笑紋都是硬而直的。他低澀地說：「當然，維英，我們只好照賠了。」他們兩個把袋裏所有的錢全掏了出來，一共只有五十六元！胡冠亞又把一支半新舊的「覽美」鋼筆湊了進去。

趙維英變得軟弱而無力，她由胡冠亞攙扶著走出來。夢，她做了一個甜蜜的但卻又痛苦的夢。它在燈光下形成，又在燈光下破碎。它就像那花瓶，本來是雅麗無比，現在卻成了片片割人的刀口。多少日來，他們一直沈醉在那裏面，好像酒徒沈醉在烈酒裏一樣。她一直以爲他們不久將會獲得這些，正跟他們有一天所看到的那對買粉紅尼龍紗帳的青年男女一樣。然而，多少個夜晚所串成的夢，今天卻跌碎在衆目昭彰的大新公司的磨石子的水泥地上。他們連一只花瓶都買不起哩！

「維英，你還在爲這難過嗎？每個人都會失手打破東西的，你又何必老記在心上呢？」

趙維英悄然無語。

「忘記它罷，維英，只是一件小東西，看看眼前的景物罷！」

當然，趙維英想，她能夠忘記這只花瓶，但她怎麼能夠忘記那破碎的夢！她回到住所，梅小娟還在就著燈光啃她的大學升學指導，旁邊放著她愛人最近的一封來信。趙維英倒頭便睡，無聲的淚滴落在燈光照不到的暗處。梅小娟的夢有實現的一天，難道她的夢就永遠飄散在如水的燈光中？他們每晚的舉動，只是自欺欺人而已。等待，等待的果實是什麼？當她是個小女孩時，她等待自己上中學，希望那時情況會得好一點，但當她果眞進了中學以後，她卻發現情況竟比以前尤為窘迫。於是她又想，當她自己能夠賺錢了，情況該可以改善罷。然而結果還是一樣，她等待到的，每每不是如她所想的。現在，她還要等待什麼？等待他們的青春消逝？熱情褪淡？「理想之家」永遠只是一張藍圖？

她聽見梅小娟低低的讀書聲，也聽見梅小娟沙沙的書寫聲，最後，她又聽見梅小娟在她旁邊躺下來，響起了均勻的呼吸聲。她一動也不動，但她卻始終清醒著。夜很靜，靜得使她厭煩。她的思想像許多尾小魚，在靈活地鑽動。她記起跟胡冠亞第一次相遇的那個春暖的晚上。他們倆個在同一家「便鞋」店櫥窗前看鞋。她想買的是她弟弟的一雙球鞋，而他想買的則是他父親的一雙黑斜紋布鞋。他們看了一會，就各自走開，但不久，他們竟又在另一家櫥窗前碰面了。映著燈光，他們的臉又年青又光采，他們的眼睛又深邃又烏亮。彼此看了一眼，都不禁好笑起來。「去買吧，老是看著幹嗎？」他們的目光第二次相遇時，彼此似乎都在這麼鼓勵著對方。兩人一前一後地走進店裏去，並且聯合起來向老板娘還價。那胖胖的老板娘一直把他倆當作一家人，竟把他們買好的兩雙鞋子包紮在一起。以前，她每次回憶起這件事，都感到一股溫馨，那無意的舉動竟像一句可愛的預言似的。預祝他們倆將愛河永浴，然而，今天，它卻蘸著苦汁來到她的心頭，「一家人？」說來是這麼簡單，但實際上卻並不容易呵！

此後，胡冠亞依舊每星期三次來看她。他仍然興致勃勃地跟她玩著這種遊戲，但趙維英卻越來越覺得這是一種痛苦。以前，她從那裏獲得過多少歡樂，現在，她便得付出多少痛苦，每一樣東西都拉長臉孔、眨著眼睛，衝她嘲笑：你得不到我們，你永遠得不到我們！呼嘯著，刺激著她的神經。要不是她不願使胡冠亞也感染到像她那分情緒，她多少次該已拒絕了。

而每一次，當她深夜在五福四路的路口上跟他分別後，所有的沮喪與疲乏，憂鬱與哀傷便像電影散場後的觀衆那樣，洶湧而出。她一步一步躑躅著，走完這一段清靜的路程。所有的一切都沾著冷的氣息。這世界是冷的。有時，她靠著路燈桿休息一會，彷彿她是一個遠道前來尋親的人！一天晚上，在跟胡冠亞分手之後，她就朝登山街走；低著頭，一步一步地邁著沈重的腳步，在深夜的冷街上敲出她的嘆息。突然，一下「小姐」的叫喊聲發自她剛才走過的路上，她回頭一看，一個男人正急遽地向她走來。她略一皺眉，又繼續前進，他也跟著她疾走，間或還夾著一聲叫喊。她只好停下來，在一盞燈之下。「小姐，你掉了手絹。」那個男人走近他時說。的確，他撿到的，正是她失落的。她向他禮貌地露笑道謝。倏然間，她覺得她笑得太過分了。她從中年男人的眼中看到了一種光亮，它不像星光、燈光，也不像胡冠亞眼中的光，而是比這些更強烈、更跳躍的光。她記起了，她曾在這條路上碰見過他好幾次。像他這樣的衣衫挺括；在態度上甚至還帶有濃厚的傲慢意味的男人，會對一張兩三塊錢的手絹如此重視、如此迫切地想交到一個陌生者的手中嗎？

她不敢再度抬眼去看他，一轉身，就離開了他。走不多遠，她就悻悻地把那張手絹丟到路旁的排水溝裏，然而，第三天晚上，當她跟胡冠亞道了別，獨自躑躅在冷街上時，他又從後面趕了上來。

「小姐，請等一等！」

趙維英氣得漲紅了臉，但，這只是使她顯得更其嬌麗罷了。她壯起膽，說：「先生，我告訴你，我今天並沒有丟掉手絹！」

「但是，我卻丟掉了手絹。我想問你一下，你可有拾到？」他的回答詭譎而俏皮。他眼中的光，今天是更其明亮了。它低掠過她的胸口，環繞著她的纖腰，直逼她的臉部，停落在她的長髮上。「你這頭長髮眞美！」

「我要剪掉牠？」趙維英狠狠地說。他沒有回答，只望著她搖頭微笑，好像說，這是傻話，你還是一個傻姑娘。趙維英返身想走，他卻伸手拉住她：「小姐，別走，我有一件事忘記告訴你。前晚我在撿到你手絹時，還撿到一個小包，該是你的。裏面有兩千塊錢。」他拿出一疊五十元的大鈔，塞在她的衣袋中。趙維英木立了幾分鐘，然後，覺得應該還給他，那不是她的。但他又說：「不是你的也不要緊，反正不會是別人的，不是你的，就是我的。小姐，你是一個聰明人，你以往或許失落了許多你所需要的東西，現在，如果你願意，你每天晚上都可以從我這兒找回去一樣。今晚將是第一次。」

他說完深深地看了她一眼，然後作了一個「你隨我來」的手勢，朝五福四路的方向走去，悠悠閒閒地。趙維英起初簡直搞不清楚這是怎麼一回事，待她明白過來時，那疊鈔票便變成了鐵塊；她要追上他，把它扔還給他。她邁步急走，但是那個男人卻隨著她步伐的快速而加緊，又隨著她的遲緩而減慢。他不時回過頭來作一個微笑，好像她不是在追趕而是在跟隨他，跟隨他到一個不可知的所在。他們已經走到繁華的市中心。她忽然在心裏打了一個寒噤，因爲在她的感覺上，她的確是在跟隨他。她要征服那滿街的燈光，那滿街的物質對她所發出的嘲笑。她要把失掉的統統找回來——每一樣她跟胡冠亞計劃過的東西，連帶他們的夢。他們要盡快地結婚，他們要生活在理想之家中，他們要在蛋青色的花瓶中揷上一束鮮花！

那男人又回過頭來笑一笑，於是斜過馬路，她也機械地跟著穿過馬路。他彎過街角，停住在一所房子的門前。她再度打了一個寒噤，彎身向排水溝吐了一口唾沫。口袋裏的鐵塊更重了，而那花瓶的碎片也扎得她更痛、更深。她一扭頭，挺起腰肢，就筆直地走了過去。眼前只看見古代殉教者走進鬥獸場時的肅穆神情。

夜來了。趙維英在她們的斗室裏梳理她的長髮，梅小娟打眼角裏瞅著她。近兩個月來，她跟胡冠亞出去後，常常徹夜不歸。她最近的性情常像黃梅天，晴雨不定：一兒興高采烈，一會兒又悒鬱寡歡。她在猜想，那癥結會是什麼？

「維英，你跟胡冠亞快要結婚了罷？」

「可不是！」趙維英梳好長髮，雙手交叉，慢條斯理地說：「我們總不能永遠在馬路上兜圈子，是不是？小娟，在未結婚之前，我或許就要從這裏搬出去。」

「這是好消息。」梅小娟說。

趙維英微笑；她今天的微笑是出奇地美。她沒有告訴梅小娟，甚至也沒有告訴胡冠亞：她已確確鑿鑿地租下了房子，置下了他們計畫過的一個家所要的一切，她耐心地夜復一夜地找回她失落的東西的日子已然結束。它將永遠埋沒在夜的那一端，不會再來，開始的，將是紫綢窗簾低垂下的生活！

胡冠亞來了，他們相挽出去。「我今天要讓你看一樣東西，」趙維英說。「那將是你最渴望、最喜歡的。不要問我是什麼，等一會，你就會知道。準備一下你自己，不要過分吃驚。怎麼，你說我此刻就像一個惡作劇的小姑娘？一點也不，我從來不喜歡惡作劇。你只要看我現在有多高興，等一會你也就有多高興了。」

他們順著撒滿著燈光的馬路前進。胡冠亞順從地、但也帶著幾許驚異。趙維英容光煥發，黑髮在她腦後飄動，悠悠揚揚。她向所有的光亮低低歡呼，對所有的行人發生好感，因爲她要把她所得到的一切，呈獻在愛人之前。

他們沒有按照以往的路線走。在五福四路跟七賢三路的交叉處，趙維英就拐了彎。她像一個導遊員，領著胡冠亞去到他所不熟識的地方。她急促而興奮，步子跨得既快又大，然後又進入一條位於兩家店鋪之間的弄堂裏，胡冠亞瞇細了眼睛，不知道他們是不是要去探望一位親友。

「維英……」他說。

「噓，不要作聲，不要說話！」趙維英把食指尖兒放到唇邊。「馬上，你會看到一個寶藏，眞正屬於我們兩個的」。

趙維英辨認著門牌號碼，掏出鑰匙打開一扇門，把胡冠亞推了進去，然後又掩上了門。

「現在，你閉上眼睛，」趙維英說。「等我數到『三』時，你再睜開來。」「一——」她憑著記憶，快速地打開客廳裏的電燈，然後是臥室，「二——」溜出來，再捻亮浴室和廚房的，然後回到胡冠亞的身旁，說出了「三！」

一片強烈的燈光幾使胡冠亞睜不開眼睛，隨即，他看到了他們設想已久的「理想之家」。紫蘿蘭色綢窗簾、湖綠的沙發、粉紅的尼龍紗帳和粉紅燈罩的檯燈、奶油色的雙人床；他突然回過頭來看到在一個設計精巧的欄架上，放著收音機和茶具，而且還有那只蛋青色揷著紅玫瑰的陶製花瓶！他幾乎不相信自己的眼睛。他輕輕地從這一間移向那一間，看遍了室中所有的一切。他的表情從驚喜跌落到沈思。他轉過身來，面對著站在他旁邊等待他讚揚的趙維英。他看她、瞪她、盯她，然後嘶嘎地說：

「很好，這就是你的收穫！現在，我才知道前一陣子朋友們告訴我關於你的事情，並不是空穴來風。再見！」

胡冠亞拉開門，衝了出去。趙維英想去拉他、追他，但她卻僵立在那裏，無法動彈。紫綢色的窗簾、湖綠的沙發、粉紅的蚊帳……都交纏在一起。她感到昏暈，但她沒有淚。沒有的想去編織，失落的想去尋找，找回來的卻又失落了。

她看到的只是一堆花瓶的碎片。

一九六一年（民國五十年）

一個乾燥無雨的下午

她站在窗前久久。淡綠窗柵外的天空不是純藍色的，一大片鼠灰色的雨雲從南方翻過來，那兇猛的姿態似乎想遮住整個的天。美倫的雙眼隨著牠移動；瘦長的手指抓住鐵質的窗柵，其實，她倒並沒用勁，祇因爲手指太長了，拿什麼東西總像緊抓著的一樣。她聽見自己在對那片雨雲說：你來得正是時候，趕快下一場雨吧，一場驟雨，一場叫人出不了門的滂沱大雨。我要雨來幫忙，我自己的勇氣不夠！

然而，雲塊在太陽旁邊擦過，又飄走了。雨，並沒有下。

美倫拉上玻璃。她得出去。沒有雨，她可沒有這麼大的勇氣去爽約；否則，兩天前他面邀她時，她就該回絕了。

衣服是早就換好了的：淡黃玻璃綢的小圓領短袖襯衫，墨綠大裙，打扮得像個無邪的小姑娘。桌上放著她的皮包與陽傘。榆姑會以爲她是上街去看電影；同時，她也希望自己的裝束與外出的時間能夠證明這一點。當然，榆姑從來不曾疑心過她，也從來不曾轉彎抹角地問過她去了哪裡。榆姑曾說過：我從來不疑心美倫這孩子。美倫是個天生不會做壞事的小乖。

美倫也是個天生不會撒謊的女孩；半句謊話就會把她的肚子脹滿。她在進入高中之前，是住在榆姑家裡讀完那三年的初中的；榆姑有足夠的時間去認識她。每逢榆姑出口讚美時，美倫總用雙手交疊在黑裙上，兩眼平視；安靜，幾乎帶著端莊。她看來是個不受任何強烈感情挑逗的女孩，絕對可靠。這種特性，在她越趨成熟時，特別受到她父母的激賞。長大的女兒是隻會飛的鳥，他們惟恐她展翅而去。

她知道榆姑此刻正在臥室裡休息。她掩上門，卻走到臥室的窗邊，輕柔地說：「榆姑，我出去一下。」這樣自然而坦白，連自己也吃驚。

「才不過一點半哩。這會兒陽光好強，美倫，我看你還是睡個午覺，再出去吧。」

「瞧，我已經準備好了。」她說。

「你這孩子，你要是早說，我就可以跟你一起出去了；今晚，我本來是想上街的。」

「晚上，我還是可以陪你去，榆姑。」

美倫轉過身。在穿過小庭院時，她的腳步有點倉促。她低頭急走了好遠一段路，才放慢腳步。這時，她記起來：拿在手裏的傘還沒打開，陽光熱辣辣地晒著她。噢，好，險要是跟榆姑早說的話！她情願大雨來阻止她，卻不希望榆姑來妨礙她，因爲如果是後者，就像是被逼似的；她不喜歡被逼，她喜歡自動。可是，此刻，她高興這是一個乾燥無雨的下午：揚滿塵沙的樹葉兒沉沉欲睡，乾巴巴的土地硬挺挺地躺在那裡。在這烈日下，風躲在天外，人躲在屋裡，而她卻悄悄地走了出來，像一個逃學的孩子。

噓，謹愼點兒，她對自己說，綢傘給撐了開來，拿得低低地。她是一個安靜的女孩，她願意別人這麼想。

搭了一站公共汽車。車子在招呼牌前停下時，她看見他正背向著公路，靠在一株樹幹上，眺望遠山。下車的祇有她一個。汽車在燙熱的塵煙中馳去，她走前幾步，他悠然從樹旁轉過身子。隔著尺把遠，他們面面相覷。

「我來了。」美倫說。

「我知道你會來的。」

「你怎麼知道剛才下車的是我？」

「我聽得出你的腳步聲。你以爲這些日子來，我對你的一切還不清楚嗎？」

她啞然無語。顧傑是個細心的人，從外表看來，他應該是屬於冷靜那一類型的。臉孔瘦削，鼻子高，上唇長，帶著一種濃重的自尊的嚴肅。她開頭認識他時，覺得跟他做朋友倒是頂安全的。

「去哪兒？」美倫說。

「隨便走走，怎樣？」顧傑喜歡說「隨便」，希望那句話語能略微沖淡他的那份嚴肅。雖然，有時，所謂「隨便」，也是他預先就安排好的。但今天，他說到這兩個字時卻特別嚴肅，彷彿連他自己也不知道他爲什麼要把這兒作爲約會的地點。這兒沒有公園、樹叢、竹林、茶室、戲院……他們散步的終點在哪兒？誰聽說過一對戀人在被炎陽烤炙著的田野上散步呢？

「當然好！」美倫說，聲音是溫柔中帶著安慰，說完，笑了笑，彷彿是說，我既然來了，就什麼也不計較了，你又何必耿耿於懷呢？她的文靜裡有摯愛，熱情裡有純樸。她從不喜怒無常，不像一點點不稱心就撅嘴豎眉的那種女孩，她們會使男人猶如置身在懸崖的邊緣，永難獲得片刻的恬靜。

「那末，走吧。」還是美倫說的話。她把傘打開來，一半遮住顧傑。顧傑看了她一眼，把傘柄接到自己手中。兩人並肩而行。在小小的綢傘下忘記了高張的火傘。小路很窄，幾乎容納不下兩人並肩行走。顧傑把傘柄遞到右手，左手攬住美倫的腰。小路隨著腳步漸漸放寬。顧傑的手也放了下來。

「你沒有說話，美倫！」

「是的。」

「爲什麼？」

「不知道，你剛才也沒有說。」

顧傑嘆了一口氣。「美倫，你別看我悠悠閒閒的，我剛才心裡多怕，要是你今天不來——不來又怎麼辦？我在樹旁一直等下去，還是上你那兒去找你？」

美倫說：「當然，你回家去。」她想笑，想用笑來使氣氛輕鬆一下。忽然，她覺得笑不出來。顧傑對於這次的見面懷著多大的希望！他把牠當作他們感情的新的起點，但她卻願把牠當作終點。這樣想著，她感到非常抱歉。她輕輕地把手滑進他的臂彎裡，臉色是更柔和了。

「美倫，你出來之前，考慮了好一會吧？」

「是的。」

顧傑又嘆了一口氣。這次是喜悅的。嘴角四周的線條鬆弛了，雙唇微啓；支持著他的那份堅沉，突然變成了一種渴望。美倫的圓臉，白裡泛紅，他們是在炎陽的包圍圈中，但在她的額上，卻仍找不出一顆汗珠。這好像也是她文靜的一個特徵。

「美倫，我們得找個地方歇歇，我們不能老是這麼走下去。以後，我們一定不能再挑冷僻的地方會面了。你瞧，這樣強烈的陽光我們都不怕，我們還怕人們的眼光？美倫，我們還是回到鎮上去吧。」

「不，這附近有座橋，在現在溪水乾涸的時候，我們可以坐在橋洞下。」

「橋？你來過？」

「我來過兩次。我在附近那個中學裡讀了三年初中。現在，你隨我走吧。」

美倫彎到另一條小徑上，步子加快起來。顧傑爲了要使她享受到傘蔭，跟得幾乎有點跟跟蹌蹌的。他帶著幾許驚異，看著她那纖瘦的身材。

「美倫……」

「別開口——等我們走到橋洞下再說。顧傑，讓我自己來打傘，否則，我們怕要跌跤了。」

她走在前面，他跟在背後，看到溪澗祇是幾分鐘後的事。兩尺來寬的淺淺的溪水點綴三丈來寬的澗床中央，失去了初春時節的奔騰、歡笑，細沙和軟泥上都長滿青草。抬頭向右看，灰褐色的舊水泥橋像一道拱門。走到橋邊，美倫伶俐地滑下堤岸，不讓顧傑有伸手援助的機會。於是，兩人一同跑到橋洞下的蔭影中，坐在細沙上，喘著氣。有這麼幾分鐘，美倫閉著眼，頭靠著顧傑的肩胛。耳畔沒有風聲、水流聲。

「美倫，我現在看出來，你很愛這個地方，你一直想來這兒，祇是你始終沒說。」

美倫點點頭，半睜的眼睛帶著朦朧的嬌媚。她喜歡這隱僻的橋洞，她喜歡在橋洞下做個愛情的夢。她的心井很深，她想到的，常常不想說出來；一個念頭落到井底，多年來都不會有動靜。初中三那年春假，她偶然發現這座橋。橋洞下坐著一對青年男女；他們正在垂釣，一丈多寬的溪水上橫著一條象牙黃的釣竿，但他們顯然不想魚兒上鈎，因爲他們連魚簍也沒帶。她自己的腳步聲引起了那女孩回頭一瞥。那女孩臉上恬靜滿足的神情，竟使自己也愛上了這橋洞，使自己也有一個「有一天同愛人一起來這兒」的夢想。但那夢想一沉五、六年，不過，隔著那澄澈的水，空暇時，她常從井口俯看那夢影；清晰而亮麗，彷彿祇隔著一層透亮的玻窗看東西。有一天，祇要她一伸手，移開那玻窗，她就可以把牠擁在懷裡。然而，當這日子越來越近，她忽然發覺那扇玻窗已經有人代她撤去，她趕忙去井口俯視，澄澈的井水乾涸了，美麗的夢影也隨著消失了。她帶著失望後的慵懶，避到南部C鎮的檎姑家裡來渡假。

「美倫，你明天不回臺北了吧？」

「我還是想回去。」美倫輕聲說。

顧傑握住她的手。「你母親寫信來催你去——那天你說的。我明天陪著你一起去臺北見她吧。」

「不。」

「那末，今天，我去見見你的楡姑。」

「不。」

「你不能老是冷靜地說不、不，我要抗議你這樣無限制地使用否決權！」

她悽然一笑。「我希望楡姑相信我。」

「你希望你楡姑相信你是一個冷靜女孩；希望相信你是一座石膏像，不需要愛，不需要心跳，不需要腦子。美倫，你聽著我，看著我，美倫……」

美倫想，是的，我看著你，我永遠看著你。因碰見了你，那井底又湧出了清水，那水面又顯現了夢影，那橋洞又變成了勝地。雖然，你希望的，我沒有給你；雖然，我希望的，我也自願放棄；但那夢影永遠在清水裏。他們在晚春田野上初次遇見，她自己不過想以繁春的五彩染亮自己那黯淡的心，冒充一個踏青者，漫無目的地躑躅；而他，顧傑，一個農作示範場裡的技師，卻以爲他的辛勞所結成的果實引起了她的讚美。於是，他們開始交談。他冷靜而細心地解釋著農作物的改良與成長，而她，則冷靜而細心地傾聽。他那天的話全是用「說明文體」說的，不帶主觀的感情。她想，她倒眞希望一個沒有危險性的、可以談談的朋友。她祇願有一個朋友，因爲她已經沒有資格享受一個愛人——她業已訂了婚。

「顧傑，我現在懊悔，爲什麼我在剛認識你時，沒把我已經訂婚這一件事告訴你？」

「沒有一個女孩子會這樣說。」

「那末，爲什麼我在跟你見了幾次面以後，還不把那件事告訴你？」

「你覺得那並不重要。」

「那末，爲什麼當我發覺我們開始有感情的時候，還不把牠說出來？」

「你想把那件事忘掉。」

「顧傑，我不要你爲我辯護，你瞧，連我自己也不爲自己辯護。我是在逃避，我是在欺騙；對你，對自己，對爸媽，對榆姑，對婚姻……顧傑，我知道自己不是冷靜的人，你也不是。什麼是冷靜？我懷疑眞正的冷靜祗屬於沒有心肝的人。我們祗是兩個珍惜熱情的人，不肯輕易讓感情在別人面前流露出來。顧傑，我記得今年年初，當我跟那個房地產老闆的兒子訂婚的時候……」

顧傑迅速地用右手掩住她的嘴。「不要說下去，我不要聽，美倫。我要聽你說我第一次怎樣在黃昏的大樹下吻你，你激動得連身子都打著哆嗦。你記不記得？」

「是的，是的！」

美倫記得這一切。她記得那些值得懷念的，也記得那些令她痛心的。錢富春的蠢俗的臉，他那土音很重的國語。去年年底，媽拿去了她的幾張照片。媽說：「美倫，媽替你去物色一個對象。」她以爲媽在開玩笑，沒有把牠放在心上。年初，錢富春來了，媽叫她出去陪客。

他看到她，笑得像蛤蟆一樣：霍！霍！霍！她幾乎要把吃下的飯菜都嘔了出來。她想不到他竟成了她的未婚夫。是的，當時，她對爸媽的決定毫不反抗，她知道媽在那些好話後面藏的是什麼。祇要她說一個「不」字，媽就會哭訴上三天三夜，把二十多年來所受過的種種苦楚全傾瀉出來，把以後二十年中要受的苦楚全幻想出來，最後，免不了把患著嚴重肝炎的爸爸氣得昏過去，把幼小的弟妹嚇得哭起來。她除了冷靜地接受之外，別無他途。冷靜？什麼樣的冷靜？

「美倫，你瞧，那一大片烏雲從南方翻過來，這一次，該可以下場雨了。」

美倫向橋洞外的天空望去，一塊比她出來前的那塊雨雲更大的雨雲正從南方愉快地奔馳過來。天太早了，早該下雨了。龜裂的土地跟她的皮膚都有這種感覺，在改良場裡服務的顧傑更有這種渴望，而透過這一切，在此刻，他們又希望雨簾會垂在橋洞的兩邊，把他們跟外界隔絕，他們就坐在逐臻潮濕的細沙地上，聽著洞外雨點像一片急吻，落在地上。

「雨，」美倫說：「還不下下來！」

他們靜坐著，好久好久，誰都沒有說話。烏雲在慢慢擴大，一個龐大的、正在發酵的灰色麵粉團。然後牠越過他們的視線，馳向中天。他們祇感天在暗下來。燃燒著的陽光猝然熄滅了，橋洞下幽黯黯的。他們緊緊地挨著、等待著。天氣懊悶不堪，熱的蒸氣從沙灘上冒出來，更熱的是他倆呼出來的氣。天空中醞釀著驟雨，他們內心裡也醞釀著風暴。他們互握著的手沁出了冷汗。突然，陽光從雲層裡掙扎出來，大地又充了光流，橋洞下也由幽暗而變成涼陰。天上的雲塊，逐漸消散了——仍然是一個乾燥無雨的下午。

美倫不由自主地輕嘆了一聲，站了起來，拍掉黏在裙子上的沙土。

「我要回去了。」

顧傑跳到她的面前。「我明天去車站送你！我以後寫信給你，美倫！」

美倫不忍說「不」，但她的眼色卻代她的嘴說了出來。他猛烈地抓住她的兩肩，逼視她。

驀然間：

「美倫，這次，你回去是打算……」

美倫點點頭。

「你怎麼能夠？」

「原諒我！」

「你那天並沒有對我說到這？」

「我今天也沒有說。」

顧傑鬆開手，掉頭去看那條細細的溪流。牠漠然地躺在那裡，以最大的耐性接受烈陽的煎熬，讓春日繁華的夢，沉在澗底。他挽回不了。

他和美倫手挽手地走出橋洞，陽光又像網似地罩住他們。他小心地拉著她爬上堤岸。陽光亮得耀眼，但美倫並沒有馬上打開小傘。她希望陽光能把一切都晒印到她的心裡——乾燥的東西，才永遠不會發霉、不會模糊。

「希望以後能再見到你，美倫。」這是顧傑在跟她分手時說的話。

美倫沒有回答。不能回答的，她都不願回答；不願說出口的，她都不想說出來。再見，再見——她在心裡說。她知道那無聲的話會傳達到他的心裡。

一九六三年（民國五十二年）六月

貝殼

她是少女，還是少婦？

幼儀坐在沙灘上，一手攏著捲髮，一手機械地捧起細沙，又讓沙粒從指縫間無聲地滑下去，混入沙之海洋裏。時間之沙？誰說過這話？或許是好些人都說過。這兒不是海水浴場，沒有蕈狀的五彩遮陽傘，也沒有螺絲殼般的籐椅。這兒沒有構成旖旎風光的活潑與歡笑。浴場離這兒很遠。這兒不是適於游泳的地方。眼前，鑲在沙灘邊緣的，是白雲似的碎浪，藍天如碧海一樣無涯。陽光在海、天之間游盪。沙粒靜靜地從指縫間滑下去。她來這兒已有好一會了。

她掉換一個姿勢：把兩腿併在一起，墊在臀下；兩手勾著後腦。她彷彿在迎接海風。這祇是初夏。海風自雲天之外飛馳而來，濕潤而陰涼。她喜歡這樣的風，眞願意把牠剩下一段來，帶在身邊。

現在是下午三點多。高光恕爲她去買一盒口香糖。她並不眞的渴望獲得牠，祇不過想試試他肯不肯爲她來回跑上三、四里路，到那邊的浴場去買這麼一樣小東西。嗬，他眞的去了。

他的毫不勉強的順從，像浪花一樣潑在她的心上。她寒顫了一下——他果眞是這麼愛她——但喜悅隨即取代了牠。嗬，愛情？她抓到的，失去了；失去的，又抓到了？她感到迷惘。

此刻，她很想看看自己的姿勢美不美。如果海是一面大鏡，那該多好！不過，她至少知道，這個下午，她已經刷去了沉鬱的煤灰。這會兒，她的臉該是明朗而年輕。噢，她又是少女了嗎，穿著白色的短褲、紅格子的短袖衫、白色的涼鞋，用歡愉與希望擁抱著整個的海水浴場？

她最好不要想得太多。她又換上一個比較舒適的姿勢：兩腿挺直地平貼住溫熱的細沙，兩手輕輕托在沙灘上。把這兒當作草坪也好，衹是缺少一本可資閱讀的書。想起書，她又感到一種饑渴。剛才爲什麼不叫光恕買本雜誌來？啊，不，假如果眞叫他買了雜誌，她也是沒有時間看牠的。

當她瞇細著眼、眺望海天時，光恕終於回來了。他這大個子，故意以輕悄的步態躡到她身後，想換取幼儀一聲孩子般的驚叫，但幼儀卻先覺察了，側過身來：「你回來了，光恕，累了吧？」輕柔柔地，聲音裏亮著喜悅，又透著些微歉意。她的眼睛這時特別清澈，使光恕全然忘了奔波之苦；額上顆顆汗珠，突然變成了驕傲的果實。

光恕不僅買來了口香糖，還有沙士汽水和紙盒冰淇淋。他在對面坐下來，伸著脖子，說：

「累倒不累，幼儀，在途中，我一直在擔心——」

「怕海浪捲去了我，」幼儀笑了。

「不，我祇怕我回來時，你已離開這兒！」

「這怎麼會呢？這次原是我提議來這兒的。」

「當然，我知道。可是當我走在半路上，我忽然意識到我是不是在做夢？我幾乎想跑回來，看看你是不是眞的在這兒，」光恕說的時候很激動，再加上他剛才的來回疾走，不禁有點兒喘息。他把口香糖和一盒冰淇淋遞給她。他想，她以前也是喜歡嚼口香糖的，這幾年來，她的習慣就一直沒有變嗎？不可能，不可能！他是知道她丈夫的境遇的，難道看到海，她又回到以前了？

他們兩人對坐著，在陽光下吃著快要融化的冰淇淋，還不時抬起頭來，向對方瞅上一眼，但卻避免互相的凝視。幼儀知道，在光恕的心中，她丈夫百鈞是水中的氣泡，不時昇起，又不時破滅。他以爲她怕他？如果他這麼想，那他就錯了。她突然說：

「我希望這會兒百鈞會到這兒來！」

光恕瞿然一驚，目光打幼儀的臉上躍過，馳騁於廣大的沙灘上。淺黃色的沙灘上沒有一個人影。他才說：

「你這是什麼意思，幼儀？」

幼儀把紙盒丟得遠遠的，抱著膝頭，挺著眉：「這很簡單。以前，我們三人也一起在海濱玩過，現在他來了，不正好又湊成三個了？」那滿不在乎的神情酷像一個倔強的女孩，也毫不掩飾地流露了她跟百鈞間的不睦。

光恕沒把話頭接過去。他無需在她不滿的情緒上再添加什麼。他祇說：「這話不錯，那一次，我們三個的確玩得很痛快。在那次以前，我還不知道你會游泳，可是，自從那次以後，你就像失了蹤一樣，我沒再碰見過你。」

幼儀嚼著口香糖，開始用雙手砌著小小的沙丘。時間，是一切的建設者，還是一切的摧毀者？她已記不清楚，她是先認識百鈞，還是先認識光恕的？作爲一個活潑的女孩子，她是不會把認識一個男人的日期記得這麼分明的。當她發覺兩人都在向她追求時，或許她跟他們都已認識半年以上了。她並不糊塗，感情中有著理智，她像衡量一本書的眞正價值那樣地衡量著一個男人的眞正價值；剝去外在的裝璜，剔去別人的毀譽，探尋對方的眞我，也探尋對方對她的眞愛。經她如此的分析，發現百鈞在她心的天秤上的重量，超過光恕，但百鈞之能贏得最後的勝利，倒還是在於那次海水浴場的共遊。在早幾天前，光恕邀她到海濱去野餐，她回說這幾天沒有空，可是就在「沒有空的這幾天」裏，她卻答應了百鈞去海水浴場。他們都帶了泳衣，預備在海水裏泡上半天。那天，她是夠美的。在動的場合裏，她總比在客廳裏呆坐時來得可愛。百鈞穿著運動衣時，也總比平日的斯文更吸引人。他的餐箱裏還帶著很多東西，有書、有口琴、有撲克牌。但他們剛在沙灘上坐下，就看到光恕走過來了。她很不自在。太巧了，沒想到他今天也會來這兒；她祇得臨時扯了一個謊：

「光恕，好極了，你也在這兒！剛才百鈞邀我時，我對他說，你也邀請我，我們不妨三人同去，可是我們去你宿舍，卻找不到你，想不到這兒竟會『殊途同至』！」她哈哈笑了兩聲，裝得分外輕鬆，又用眼角瞟了一下百鈞。百鈞意會到她對他的優待，也就拋棄了往常爲了她、兩人見面時的那份冷淡，熱烈地跟光恕握著手，拉著他坐下，宛如他們這會兒就是在等待他似的。

光恕當然坐了下來，而且打定主意不走。她開始有點兒恨他。他怎麼能這樣不知趣？他把他倆的共遊的情趣全破壞了。炎日直透遮陽傘烤炙著她。她需要清涼的海水，也需要遠離光恕。她第一個去換上泳裝，躍入水中。光恕在後面喚：「幼儀，小心哪，不要游得太遠，海可不是玩的！」不一會，百鈞也跟著下去了，但光恕始終沒去追隨他們。他不會游泳，也不敢游泳。他是獨子，父母的教訓永刻在心頭：海是祇能欣賞的！他祇把兩腳浸在淺淺的海水裏，找尋一些小小的寄生蟹來消遣。而在三百公尺的遠處，百鈞已然追上她。百鈞說：「幼儀，就勞光恕代我們保管野餐箱吧！」兩人相視而笑。他們悠然地游泳，浮盪在碧水之上，遠眺乎雲天之外，渾然忘了岸上的一切。她說：「我最愛在海水中嬉戲時的境界，沒有煩惱，也沒有束縛。」百鈞說：「但我們卻不能生活在海洋之中，對吧？我們還得回到現實去。」百鈞說完之後，抓到她那水淋淋的手，吻了一下。「幼儀，你不滿意我這話吧？」她想了想：「如果這是事實，那我爲什麼要不滿意呢？而且，你並沒有否認我的見解，所以，你是對的，我也沒錯。」兩人又笑了，差點兒吞下幾口海水去。他們游近一塊巨石，爬上去休息。她摘去泳帽，髮上掛下串串水珠，她的白皙的臉就像隱現在珠簾之後。百鈞呆了呆，然後迅速地捧住她那濡濕、微鹹的臉頰，狂吻起來。他從沒有這樣大膽過。他激動地說：「幼儀，我一直不敢十分相信我能獲得你，但今天，當我知道你回絕了光恕的邀請而應了我的約時，我才知道我已勝利了。」「勝利以後呢？」她半閉著眼，望著雲天。「那末，答應我，讓我們創造我們兩人的生活！」

他們不久就游了回來。爲了不想使光恕太難堪，爲了「光恕是個可憐的失敗者」；這是他們兩人的話……

幼儀把灰白色的糖渣子吐在沙灘上，用細沙埋了起來。對面的光恕此刻也在回憶那次沙灘上的事嗎？爲什麼不說話呢？還是認爲以前的都給浪濤沖走了，不必尋找？以前她就厭他不會說話，心裏一急，就詞不達意。他被父母寵壞了，老像一個大孩子。那時，她想，如果有了這樣的一個丈夫，那該多糟！

「幼儀，我奇怪你今天到海邊來，爲什麼不帶泳裝？」

「因爲你不會游泳。我不願讓你獨個兒留在海灘上。」

「然而，我已經學會了。你知道，我是瞞著父母學的。」

「那又何必呢？」

「我很明白，如果我那次會游泳，我或許不會失去你。不，不，我是說，自從失去你以後，我一直在克服許多困難，克服膽怯和羞澀。我並不笨，我的思維跟別人的一樣敏捷，我的感情也跟別人的一樣豐富，衹因爲我不善於用言語表達。」

「光恕，我知道你這話是眞的。」

「但是，你到今天才知道，幼儀。」

幼儀把沙丘按平了。今天這兒的沙粒未必就是昨天這兒的沙粒！每個人都在變。她愛幻想，但卻幻想不出現實生活的變遷。以前，每個人都會認爲百鈞要比光恕值得人愛，現在，或許，兩人在一起，叫人遴選，怕誰都會揀中光恕的。愛情可是永恆的。她怎麼不能像以前那樣去愛百鈞了？百鈞不夠熱情，是的；不夠體貼，是的；不夠充裕，……天知道，她可沒有怪他這一點，但他卻爲這一點而怪起她來。爲了她丟掉幾十塊錢而大叫大鬧；爲了她跟鄰居學樣、替孩子買了件昂貴的太空衣而罵她不是賢淑的女人；爲了她在聖誕夜跳舞而三天不開尊口。元旦那天早上，她裹著被，紅腫著眼，不肯起床。她爲什麼要結婚？她一遍一遍地問她自己。是爲愛情，還是爲金錢？然後又一遍一遍的請問百鈞：是爲愛情，還是爲金錢？百鈞像那次向她求婚時那樣，挺自然地回答：「當然是爲愛情。幼儀，這一點你還用問嗎？你知道我並不富裕！」她蹤身跳起來，把擱在梳妝臺上的那只小型相架摔在地上。「虧你說得出那種話！如果是爲愛情，哪會爲些雞毛蒜皮的小事挑眼兒？你是掛羊頭賣狗肉，一派胡言！」百鈞這回一點也不生氣，祇淡淡地說：「對不起，我還要上班去。我們下星期補假。你還沒睡醒吧，不妨再睡一會。寶寶早就被隔壁的哥哥姊姊帶去玩了，你儘可放心！」他穿了一身舊衣服，走了出去。她恨他那天的「滿不在乎」，她忽然僵直地在椅上坐下來，覺得什麼都完了。外面爆竹一次一次地撕裂著空氣。她就這樣坐了一個上午，直到寶寶回來時的喚聲驚醒了她。

他們以後沒有再吵過，但雙方也再沒有過一句溫存的話。她帶著寶寶去買菜，帶著寶寶去逛街，帶著寶寶在屋子裏做事，在屋子裏走來走去。她的愛與憎，靜靜地消退、消退……局外人看不出她的內心經巨大波濤的沖擊後回復過來的死寂的平靜。有時，在午夜，她霍然從夢中醒來，恍惚感到自己是躺在溫熱的沙灘上，浮在柔軟的綠波上……一股冬眠的愛情似在蠕動，但當她全然清醒，這些便又迅速退去。她勉強自己赤足站在冰滑的水泥地上！幼儀，這兒是沙灘，這兒是海水，這兒是你的愛情！除了這兒以外，你找不到別的沙灘，別的海水，別的愛情！呵，幼儀，除了這兒，你到哪兒去游泳？你已不是少女，你的游泳池是你的廚房！

光恕把打開的汽水瓶和吸管遞給她。幼儀嫵媚地瞅了他一眼，然後跟他碰了碰瓶子：

「你在夏日常來這兒嗎？」

「是的，每年來幾次，尋找你的影子。」

「可是，我已有好幾年沒來了。從我們有了寶寶以後，我幾乎已經忘了這兒。不，我知道我已沒有資格來這兒了。」

「是百鈞不喜歡游泳了？」

「不太知道。他很忙。游泳不是工作。要不是碰到你，今天我不會想到這兒來！」

「這太可惜了。你是屬於沙灘的。到沙灘上，你又回復以前的年輕了！」

幼儀用左手旋轉著瓶子。她以前是少女，後來變成少婦，現在又變成少女了？使她年輕的，是沙灘，還是愛情？她清楚她碰到光恕時是相當狼狽的。牽著孩子，行走於夜晚的街道上，穿的是件撕開了叉的舊旗袍，腳上是雙灰色的白皮鞋，頭髮還是沒經梳理，祇是懶懶散散地，沒有勁兒，表示主人根本沒有重視牠。她祇是哄著孩子，在那條街的騎樓下來回踱著，偶爾在玩具店的門口停下來，做那不化錢的觀衆。猝然，從哪兒「鑽」出來光恕，猶疑地望了她一會，才喊：「幼儀！」她立即惶悚起來，如受驚飛起的蛾蝶，祇想朝玻璃窗衝去，幾乎把孩子都嚇壞了。光恕還以爲她已不認得他了，就又自我介紹了一句：「我是光恕，幼儀。」她才靜下心來。啊，他到底是個老實人。他的目光是友善而喜悅的。祗要他露出一點輕蔑的樣子，她那時是有勇氣這樣回答的：「對不起，先生，我不認識你！」他抱起寶寶，跟她像老友那樣聊起來：「最近，我才得悉你們住在這一帶，因此，我常在這兒蹓躂，希望能夠碰見你們；果然，今天看到了你！」

「爲什麼不上我們家去坐呢？」

「因爲我不知道你們確實的地址。」

光恕笑著搖搖頭。「我想，下一次再去。今天就近找個冷飲店坐一會，談幾句，你說，怎樣，幼儀？」

「那末，現在怎樣？」

他的那份親切與婉和，刹那間拉回了她以前對他的好感，也恢復了她的自信。光恕像以前一樣，穿著很挺刮，但卻已脫落了他以前的拘謹。她早知道光恕混得不錯，靠著他父親的地位與聲望，他在某個私人企業機構裏擔任主管，而現在的百鈞卻還是一個工廠裏的小職員。

啲，如果百鈞有光恕那樣好的境遇，他是否會因小不如意的事兒而向她發火或叱責！難道愛情的價值眞正敵不過金錢的功能？愛情是座房子，你得每年加以修理、粉刷，才能永遠保住牠的光彩！她向一對擦肩而過的衣著華貴的夫婦瞥了一眼。在物質文明如此多姿多采的時代中追求精神的慰藉，該要多大的犧牲與堅毅！是百鈞錯了，還是她自己錯了？兩人都沒有錯，但他們的愛情已在不知不覺中被物質所摧毀，卻是千眞萬確的事實。

對街有一家很大的冷飲店，女侍都有六、七個，穿著像她這樣衣服的女客人，眞是絕無僅有。女侍瞪著她的那件撕開了叉的旗袍。她的自卑感在作怪，故意老氣橫秋地說：「鮮葡萄汁三杯，兩色冰淇淋兩客。」又對那些女侍橫掃了一眼，心裏想：別門縫裏瞧人——把人看扁了。五年前，我比你們神氣多了，但在自持中，卻不免有些悲悒；樂曲迴旋著，迴旋著，往事是鐫刻在唱盤上的，祇供人們品味。

坐下來後，光恕說：「幼儀，你這幾年來，一直沒有做事啊？」

「沒有。薪金的收入剛夠僱個女傭，而且，僱個女傭也不容易，一旦刁賴起來，拂袖而去，孩子就像個孤兒，今天拜託東家照料，明天拜託西家代養，眞不是味兒，所以乾脆自己動手。」乾脆，哼，爲什麼不說「不得已」呢？

「寶寶馬上可以進幼稚園了，你何妨找個工作做做，調劑調劑。」

「這，」她搖搖頭。「這跟任何機會一樣，放棄容易，要再找一個，倒著實爲難呢。」

「如果你有意出來，我倒可以替你想想辦法。我這話絕不是隨便說的。」光恕把葡萄汁吸完了，挺認眞地望著她。

她心悸了一下，也不知道自己爲什麼這樣驚忧於他的關切。當然，從光恕的這幾句話裏，她已然察知，他絕不是惡意刺探她的情況，而是確確實實地在以舊日的情誼關懷她。而最要緊的，語氣裏絲毫沒有那種施捨的意味；他們仍是平等的朋友。她知道自己有點兒驕傲，或許，正是這一點點無形的驕傲在支撐著她，使她穿著隨便的衣鞋，仍保有她的風度。

然而，正因爲關懷乃是淵自光恕的眞情，也就分外撥動了她的感觸之弦。光恕的溫存與百鈞的峻厲突然形成一個強烈的對照。暖陽與寒流，同時匯合在她的心中。啊，時間，你給了我一些什麼？

「我想，還是等寶寶進了幼稚園後再說，」她說：「預定了座位，到時退票也不好。要是百鈞調差了呢？」

「你眞是一個賢妻良母。」光恕說。

「不，」她直覺地連忙否認：「這，我可擔當不起。做慈母容易，做賢妻可不簡單。」

光恕避免一見面就談到問題的核心去，於是，便閒扯些別的：臺北市這幾年來的新建的十層以上的觀光旅館啦，價廉物美的商品啦，擁擠不堪的交通啦，以及孩子們的升學競爭啦，話源倒能滔滔不絕；最後說，他想近兩天請他們夫婦倆去看一場電影。

「這個周末你有空，光恕？」她問。

「當然，請先告訴我，你們要看哪一類的片子。」

「如果你眞有空，」她管自說。「周末你和我到海水浴場去。」她的眼睛突然閃耀起來。

光恕怔了一怔。他似乎明白了一些什麼，但也似乎更迷糊了。他忘記了回答。

「如果你不願意，請不必勉強，光恕。」

「不是這意思，幼儀。我喜歡海灘，喜歡貝殼，怎會不高興去！」

貝殼，幼儀笑了起來，在海灘上找尋一只年輕時代所遺留下來的貝殼吧！

「幼儀，」光恕喚她。「你想什麼？你笑什麼？你看你把沙士側倒了。」

沙士像褐色的蚯蚓似地順著幼儀的手腕向下溜。幼儀仍然笑著，淘氣地用嘴吸著。光恕替她把汽水瓶子放在沙灘上，又用一塊大手帕把她手腕上的汽水擦去。然後，緊挨著她坐下，圍住她的肩膀。

「告訴我，幼儀，你笑什麼？」

「我記起，那晚在冰店裏，你告訴我，你喜歡貝殼！」

「你不喜歡？」

「我也喜歡。我沒有比現在更喜歡牠。我有過一只五彩的貝殼，但卻失落了。」

「幼儀。」

她斜眼看他。

「你不該不帶泳衣來。」

「我不知道你已學會了游泳。」

光恕嘆了一口氣。「那晚，我就該告訴你的。」

「我們這樣也很快樂。

「回去跟百鈞說明，今天下午你跟我一起在海水浴場玩。」

「爲什麼？」

「這樣，他或許會想跟你離婚的。」

「但我並不想跟他說，也不想跟他離婚。」

「爲什麼？」

「我不知道。我的感覺如此。他也不快樂。他也失落了一只五彩的貝殼，你知道？」

「幼儀，我呢？」

「我認識一個美麗的女孩，她比我年輕，過幾天，我介紹你們認識。」

「幼儀，你知道你自己在說什麼？」

「我很清楚。你會愛她的，祗要假以時間。」

幼儀一口氣喝完了半瓶沙士，然後挪開光恕的手臂，站起來。她的烏黑的捲髮迎著海風飄揚。她的臉頰紅潤，眼睛亮麗，薄薄的紅唇有著少女的嫵俏。

「你今天跟五年前一樣年輕、一樣美麗。」光恕坐在沙灘上，呆望著她說。

「謝謝你，光恕！」幼儀微笑著。她向前望去，白色的碎浪翻滾著，翻滾著；湖水漲了又落，牠帶來了貝殼，也帶去了貝殼！

一九六五年（民國五十四年）一月

山遠山近

山是不平凡的，不論牠是大山，還是小山，雷光堯想。

「爸爸，這叫什麼山？」堯堯蹴著山麓的黃泥土，突然大聲地問。

雷光堯怔了一怔。這座山叫什麼，他也不知道。他一向缺少地理方面的知識，尤其是對於這個地方的地理。「孩子們，爸爸也不知道；我們是來爬山的，管它叫什麼都好！」他用力揮揮手，而掛在肩上的旅行包，也就幌了幌。

山風很大。雷光堯想，冬天的風總是很大的，它要把夏天吝嗇地積下來的，在這時儘情揮霍。沒有積蓄，就不能揮霍；風竟也知道這個道理。他頗爲得意地拍拍旅行包。那裏面的乾糧很豐盛，有香腸，有烤雞，有滷蛋，有牛肉乾，還有妻自己做的葡萄乾雞蛋麵包。還有堯堯帶的一份哩！

「爸爸，該讓媽媽休息一會，然後再爬山。」女兒春春率先提議。

在整個旅程上，妻和女兒總比他們落後幾步。現在，他轉身向後。妻正站在他的右手前面。山風吹著她。她愉快而壯健，玉綠色的開絲米圍巾包著她的頭髮，兩頰卻被山風染紅了。

她微側著頭，正出神地望著那幾乎可以摸得到的山，山上不會落葉的樹木，樹間那條褐黃色的小徑。他不忍心去岔斷她。春春挨著她母親的右肩；類似的臉型，髮上包著的是塊猩紅色的圍巾，山風中的一堆鮮明的火——可以在寒夜裏烘暖雙手的火，但卻不熄而安全。春春現在也望著山，不過目光卻是跳躍而流竄；一排白牙齒勾出她微笑的影子，她彷彿還想說話，一定還想說句什麼話，雷光堯望著女兒的嘴，但說話的卻是妻：

「呵，多好！這山，這山上的樹，還有那風聲！」

妻也露出牙齒，一定也有微笑的閃影在她兩唇上徘徊；如果他能捉住它，該多好！她的牙齒很白，跟春春一樣白。他這會兒才發覺這，可笑不可笑？他是儍子，他幾乎記不清，是不是這許多年來，已把她的牙齒忘了？不是的，一定不是的。但他此刻眞是非常喜歡她的牙齒；在長著常綠樹的山岡之前，在玉綠色圍巾的環繞之中，一排沒有褪色的白，如清晨松樹上的一撮雪。多可愛！他此刻可眞喜歡它。他一定要把這感覺告訴她，當祗有他們兩個人的時候。

「我知道你會喜歡的，怡芳！你去年就想出來爬山，可是後來你說，堯堯就要考初中，別耽誤他的時間；其實，前年你就想爬一次山。不，好幾年前，你就說過了，但好幾年前，我們可不是住在現在這個地方，我相信這座山要比前幾次我們想爬的山來得好。你說對不對？」

「我眞的很喜歡它。」怡芳說：「我眞的很喜歡今天這個日子，既有陽光，也有風。」

她伸出手，試試那風力：不是家鄉那砭人肌膚的北風，不太冷，她不用圍巾，也受得了。

「媽媽也喜歡風？」堯堯又驚訝地大喊：「我也喜歡風。有風天，能把風箏放得高高的。爸爸，我們該帶風箏來的，山頂上放風箏，多好！」

「可沒聽說過誰帶著風箏到山頂上來放的?!」雷光堯向兒子瞪瞪眼，卻向妻露出笑：「要不要休息一會，走了那段長路，你怕也有些累了？」

「我不累，」怡芳馬上說。

「爬山可不比走路，怡芳。」他望著她。馬上，他發覺自己說錯了話。果然，妻回答：「我知道的，光堯。」她那黑色的瞳仁裏是山的綠色影子。她對山挺清楚。她明白爬山是怎麼一回事。雷光堯忽然感到興奮離開了他。六里路步行的辛勞，從腳尖慢慢地昇騰。山風吹著，冷冷的冬天的風包圍著整個的他。春春身上那堆鮮明的火，燙不熱那驟然襲來的寒意。他願意把那堆火移到妻的身上去。

「我可要休息一下，好讓我養精蓄銳。」雷光堯說，故作輕鬆之態地眨了眨眼。他把旅行裝卸下來，放到乾淨的枯草上，身子也順勢坐在牠旁邊。他高興妻並沒有發覺。她又用目光去測量那寬闊的山腳，似在研究一座山是如何地在平地上崛起，矗立在人們的眼前。他趁機閉了一會兒眼睛。山風仍在吹，夾著工廠機器的嘈雜聲。他在機器旁行走，叮囑工人，檢查機器。在夏日，在冬天，在白晝，或在夜晚。冬夜下班時，風就是這樣。他把夾克的領子翻得高高的，他知道抵擋過那陣風，就是一連串的溫暖：半鉛桶泡得雙腳發紅的熱水，一大碗辣得額頭沁汗的辣油牛肉麵，還有一句令他感到頗爲恬適的話：「光堯，你眞夠累了！」他總是坦然地把這句話承受下來，從沒想到也該把那句話拋給對方去。

春春倒走過來了。「爸，你到底是偷懶還是累了？如果像媽那樣的身子竟不累，而像你這樣的身子倒累了，這該如何解釋？」

「不能解釋。」他說。

「但你卻是什麼都不怕的巨人！」

「誰說的？」

「媽說的。媽在背後總是這樣對我們說，看來，你不挺像！」春春伸伸舌頭。她的俏皮正配合她的十八歲的年齡，而她的俏皮也正增添了一個十八歲女孩的嫵麗。「人生之花」，在心裏，他曾對黛綠年華的女兒下過這個評語，牠似乎適合任何這一階段年齡的女孩子，但現在，無疑地，更適合春春。

「媽所說的可不是全對的，春春！你所看到的，有時也不是全對的。」

「你爲什麼說『看到』，爸爸？」

「我是說，春春，除了山是實實在在的以外，其他一切可並不是全然實實在在的，譬如——你爸爸！」不要說了，不要去破壞妻平日爲兒女所編織的一塊錦緞，否則，損失的不是自己的「巨大」，而是妻的苦心。他側轉臉，又去看妻。她的一排白牙齒仍露在光影中。二十年前的一副少女的牙齒。他等會一定要告訴她，她的那副牙齒還是她二十年前的那副牙齒。

妻也跑過來。「你眞的累了，光堯？我想是那個旅行包太重了。」

「不，我祇是喜歡坐一會，在這山麓的枯草上坐一會。我馬上就要起來的。我知道你喜歡趕快爬山，怡芳。」他摸摸旅行包，那裏面盛在塑膠袋中的烤雞與麵包，仍有微溫。出發之前，妻就建議，把他大旅行包裡的東西分成兩份。春春揹水壺，堯堯書包裡是橘子，那分出來的一份妻當然是想自己拿了。當時，他說：「何必，這幾斤重的東西算什麼，如果我揹不動這幾斤東西，那我怎麼上工廠去？」的確，那幾斤重的旅行袋並不重，到現在，他也認爲並不重。他站起來，把牠掛到肩上，然後挺挺胸，吸了一口氣，把疲乏與冷意全都驅到體外去。「孩子們……」雷光堯用手向山一指。

山到底是夠誘惑的。這次，是堯堯和春春跑到前面。春春曾遲疑過一下，所以跑了十幾步，便停下來，回頭望望母親，看到父親有意要配合母親的步子，沒有往前疾走，她這才放心地繼續撒腿跑去他同妻緊跟在他們的後面。妻的腿力不弱。她穿著一條深藍色的牛仔褲，臀部與雙腿的肌肉，證明她還能夠作這一運動。待他們踏入山徑後，妻向他嫣然一笑的表情，也充分流露出這份慰欣。雷光堯充滿著愛意地向她笑著，而且盡量笑得像二十年前那樣年輕。但，他眞的能笑得這樣年輕嗎？他問自己，也問那些向他們迎來的一株株主幹筆直的樹。堯堯和春春的身影，已經隱沒在樹叢中。如果他能透過重重的阻礙，他準會看見他們在如野兔般地奔躍、亂竄。山是屬於堯堯和春春的，雷光堯想，山也曾屬於他和怡芳。他伸出左手，去拉妻的手，妻遞給了他。此刻，他倆是浸在枝葉的陰影之中，她在欣悅中竟沒揉著一絲倀惘嗎？那紛雜的回憶投給她的是光還是影？

「我們倆，怡芳，到底一同登過多少次的山？」

「多少次？啊，誰還記得那麼多！故鄉寧波的天童山，南京的棲霞山、鍾山，安徽歙縣的黃山，唏，還有廬山與歌樂山……那些大山與小山，那些山峰與山坡，」怡芳激動起來。「我好久沒記起牠們了。五、六年前，當我們從臺東遷到屏東，搬家的卡車行走在南迴公路上時，我眞想下車去攀登路邊的大武山呢。」

「可是，你沒有跟我說，怡芳。」

「是的，我沒有說，我知道這是傻念頭，因爲一個人如果要欣賞山景，坐在車上看，不也已經夠了？」

「你一定有許多事沒有跟我說，怡芳。」

「許多事？我沒有什麼要瞞你的！」

「我是說，你一定有過許多的『傻念頭』，隱然昇起，又讓牠們悄然沉落。」

「我記不得了。」

「因爲牠們有許多許多？」雷光堯急切地接了下去。

怡芳用眼光阻止他。那阻止的神色不是厭煩而是安慰的溫存。「不要說了，不要提那過去的事，更何況是那些沉落了的念頭。」在枯葉碎裂於腳下的蟋蟀聲中，雷光堯聽見妻回答了他。他一下子站住，幾乎無法相信。然後，他想說幾句話去安慰她，但他以前一向衹聽她說安慰話的，因而，竟然想不出適當的字句來，雙唇不由自主地哆嗦著。他望著那參差的椏枝，望著那被割裂的一小塊一小塊的天空，望著那漸漸分辨不出的小徑，望著那落葉——牠們從青色的枝上凋萎、飄落、腐爛，然後融入大地——望著無數業已凋萎的歲月，從二十來年的忙碌生活的塵封中撿出牠們。二十歲的怡芳，爬山不輸於他。她靈活、勇敢，像個野丫頭，對一切會刺痛她、割傷她的，都不在乎。她並不溫柔。她喜歡跟男同學們競爭，即使在功課上。她曾經比他能幹。她曾站在高山之上，如男孩子那樣地呼喊著，讓天地都傾聽著她。她曾是山的一部分；在他看來，在她自己看來。

「怡芳……」

「走吧，光堯，孩子們已經跑遠了。」

山的坡度越來越陡。他們上身前傾，費力攀著。樵夫踩成的小徑似已結束；這樣，對眞正喜愛爬山的人來說，更具有一種挑逗性的誘惑。他們鬆開手，因爲雙手有其他更重要的用處，他們有時得抓住樹幹，有時，甚至得抱住一塊突出外面而卻深埋土中的岩石。風，仍然吹著，樹的枝葉搖幌著，但風似乎沒有吹到他們的身上來。他們渾身發熱，祇感到春日的暖和在這小山上過早地來臨了。而在一株粗大的樹幹上，他們竟發覺春春用粉筆寫成的字：

爸，媽，加油啊，我們在山頂上等你們！

雷光堯跟怡芳互看了一眼。即使在這種粗糙的樹皮上，也可以看出春春的字寫得很漂亮，比父親的漂亮，比母親的漂亮。春春的一手阿拉伯字，更是漂亮。春春是他們家的驕傲。堯堯跟她比起來，總顯得黯然無光。

「春春像以前的你，怡芳。」雷光堯說。

「不，她比以前的我能幹！」怡芳微笑。

山並不太高，對中年人來說，這樣的高度正好，否則，他們要不是半途而廢，就得叫苦連天。當然，雷光堯來時，並不知道這山的詳細情形。這是一座默默無聞的山，一座沒人登臨賞玩的山，但牠卻保持著牠的自然、靜穆，保持著山的神聖的本質。春春的紅圍巾飄揚在山頂上，一面鮮明的勝利者的旗幟。她向遲遲而來的雙親呼喊：

「山是我們的，山是我們的！」

幾株松樹，處處枯草，這塊山頂上的小小平地，有足的空間容納這一家庭的爬山隊。在這塊可以鳥瞰山下小溪與田野的地方，雷光堯遭受著各種相反感情的襲擊：輕鬆、疲乏；滿足、失望。旅行包已從肩頭卸下，他已把牠交給怡芳去處理了。他舒坦坦地在枯草上躺下來，兩手墊著後腦勺。山頂上面的天空，該跟城市上面的天空不同，該跟工廠煙囪上面的天空不同；他老有這種感覺，在以前，他跟怡芳老有這種感覺。他們登到山頂上，累了時，就並躺下來，看著天空；靜靜地望著，什麼也不說。然後他們看著樹，看著構成樹的每一根線條；然後側身互視著。他們眼睛裏凝聚著深沉的靜與巨大的動，凝聚著對人生的一切的希望，然後，怡芳說：「山是我們的，光堯！」

春春的感覺也是這樣嗎？這會兒春春眼中的山頂上的天空，也跟別處不同嗎？他是父親，他眞想問問春春。不，還是問問怡芳吧。問問她還記不記得那些登山的日子？不，不要問怡芳。她當然記得的，但她卻不願攀住它們不放，因爲山已不屬於她，他應該問問春春的。春春有一副好口才，她會說出一大堆的感受。怡芳的話不錯，春春在各方面都要比她強得多。哈，他該高興嗎？

他避開陽光的刺射，換了一個角度，望著天空。這是山頂上的天空嗎？似乎越來越不像了！他怎麼聞到了廚房裏烤雞的香味？廚房裏各種菜餚的香味，都飄浮過來了。他靠在客廳的長沙發上看著報，聽見妻在廚房裏忙著作菜的聲響。不，不，他不要睡著了，怡芳正忙著安排野餐哩。該起來去幫她。但，他還是躺著不想動。他是懶慣了。他又躺在客廳裏看報，上面都是大專聯考的錄取者的姓名。他要找尋春春的名字，當然是列在最好的大學、最有希望的系裏；春春說過的。但是密密麻麻的鉛字，像舖成平面的芝麻，使他無法辨認。讓怡芳幫著我來找……不，不，這兒是山頂，他該起來了。

他翻身坐起，怡芳正望著他笑。她的圍巾已給除去。風吹著她的頭髮，亮出了她的幾根白髮。春春已跟堯堯到山頂近處去玩。

雷光堯說：「你累了，怡芳！」

「我不累，你才累了。」

「我不累，我不累。」雷光堯說。「我在想，春春今夏要考大學了。」

「在山頂上想這件事？」怡芳走近兩步，站在他面前，愛憐地俯視他。「我們今天是來玩的，光堯！」

「我知道，我完全知道，但你總該允許我們談談未來吧？」

「未來？你要把想到的，在這時說出來吧？那末，是我們的？還是孩子們的？」

「當然是孩子們的。譬如，剛才我說到春春……」

「她的老師說她考甲組有絕對的把握，而且準能考上好大學。說不定，她還有保送的可能。你還擔心什麼……」

「不，怡芳，我是說，我們何必讓她苦苦去攀爬。我的意思是，我們何必叫她考好的大學。」

「她自己要這樣的。」

「事實上，我們自己也希望她能這樣。」

「當然，我們自己也一直這樣希望，光堯。」

「我們可以勸勸，也勸勸自己。」

「你累了，光堯。」怡芳憂慮地說：「或者，你餓了。」

「我不累，也不餓。」雷光堯說。「你才累了，餓了。怡芳，爲什麼不坐下來，在我的旁邊？或者躺下來，我們一同來看山頂上的天空？」

怡芳緊挨著他坐下來。「你現在不要去想春春的事。」

「然而，現在，你卻開始在想了，怡芳。」

怡芳不能否認地點點頭。「爲什麼，你要勸自己、勸她？她不是你的驕傲嗎？」

雷光堯也不能否認地點點頭。

「可是，你剛才爲什麼要這樣想，你不要這樣想，知道不知道，光堯？」

雷光堯沒有回答，他也無法回答。他該這樣想？還是不該這樣想？他們是在山頂上，山頂上的天空跟別處的不一樣。

他看見春春的鮮明的紅圍巾又飄揚到山頂上來了。他想，祗有讓春春的未來去回答。

一九六五年（民國五十四年）二月

且走完這一段路

濃黑的夜，紫色的天，狂焰如彩霞，朶朶昇起……紅與黑揉在一起，紅與黑凝結在人的心頭。葉美嫺描繪著這幅圖畫，一張又一張，重疊著，壓在心裏；一張又一張，連接著，遮斷了她的視線。但她卻沒有哭，也沒有嚷；她甚至對那些遭災的鄰居的哭泣與呼叫也感到不耐，祇是，她突然覺得疲乏無力，眞想如那燒焦了屋柱子那樣倒下來。

她憔悴了吧，她不知道，但她猜測多半是消瘦了許多。她有好些天沒照鏡子了。丈夫呢，更是連看也不曾看過她一眼。近來，他簡直就是瓦礫堆的一份子，你不碰他還好，一碰他，他就會毫不客氣地丟給你一大堆拉拉雜雜、破破碎碎的怨言，保管你得遭受一次重傷。

葉嫺美感到疲乏、疲乏。晚上，她躺在薄板與被單搭成的臨時居處裏；白天，她站在北風中生火烹飪，還得走長長的碎石路，到幫浦那裏去洗衣、提水……她的兩眼宛如被火光炙得、被陽光曬得、被北風刮得乾乾的、空空的。她想，她還是沒有一面鏡子的好；她不敢去看自己。如果她眞想認認自己的話，她倒寧願看看身邊那個黑黑的影子；在碎石路上行走的時候，它跑得跟她一樣倉惶。

然而，今天，美嫺還是在幫浦旁邊洗了頭髮。在陽光下，她甩開濕濕的頭髮，讓風吹了吹，然後用塊花布包紮起來，就像下田操作的農婦。她發覺面前的那盆白膩膩的水還在那裏，便彎下腰，用兩手端起盆子，不經意地將水嘩啦啦地潑出去：潑得很遠，潑在一雙穿黑皮鞋的腳上。那個人雙腳一跳，但已逃避不了這水災，連連說：「怎麼啦？怎麼啦？」狠令地看著那迅速地滲入他腳前泥土中去的水，彷彿它是爲了要躲避他才鑽到土裏去的。

美嫺拿著那只輕飄飄的鋁盆，怔住了：爲了洗頭髮，惹出一些麻煩事。那個男人的皮鞋，看來是挺新、挺好的。他的褲子就比不上皮鞋，舊的，有污蹟：他的毛線衣更差，袖子、背部都破了好幾個洞，勉強地縫綴在一起。他的皮鞋一定是他手頭最珍貴的東西了。她感到抱歉、難過，一邊扯下頭上那塊花布，走向他。

「眞對不起，我剛才沒注意，請用這塊布把它擦一擦，襪子濕了，讓我替你洗。」

那男人又慌忙地向後一退，彷彿第二盆水又來了，然後擺擺手：「沒關係！」很快地脫下皮鞋，傾出裏面點點滴滴的水。他沒穿襪子。一雙白磁般的瘦腳踩在冷濕的泥地上：腳趾彎曲著，還在抵抗這意外的遭遇。爲了不使對方注意到他的窘態，他找話說：

「你洗了頭髮？」

「很髒了。還是十天前在皇后美容院裏洗、做的。美容院的理髮師總愛替我噴上一頭的膠水。」

「是的，近來風沙很大。」

「我實在不喜歡在頭髮上噴膠水，塵沙黏上了，梳也沒有用，那一晚，我眞是不想去洗頭的。那一晚，你知道？」美嫻說。怎麼攪的，她竟跟他閒聊起來。她祗覺得他是她近日來所碰到的最和氣的人。

「哪一晚？你說，」他一點也不驚奇，語氣也像老朋友的了。這時，他們已經走到了乾燥的地方。他的右手仍拎著兩隻皮鞋。

「就是災禍臨頭的那一晚呀。說起來，眞是一點徵兆都沒有。」

「委實是沒有一點徵兆。」那個認認眞眞地承諾，還連連點了幾下頭。

美嫻把那方花布折成三角形，輕輕地覆到頭髮上去——小心著，讓前面幾綹鬈曲的短髮露在外面；忽然想，能有一面鏡子多好，好讓自己看看是不是包得恰到好處！她的臉是白哲的、稚嫩的圓臉。以前，在有風天，她用一塊紫蘿蘭色的綢巾半包著頭髮和臉頰，成了個白嫩的瓜子臉，俏麗極了，不曉得這會兒是不是這個模樣？花布是白底撒小黃花的，細小細小，繁星似的小黃花；閃爍閃爍，陽光下的小星星，美嫻的眼睛也宛如給安進了兩顆星星，霍地亮了。

「這樣好——這樣剛好。」那個親熱地，一直注視著美嫻那幾綹烏亮的頭髮，手指癢癢的，很想去摸摸牠。「這樣很好看。」

「眞的？」美嫻淺笑了一下，臉頰紅潤得鮮艷絢麗，完全是少女的笑靨。什麼時候她曾疲乏來著？她現在可不是生氣盎然、活力充沛？「我以前是用綢的、羊毛的，這種花布，呃，到底是太粗陋了，不成個樣兒。」

「很好，我看來很好，我說的是眞話。不信，你去問問別人。」他把拎在手裏的皮鞋放下，焦急地比劃著手勢。「你瞧，你這樣年輕，什麼都沾你的光。剛才，我就是站在那兒看你洗頭髮。我很傻嗎？」

當然他很傻，不，當然他不傻。他很溫文，而且很熱情，她的確很喜歡他。他怕有廿八、九歲吧，或許已經三十出零了。他的臉上有幾粒黑痣，也有幾粒紅皰，但卻平凡得令人欣悅。她眞有點愛他了，在這災禍的日子裏，他竟這樣和藹可親。她委實有點兒愛他；祇要有點兒愛就成，不必太多。

「你為什麼不說話？你叫什麼名字？」他說，又把皮鞋拎在手裏。「你瞧，我不會赤足走路，我一定得穿上皮鞋。」

美嫺盛了半盆水，讓他坐在附近一塊大石頭上洗足，洗淨後，他把濕淋淋的一雙腳擱在另一塊石頭上。美嫺自然而然地把水倒了，又回到他的身旁。

「我叫B，我有個哥哥叫A，我叫你是D，這樣好不好，很好記！」她霎霎眼睛，像個二十歲的女孩，俏皮得可愛。

「好新鮮！這辦法不錯。我想你一定很風趣。你這樣年輕，怕祇有二十一、二歲吧？」

他把她當作一個女學生！自然，她也讀過書，而且，還進過大學的門，不過，祇讀了一年。這一切。似乎很遠，但就算她是二十一、二歲吧，有什麼不好？唷，她倒是願意這樣——

—這樣年輕、這樣自由自在。她彷彿還在讀書，就是這樣一回事——此刻是寒假。

美嫺說：「你猜對了，D，我正是這個年紀，你的眼力不錯。我正在讀大學三年級，明年就可畢業。讀書眞好，我是說，除了聽課以外，我們總還有好些有趣的活動，你一定知道這有多麼有趣。」美嫺興奮地揮動著右手，並且嫵媚地微笑著。

那個D翹著雙腳，在入神地諦聽，等她說完，他馬上接下去：「我知道，我當然知道，眞是『歡樂時代』，我一看，就知道你是一個大學生。你們有一個派頭，一種風度，說不出來，但我清楚，因爲我也是從大學出來的。現在我在教書。」他很快地穿上皮鞋，站起身，俯視著美嫺。

「你，我彷彿早就見過！」——在哪兒？巷口？星期日的菜場裏？她跟她的丈夫在一起？她的丈夫怕還比他自己年輕一、二歲。但這一切並不重要；重要的是此刻。他輕柔地望著對方的眼睛，又說：「可能在夢裏。我有過一個甜蜜的夢，在落潮的沙灘上跟情人散步。」

他沒說下去，她的眼色比他的話語更深情。他想，他願意跟她在一起，她是一個頗解風情的女人，說話之前，眼睛先笑，又不會拿凡俗的瑣事來麻煩他，他跟她在一起很快樂。他渴望快樂。這世界上，快樂——一種清清靜靜的快樂——並不太多。現在，這快樂像風一樣地鑽進他的體內，他幾乎可以摸到它——鼓鼓的，滿張起他自信的帆。他可不是小老頭，他正年輕力壯。在這兒，他的名字是D，D先生跟B小姐戀愛，多有趣！他不禁笑了起來。明朗的大笑，不雜一點兒陰影；在風中滾動得猶如一個個五彩的氣球。

「你幹嗎大笑？我哪兒不對勁？」美嫺嗔了他一眼，一邊摸摸前額的那些短髮，它們已在逐漸地乾燥了。

D搖搖頭，兩手深揷在褲袋裏，兩腳叉開一尺左右，挺然地站著。美嫺覺得他是站在山頂上，他是站在影片中——他是電影裏的角色，一個苦學成功的青年，雖然穿著陳舊，但仍透著英俊、瀟灑——他怎麼跟剛才不大相同了？他的黑痣與紅皰到哪兒去了？——一個有前途的人，一個被美麗女人追求著的人，一個幸福的人。

D說：「我太高興，B，能在這兒遇到你。我們都是住在同一區裏的人，平日卻沒有機會碰到，你住在三巷吧？」

「我住在四巷。你呢？」

「二巷，就在那邊。」他指指碎石路盡頭的右首。那兒，除了幾幢嶄新堅實的洋房而外，多是木板或布篷搭成的棚；高高低低，歪歪斜斜，混成一片。巷子成了記憶中的東西，成了故事中的背景。老祖母會對孫兒女們說：五十三年一月十八日晚上八時零五分，臺灣嘉義市發生強烈地震，震塌了兩百多幢房屋，隨後又引起幾處大火，使好些街巷全成廢墟。「我們實在離得很近，現在更近了，廢墟彷彿是條爲我們開鑿的運河，可以筆直地穿越、往返。」

「可不是？晚上，我們還可以燃起一堆熊熊的火，一同賞月。」美嫺跳躍著，拍了兩下手。她的確在爲這而陶醉。吉卜賽人的生活，自由而浪漫；圍著火，跳熱情的舞，唱熱情的歌。「D，你會不會跳舞、唱歌？」

「一點兒，跳貓王的舞，唱貓王的歌，貓會吃魚，我是一只饞貓，信不信由你！」

美嫺高興得又拍了兩下手，覺得D的幽默感非常可愛。回頭看看，在幫浦邊一些提水的人、洗東西的人，已快走光，但旁邊還放著一只臉盆，裏面盛著洗好的菜——綠的菠菜和黃白相間的黃豆芽。對啦，她剛來時，他就是在那兒洗黃豆芽，飄飄浮浮的一滿盆。他像捉小魚那樣，幾條幾條地把它們放進尼龍袋裏去。她以爲他在捉著玩兒，難道他以爲它們是釣魚的曲鱔？哈，一個沒家事經驗的男人！當時，她的感覚如此。他是一個可愛的傻瓜，一點兒也不誇大。

D的目光也灑落在這些菜上，彷彿它們不是他自己的。他漠漠地望著。這是他的菜嗎？他曾洗過它們嗎？是他自己上菜場買的？還是他的妻子買的？他的記憶揷上了一塊毛玻璃，使他混淆不清，但他可不願意去擊碎它。

他說：「你相信不相信，B，我母親會喜歡你。她說我早該有個愛人。今天我回去，我要告訴她我的確有了一個。她一定會燒幾只好菜請你，她燒得一手好菜呢。」他說得非常低，非常神秘，幾乎是耳語。他怕風會傳播消息。「我母親是一位這麼仁慈的老太太，什麼都爲我、依我，以後，她也會這樣待你，B，她需要一個女兒和媳婦。」

美嫺慢慢閉上眼睛，慢慢、慢慢，多美，這故事。再做一次小女孩，每晚，躺在圍著柵欄的鐵床上，聽著這故事入睡。不要別的夢，衹要這故事的全部。不要做美麗的公主，衹要以後做丈夫的愛人、婆婆的女兒。那裏沒有碎瓦和斷垣，沒有冷風與黑夜，也沒有一籌莫展的慘澹、憂懼。她睜開眼睛來，她感激那個說故事的人。

「D，你說這話，是經過考慮的嗎？我要的是永遠！」美嫺把「永遠」兩字說得非常快。那兩個字老憩歇在她的舌尖上，許多場合都會伶俐地溜出來。有時，它是非常地可愛，譬如，像此刻。這兩個字透著晶亮的信心，閃著少女痴戀的熱情；它所形成的圈圈光暈，使美嫺的臉更其嬌媚了。有一面鏡子就好，讓我瞧瞧是不是回復到未婚之前的模樣兒了？明天化一塊錢去買一個銀元般的小圓鏡，不要把鏡面對著毀壞了的家，對著薄暮時的幽悒，對著長夜的電石燈的渺茫。讓小圓鏡屬於有陽光、有愛情的快樂世界。

D顯得結結巴巴地，純然是個顫慄於女王腳下的求婚者。顫慄不是膽怯，而是眞情的化形。他攤開雙手，說：「你瞧，我像不像隨便說話的人？我句句是眞心話。我一直期待著能夠遇到一個像你這樣的女孩子。D，我爲你著迷，永遠爲你著迷。你……」

兩人沉默下來，帶著靜靜的滿足享受著它。碎石路的盡頭，是廢墟上的帳篷、木棚；在近午的陽光下，它們反映著斑駁的色彩，直是一個龐大的馬戲團的場子——充滿了戲劇性的混亂與驚險。但這兒卻不是——眞的，這兒一點也不是。他們微笑著，頭上是冬日晴空的一抹淡淡浮雲。

他們再見時，仍然露著這樣的微笑。他們彼此互望著，彷佛並沒有分離過，祇在老地方打了一會兒盹，此刻重又醒來了，但天空的佈景卻已更換：陰冷陰冷的灰色，使那條纔舖了不久的碎石路看來像片潔淨、狹窄的沙灘。沒有陽光；可能會飄細雨絲哩。陽光是美的、閃爍的；而雨絲兒也會是美的、晶亮的。他們並不希望下雨，可也並不爲此擔憂。一切都是太自然了，連同他們的愛情。

「今天，來這兒的人很少。」美嫺說。這是這條碎石路上的第二個幫浦，無法趕早的人，才會被擠到這麼遠的地方來。

「我希望每天這樣。」D回答。他看她仍然穿著昨天那身舊厭厭的衣服，衹是包巾給換了一塊紫蘿蘭色的綢布，風吹著綢巾的兩角，飄飄然的。她今天搽了唇膏。雪白、軟綿的饅頭上的兩個紅艷戳印，最惹人愛。他說：「B，沒看到你，我失去了食慾；看到了你，我的飢餓甦醒了。」他早上衹啜了幾口稀粥，放幾粒油炒鹽巴，鹹滋滋的。這會兒忽然想到家鄉過年時剛蒸好的一籠一籠的大油包，熱騰騰的，上面閃著油光。油包在這遙遠的歲月的陳列窗裏，引起他的食慾。

「我這兒有塊糖給你。」美嫺玩笑地說，但她果眞從褲袋裏掏出兩塊泡泡糖來；剝去包紙，把一塊塞到對方的口中。他們拉著手；淡淡的香，淡淡的甜，圍繞著他們。美嫺的另一只手去摸口袋裏的小圓鏡，光光滑滑地像緞子。她到底把它買來了。不過，她卻瞞著丈夫。爲什麼要瞞著？難道有一面小圓鏡也是罪？但她畢竟沒有說出來。她不想讓他在鏡面上看到她隱約的快樂。她剛才照過自己。鏡裏的自己是一個剪裁過的人——快樂也是剪裁過的，並不完整，但卻精緻可愛。那紫蘿蘭色的綢巾衹被剪裁成窄窄的一長條，一如佩戴在鬈髮上的一排紫花。別處是隆冬的凜冽，而這兒，春日卻跨年越季地早已來臨！不，越季跨年地退回往昔的春日裏。直直的短髮上，覆了一頂絨線織的三角帽，繐端的兩個絨球，就像兩顆紫楊梅。趁著平底的木船，在楊柳彎腰的小河裏咿啞前進，駛向那綴滿杜鵑花的春山。好了，好了，願這兒是往昔的以及未來的春天。

泡泡糖在他們口中給嚼成各種形狀；薄了又厚了，厚了又薄了，但永遠是這麼一塊軟橡皮。

「D，你一直喜歡嚼泡泡糖嗎？」

D點點頭。「當然，誰不喜歡；它好比抽煙。看書或做筆記時，在嘴裏含上一塊，精神百倍，絕不疲倦。我在大學裏唸書時，沒學會抽煙，就虧得它。」D鬆開手，彎身把空臉盆挾在左腋下，挺胸昂頭地繞著美嫺兜了個圈子，表示他是以這樣的姿勢挾著書本上校園的，但臉盆更像鋼盔，他看來倒有幾分像個上操的軍人了。

「你服過兵役沒有？」美嫺關切地問。看他——白白瘦瘦的腳，白白長長的手臂，能背著行囊、揹著槍枝，從鳳山步行到臺東、花蓮？纖長的手指，畫一幅太魯閣的風景、寫一篇急行軍的苦樂，或許勝得過別人，可別巴望他打起靶來會比別人的準！

「服過役了，」他俏皮地霎霎眼睛，「所以現在，我非常自由；我是說，我跟你一樣自由。我不喜歡在服役之前談情說愛，因爲你在服役期滿以後，常常又得再談一次。愛情最好不要讓它在中途有個休止符。有人在服役前結婚，那就更傻。對不，B？」

「或許你的話是對的。」美嫺說，嘴裏吹起了一個泡泡，然後便啪的一聲，碎了。「你會不會？」

「我會。」可是他試了好幾次，都告失敗。他把那淡綠色的膠質吐到地上，美媚也跟著把它吐掉了。天色依然陰黯，沒飄雨絲，也沒太陽。這種天氣叫人不知道時間，叫人不知道時間是條會流動的河，老以爲它是膠著了——永恆的現在。旁邊不遠處，放著肉骨和蘿蔔、小魚和白菜，還有一些髒了的內衣褲，分別放在兩隻鉛桶裏。

「昨天回家，我就把碰到你的事，對母親說了。」D靜默了一會，說。然後他們就不約而同地拿起了待洗的食物和衣服，走到幫浦那邊去。美媚拿的是兩隻放著衣服的鉛桶，而D拿著的則是兩紮蔬菜和魚肉。他們沒有徵得對方的同意，就交換著洗了。美媚先洗他的一份衣服，裏面還夾著女人的汗衫、汗褲，小孩的開檔棉毛褲。她對這些並不覺得意外。她一邊洗，一邊認認眞眞地問：

「你母親的意見呢？」

「還用提嗎？她多久以來都沒有這樣高興過。一聽說你既美麗又能幹，她就要來這兒看看你。你知道，我費了好大的勁，這才把她勸住。我說，「見面能這樣隨便嗎，還是延到新年吧，你且準備好一份見面禮！」

「去你的，我可不要，我又不是孩子！」美媚臉紅紅地拒絕。

「沒關係，應該的。我跟你說，我母親有錢——我可沒有錢——我父親死時，留下了一份不算太小的遺產。你知道了吧，以後這份財產就是我的。我是獨子。母親說：舊屋倒了就算了，幸而我家並沒遭到火災——這方面總算比你家幸運一點——我們還能湊出一筆錢來，蓋座新的，讓新房也能格外漂亮些。你聽，新房！」

「去你的！去你的！」美嫺用手把桶裏的水戽向D的臉上去；D的臉上掛滿了水珠。D高興地格格笑著，一邊嚷：「不能這樣亂來，當心把洗好的菜弄髒了！」美嫺並不太過份，也就適可而止了，但兩眼還是望著D。有一粒水珠從他的前額中央往下溜，一直溜到鼻尖上，就顫巍巍地站在那兒，猶如一個哨兵，專一地眺望前方。「當心！」她喊，D一怔，哨兵滾落在岸邊的深海裏；D粗魯地用袖管往臉上一擦，水珠兒全給擦去了，沒擦去的是笑的波紋，比水盆中的波紋明淨，沈澱了一切混亂繁瑣的渣仔，閃閃地熠耀著生命的歡愉。突然，她聽到一陣細碎的鳥鳴，來自哪兒？不遠處的一株老榕樹上，還是她那年輕的心裏？快樂突然在她心裏迸發了。她快樂，她快樂，她快樂，她願意大聲呼喊，向蒼穹、向遠山、向無處不在的空氣！她站起來，氣喘喘地，用沾滿肥皀泡沫的手，把綢巾的結鬆開了些。

「你洗得累了，B？」

「不。我實在太快樂了。」

「我也很快樂。我跟你一樣快樂！」

「我知道了。D，你把魚剩下來，讓我來剖。」

「不，我會的。我有一柄小刀，剖小魚最方便。」

「你不會的，你不會的。我怕看你的手指流血。」

「我會的，你才不會，眼看你的纖纖手指流血，那才可怕。我想都不敢想。我以後永遠不會讓你剖魚，我寧可不吃鮮魚。」D說得很激動，嘴唇都有點哆嗦。他全心全意地這麼希望，全心全意地堅持這主意。不能，一定不能。瞧她這麼纖弱玲瓏，讓她去剖魚——楞著白眼的死魚，蹦蹦跳跳的活魚——她如何受得了？他自己如何受得了？他這樣還能算是愛她嗎？不能就是不能！

美嫺不再跟他爭執，半垂著眼皮，非常溫順。多麼難得，他的愛情竟是這個無私——無私的愛情，在這世界上，你哪兒去找？你找到過沒有？雨天的陽光比它更容易遇見。嗬，天眞快要下雨了，快要下雨了。那些木棚和帳篷全是迷迷糊糊的。雨果眞飄落下來，極細、極細的，幾乎看不出，直似一片薄霧，把他們輕輕地包裹在一塊小天地裏。

陽光、細雨、笑語、漣漪……他們撿起片片羽翼，來裝飾時間，但春節卻是一支人人都會唱的歌，越唱越嘹亮，從繁華的鬧街直到低矮的冷巷，從輝煌的大廈直到黯淡的廢墟，旋律漸漸加快，伴著冷風製成的笛子，響徹雲霄。

「你今天來得特別早，B。」D說，但他忘記自己也來得特別早。他這天沒有帶任何要洗的東西。

「我要洗頭髮。」美嫺把手指揷到髮裏去。

「哦！」D吃了一驚，不知道爲什麼要驚訝。難道她就不該洗頭髮？他可沒有這意思。祇是一張時間的膜，無意間給這句話戳破了。時間仍在流。她的頭髮髒了。塵沙仍在他們不注意的時候飛揚，他自己的頭髮定也髒了。

「我一向是在皇后美容院裏洗、做的。」美嫺說。她記得最初也說過這話，但她卻忍不住要再說一遍。那女理髮師總稱讚她的頭髮又細柔、又烏亮。今晚要不要再去做一次？姑丈邀她夫婦倆去他家過年，而且暫時住在他那兒，那末，她明天去時，總該顯得乾淨整潔些，總不能把霉氣帶到人家的家裏去。

「明晚我陪你去那兒做頭髮，明晚我有空。我早想陪你逛一次街了。你瞧，我早就這麼在想了，祇是沒說出來。我母親也這麼對我說過。」又是母親！美嫺想。他準有一個好母親，她自己也曾有過，她多巴望自己仍是母親膝前的小孩子，在新春裏，跳躍著看那「跳船燈」的孩子載歌載舞，顫慄慄地看那頭上紮著紅布的漢子在大天井中用竹竿豎蜻蜓，驚奇地看那煙火在夜空上繪出了幅幅圖畫。彷彿失去了這一切，祇是因爲失去了母親。他站在教室的講台上，可曾對孩子們說過這一切？說過他母親時代裏給予他這一代的有些什麼！他是個可愛的傻瓜，有愛情的理想與熱情。這一切已夠使她快樂。美嫺喃喃地說：「你眞好，你總是這麼好！」完全是由衷的感激；這類話，要是多說上幾句，怕會叫她的眼圈兒泛紅。她趕緊把臉盆放到幫浦的出水口下，D馬上過去爲她唧滿了一整盆，然後又把它端到她第一次洗髮的地方，這才關切地說：

「水總嫌太冷了一點。」

「還好，祇是開始時感到一陣冷，祇要有點兒勇氣也就行了，譬如秋天裏洗冷水澡。」

沒想到自己竟說到了洗澡，臉兒頓時通紅。她迅速地蹲下來就洗：換了兩盆水，都是D替她換的。她洗好了頭髮，用毛巾把它擦乾，正當她打算向前潑水時，卻發覺D正站在他們初次碰面的地方，望著她。她側過臉，盆把水潑向別處去。

D慢慢走過來。「我喜歡看你洗頭髮。」

美嫺沒說話，祇小心著把那塊有小黃花的花布覆到髮上去。

「我也喜歡你那塊花布。」

美嫺微笑著，一邊揑著花布的兩隻角，在頷下鬆鬆地打了一個結。

「我喜歡陪著你去做頭髮，陪著你逛街，陪著你買菜。」

美嫺的微笑越來越深、越美。

「我喜歡陪著你在這碎石路上漫步。」

美嫺依然不說什麼，D也不再說什麼。美嫺拾起了尼龍梳洗袋，D則替她拿著一隻空臉盆。在冬日淡淡的陽光下，他們並肩踏上了碎石路。他們是這樣的快樂，像兩個去海邊玩水的大孩子。

一九六四年（民國五十三年）十一月

這風多好！

方軒光是越來越喜愛那夏日黃昏的風了。這會兒，他正跟李勤玩過了一陣羽毛球，佇立在這片小小的草地上，仰臉西望天際；他依稀覺得拂過來的這一片片、一絲絲的風就是從晚霞那兒撕下來的，透涼、透涼中閃著七彩的璀麗。於是，他那汗濕的前額，他那同樣汗濕的脖子，以及裹在運動衫裡的黏答答的胸部和背部，都像抹上了花露水，突然舒暢異常了。他很想大喊幾聲，讓自己的喊聲在風中滾動、盤翔，讓自己的快樂飛揚到自身之外的地方。

「方軒光，」李勤喚他，「我們還要再玩一陣嗎？」

「當然，不過，得再等一會。你瞧，這風多好！我簡直給它迷住了。」

李勤坐在方軒光後面的草地上，膝上擱著球拍。他沒回答。他們熟稔得常常只需要聽，而不需要回答。豎在李勤後面的是一株樹，一株細而高、樹皮青光光的樹，他們兩個都叫不出那樹的名字來。它是這片草地上惟一的一株樹。在東邊角上，早上的太陽常把樹影拉成一根柵欄，把草地從斜對角隔切爲二。然而，當他們在黃昏時分來到這兒時，樹影總是倒向那一邊，而這片草地也總是整然一體的。他們感到很安慰。不知道爲什麼，他們兩個都喜歡看那整片的草地，就如喜歡看那整塊而沒有裂痕的玻璃一樣。

「嗨，我告訴你，」方軒光又說。「這個夏天裏，我又長高許多了。」

「我也是。你現在多少公分？」

「一百六十六。」

「你姊姊呢？」

「一百五十二。或許她讀初中時就該開始玩球的。」

方軒光在李勤的旁邊坐下來。他十六歲。這個夏天裏，他順利地通過了高中聯考，所以，這個夏天是他的，也因此，這個夏天他長高得特別多。現在，跟他比起來，他的姊姊就成了一個矮女人了。他在家裏絕口不提這件事，怕她會傷心。她二十歲，有點兒胖，但她似乎再也不會長高了。

「其實，女人矮一點也沒關係，」方軒光對自己的意念反擊。「小巧玲瓏，不也很可愛？」

「可不是？又不是我們男孩子，以後要做吃重的工作。」

「她教的又是小學，穿著半高跟鞋，站在講台上，一點也不顯得矮。」

「的確，她實在不必爲這煩惱。我媽就說你的姊姊是個很可愛的女孩子。」

「眞的！我希望她及早有個男朋友。」

「我也是。她對我很和氣。」李勤說。「我們再玩一會兒球，好嗎？」

「當然，不過，得再等一會，只一會兒。你瞧，這風多迷人！」方軒光伸出右臂幌了幌，宛若要趕走一隻正在草地上蹦跳的小蚱蜢。西方的晚霞依然熱情似火，挨挨擠擠地擁在一塊兒。風，柔軟如絲，如雲，如泉水，如十六歲少年的無瑕、無涯的快樂。方軒光的笑容在風中溶化。啊——嗨，這個夏日的黃昏，多好。他的心像被風洗濯過，沒有一點兒沈甸甸的東西黏著他。那場考試遠去了，遠去了，永不復來；以後的考試是以後的事。而且，他又不像他的姊姊，他已衝破了一百六十五公分的關口，更而且，他的臉上還沒有過一粒青春痘。啊——嗨，啊——嗨，這秒鐘飄過來的風，讓它裹在脖子上，權充絲巾，帶回家去吧。

「你今天非常高興，」李勤說，邊把球拍豎在草地上。

「是的，我每天都很高興。你不是嗎？」

「我也是。下午，我跑去看了一場電影，喜劇片。」

「我在睡大覺。媽說我睡得像嬰兒一樣。」

「她們希望我們永遠是孩子。」

「但有時卻又希望我們快點長大，多矛盾！」

兩個都笑了起來。兩個都是漂亮的男孩：臉頰紅潤，牙齒雪白，雙肩寬闊，笑起來稚氣未脫。兩個都有一個很好的家庭，那種雖不十分富有，但卻能安安樂樂過下去，不愁什麼的家庭。他們記不得他倆已經認識多久了，總有好幾年了吧。他們兩家離得不算遠，但兩人卻不在同一個學校唸書。他們在校際球賽時碰到過，在公車上碰到過，在市場裏碰到過；什麼時候，他們竟走在一起，有說有笑了。於是，從初二開始，在晴天的黃昏，他們總是帶著球拍和羽毛球，到這塊草地上來打球。他們大約在五點一刻左右來，兩人先後不會相差五分鐘；早到的一個，就站在那株瘦高、瘦高的樹下，面對那片沒有被樹影割裂的草地。一方靜靜的碧水。餘暉淡弱，太陽嵌在遠方樹叢之間，完全是濃厚、堅實的猩紅色，而且輪廓分明。於是，側轉頭去，那一個也已來了。一聲「嗨」，表示了他的歉意、他的喜悅、以及一場運動的開始。

李勤終於站了起來。「嗳，方軒光，我們再不打，可就太晚了。」

方軒光一躍而起，從李勤手中接過一隻球拍。他們跟樹幹形成一個等腰三角形的三點，開始熟練地打起球來。現在，球已很少會得横飛出去，掛在樹枝上，非要爬上去撿不可。方軒光會爬樹；以前，每次爬樹撿球的就是他。李勤只會游泳，但在這個夏天裏，他卻很少去游泳。家離游泳池和小溪都很遠。

他倆打了一會，就歇下來了。一天的運動，到此結束。啊——嗨！他們朝著正在消褪的晚霞喊了一聲，表示跟它道別。方軒光陪著李勤走了一陣。他們商討著什麼時候騎著單車去作一次旅行。兩天打來回。只要我們兩個，不要別人，李勤說。方軒光也重覆一遍：只要我們兩個，不要別人。方軒光看到自己那輛放在屋簷下的七成新的單車。該把它送到修理店去洗一次了。於是，李勤提到了他的哥哥，他昨晚買了一輛九十CC的摩托車。以後，我少不得要學一學，他說。

方軒光快要彎到另一條路上去，因爲從這兒分手，到家大約還有五、六分鐘的路程。李勤忽然說：「你要不要去看看；那輛車子，挺帥的。我學會以後，就載著你去兜風！」方軒光回答：「好啊，去參觀一下。」就跟著李勤一路走去。雖然他們每天碰面，但他們並不經常去對方的家。主要的原因是兩家的屋子都不大，客廳裏總有一兩個人坐著，不論哪方，只消在對方的客廳裏坐下來，關切的大人就少不得要問這、問那。你家裏的人好嗎？你最近去哪兒玩過沒有？聽我家的那個說，你很用功；你看了一些什麼參考書，英文的？數學的？現在我們做父母的就不知道哪些書好？那些書壞？等等、等等。問完了，他倆的談話時間也就不多了。而且，他們想談的，常是屬於輕鬆一面的、好笑或者好玩的；有大人在場，就談不起來了。

「這會兒，你媽大概在廚房裏燒菜吧？」方軒光說。

「一定，而且，爸也準是去外面散步了。」

「很好。」方軒光把手平伸出去。「這會兒的風，是珠灰色的，依舊很美。」然後，他把手收回來，搭在李勤的肩上。

「哈！」李勤說。「所有的輕風都是美的。深夜時，它烏得就像黑髮一樣。」

薄暮的小庭院也靜得像一方池塘。他倆的步聲把門燈的光暈驚得起起伏伏的。新買的摩托車沒有在小院裏，或許李勤的哥哥已經騎著牠去兜風了。

「眞不湊巧。」李勤說。「不過，他一定會回來吃晚飯。你也在我家吃了便飯再走，好嗎？」

「隔天再來吧，媽會等我的，擔心我去哪兒了。」方軒光沒進屋去，只將步子向外挪。李勤笑了笑，也不勉強他。他跟著方軒光走。兩個人在竹籬外站下來。

「今晚的月色一定很好。」李勤說。

「我也這樣想。」

這時，一個女孩從巷子那邊跑過來，向他們打著招呼：

「喂，你們今天打過球啦？」

跑到跟前，他們才看出是胡小麗，一個很活潑、很美麗的女孩，穿著一襲橘紅的迷你裝，在薄明的光線中，仍灼灼地亮著它的鮮麗。齊耳的短髮，看來也像讀高中一年級的。

喂，你們怎麼一聲不響的？打得痛快不痛快？

當然打得痛快囉，兩個人幾乎打了一個鐘頭。

你們爲什麼總是兩個人玩？

這個……

爲什麼你們不多邀一、兩個朋友來，一起玩？

這個……

怕被打擾嗎？別吞吞吐吐了，你們容許第三者參加嗎？譬如我……

妳？兩個大男孩臉紅紅地，只是在暮色中看不出來。妳也想打球？你喜歡……

爲什麼不喜歡？我只是找不到對手，因爲我家小弟只有十歲。不過——她挨近方軒光輕輕說，我打得不好，你可不許笑。然後，她又靠近李勤說：你可要有耐心呵，千萬不要光火！

兩個大男孩呆楞楞地，口中卻說：當然好囉，當然好囉。明天下午五點一刻，你去草場那兒。知道不，五點一刻？

怎麼，叫我去那邊等你們？

李勤忙說：我來陪妳，我跟妳一起去，好不？

方軒光也說：妳怕我們去得晚嗎？絕不，妳放心，獨個兒來好了：五點鐘，我就在那邊等妳。

李勤說：太早去幹嗎？我們可不能早得去晒太陽啊！

方軒光說：誰說去晒太陽？少說那裏也有一株高高的樹可以遮蔭。

那也好，五點鐘，我陪胡小麗一起去。

反正我在那邊等，你陪不陪，我不管！

噯，沒有關係，只要你們兩位準時在草場上等，我也會準時到達的。胡小麗向這個笑笑，又向那個笑笑。你說光線暗淡嗎？但她的笑怎麼會這麼清清楚楚？然後，她一轉身，就竄進暮色裏去。隔著老遠一段路，他們還看得出她衣服的那團光暈。

你沒想到吧，我早就認得她了。方軒光回過頭來說，語氣有點兒自傲：胡小麗的弟弟是我姊姊的學生。

誰想得到，這麼轉彎抹角地去認識一個人？我可沒有這份耐心。我是直接認識她的。有一天，我搭公車，她就坐在我的旁邊。她問我：你叫李勤嗎？哈，她挺大方的。她跟她的弟弟曾到我家來過。我清楚她家裏有些什麼人……

誰不清楚：反正有爸爸、媽媽、弟弟、妹妹，這也算稀奇？

喂，李勤，你今天的語氣怎麼了？

我沒怎麼，你自己才怎麼了呢！你自以爲了不起，是個大人物，誰都得讓著你。

好啊，你既然這麼說，我今天也就說個明白吧：我才讓著你哩，常常讓你佔便宜，每次你把球打到了樹上，總由我冒著險，爬上去撿，你卻站在下面，自得其樂，坐享其成，你這算什麼朋友？

你是猶太，用別人的球拍，打別人的球；你捫心自問，你掏過腰包沒有？

臭美什麼？明天買副新的給你瞧瞧。知道你這麼小氣，早就不該碰一下了。

好啊，明天就瞧你的！

暮色越來越濃，風像污水似地洒過來。兩人的臉都是污稀稀的，很難看；只有那兩副潔白的牙齒在說話時閃呀閃的。一隻野狗跑過來，衝著他們吠了起來；是對他們看不順眼吧？

方軒光轉過身子，筆直地走出這條巷子。但願以後不要再來這兒了。呵，呵，他今天爲什麼要去看那輛鬼摩托車？自己常被李勤的話所左右：這樣好，這樣不好！老跟著他打轉轉。現在想起來了，打球不也是李勤提議的？難道要長高就非打球不可！他就不相信！呵，呵，他把多少個黃昏都花在打球上了，付出偌大的代價竟還交不到一個眞正的朋友？浪費！浪費得可悲！他眞可以爲這痛哭一場！可是，假如他果眞哭了，還不是白白被李勤譏笑？

在幽黯中，那些類似的巷子簡直變成了森林中的小徑，在他不經心中，引著他往岔路上走。於是，他不得不繞道回家。他感到很懊惱。風污濕濕的，在他的脖子上、胳臂上滑溜，好像他是剛從水溝裏爬起來似的。李勤家的那條巷子就如臭水溝；他以後不會再去了，不會再去了。明天的黃昏，他本來是可以不再去草地打球的，要不是爲了胡小麗的話。

那場小小的爭吵，把他的快樂全部奪走。他甚至搞不清楚：在這個夏天裏，他怎麼會這麼高高興興的？爲什麼？爲什麼？他一邊走，一邊很想把一塊石頭像足球那樣地踢過去。

第二天黃昏。

很好、很美的黃昏，那塊小小的草地碧綠、無瑕。風在樹上，而方軒光則站在樹下。風似乎沒有從枝葉間鑽下來，因爲方軒光的額上和頸上全是黏黏的汗水。五點鐘的時候，他就帶著一副全新的球具來到這株樹下。現在是五點半。胡小麗仍沒有來。

沒有風。怎麼今天就是沒有風？不，怎麼別處有風，他的周圍就沒有風？胡小麗是給什麼事絆住了？至於李勤，他是確確實實地看到他來了，大約在五點一刻左右。像以往那樣，他從草地那一端的路上出現，而且走得很快，但一看到站在樹下的他，就彎進巷口躲起來了。他知道李勤是在那裏窺視著他或者胡小麗。不管怎樣，再等十分鐘，她會來的。她一定會來的。眞的，不騙你，我可以打賭，再十分鐘，她一定到。我是有耐心等的。現在，且欣賞這舖展的天際的晚霞，再在心中比一比看：靠西北面的那一簇——在猩紅色旁邊的那一簇，是不是就是橘紅？是不是跟胡小麗的衣裙的顏色一樣？我只要看著它，看它在短短十分鐘之內會不會變化？而當另一簇的橘紅在跟前出現時，那就是胡小麗了。呵，也不一定，或許她今天穿的是純白或者是天藍的，也或許是湖綠或者是淡紫的，或者碎花的，或者格子的，或者是……什麼都可能。如果你猜得到她今天穿的衣裙是什麼花色，那你就能猜到下一分鐘的晚霞會是什麼顏色。可是，不管她穿的衣裙是什麼顏色，她總該來吧。說好了的，約定了的，而且，我和李勤還爲這爭吵過的。昨晚，我們怎麼會爭吵起來的？此刻想起來，實在有點莫明其妙。我喜歡她嗎？她長得很漂亮、很大方，如此而已。現在，我可不要正視晚霞了，因爲我已無法辨出我剛才看到的是哪一簇了。呵，讓我閉上眼睛，從一數一百；假如我數到一百而胡小麗仍沒有來，我就回家去。以後，我將永遠不再打球了。一、二、三、四、五——昨天這個時候，我們不是好好地在打球？——六、七、八、九、十——我還是不明白我們幹麼要爭吵？——十一、十二、十三、十四、十五——老天，像這樣地數到一百，多無聊，我又不是讀幼稚園的娃娃！——十六、十七、十八——我眞的不要再數了。何苦要這樣？不是給自己找麻煩？啊，反正，再等一會吧；反正，晚霞褪盡時，我會回去的。

他還沒有睜開眼睛，摩托車的噗噗聲就擋也擋不住地響了過來。他本能地往樹幹旁邊靠近些，睁眼一看，一輛大型的摩托車從草地邊緣的那條路上竄了過來。舵手是個大學生模樣的二十出零的青年，後座上則是穿著淺黃迷你裙的胡小麗。她經過他的耳邊時，連招呼也沒招呼一下，連笑也沒笑一下。

摩托車尾音像蛇尾那樣，終於溜遠了。方軒光從樹下走出來，站在那塊小小的草地上。風飄過來了。晚霞和風仍然很鮮麗。他只感到心裏空空的。他很想回家去，但總覺得還有一件事情沒有做。

他站了好一會——或許僅只這麼一、兩分鐘吧。有一個人也向草地走來。他也拿著球拍和球。等他走得很近時，兩個人都同時嚷了起來：

「嗨！」

一九七〇年（民國五十九年）十二月

回鄉

大橋如一道銀灰色的光，閃熠著，從濁水溪的這一岸直竄到濁水溪的那一岸，牠不變而堅實，似要頑強地向永恆刻下牠的形象。

清晨。站在大橋之上，兩岸的景色瑰麗而雄偉，那些庸庸的都市客，看慣了高樓上所攝取的剪紙似的晨景，會發覺這裏的晨景是一幅幅氣勢磅礴的壁畫。那畫繪在遠山上，繪在天空上，繪在川流不息的溪水上，繪在沉默鬆柔的褐黑色的細沙上，以及繪在孤傲的大橋上。這會兒，在晨光中，他站在橋上。

橋太長了，他站在橋的這一端，看不到橋的那一端。（呵，大橋，大橋，他想，爲什麼你不出現在我年輕的歲月中——）他一手扶著橋欄，眺覽那在晴秋中顯得很靜、很狹很清的溪水，寬闊的褐黑色的細沙灘就守在牠身旁，而有幾處的沙灘上，則長著鬱鬱的野生植物，形成一個個小小的綠洲。有風吹來，宛如發自那煙霧迷濛的遠山，挾帶著絲絲高山上的寒意。陡然，他打了一個冷噤，這才意識到自己穿得太少了點。純白的襯衫裸呈在淡金的朝陽下，他沒有在牠上面加上什麼；而現今，畢竟是漸往冷裏走的晚秋了。

風跟秋晨同在，但他用雙臂抱胸，就把風擋到一邊了。（風啊，我認識你！他說。）他自信從小身體強壯，即使現在四十幾歲了，受點兒風寒，怕也不致惹出什麼病來。在溪州旅社他住宿的那個房間裏，原放著他厚厚的上衣，他出來時既然忘記把牠披上，現在也就不想再騎單車回去穿，免得費時費精神。何況，剛才騎著來這兒的單車，還是旅社老闆的呢？他回過頭去瞧瞧，單車仍穩穩地停在又是公路又是堤岸的邊兒上，靠近橋警守崗的那個小亭子。那旅社老闆是個精明的胖子，圓臉，機伶的眼，穿件年輕人穿的花格子襯衫，模樣兒是亦莊亦諧。昨天下午，在他住進旅社之後，那老闆知道他是旅日華僑，就待他特別慇懃，還以為他是富商呐，哈哈！您先生這次是回國來設廠的？旅社老闆問，瞇著那雙眼睛。他含糊地回答：還說不定。這次回來，只想到處走走，看看，因為離開得太久了。那末，您先生是來這兒逛大橋的？啊，來這兒的人，差不多全要到大橋上去走走看看。我替您先生叫輛計程車，怎樣？去看大橋？噢，當然要去看，還要去看那溪，那沙灘，那山，那樹和那雲，以及許多記得清與記不清的事物。哈哈，頭家，我原是大溪附近水尾村的人哪！那老闆一把抓住了他，那樣子就像怕他逃跑似的。機伶的眼睛又瞇細了，但說話的聲音卻是懇實的：難得，難得，我是西螺人，西螺跟水尾村只隔一條大溪，我的幾個親姑姑，堂姑姑都是嫁到你們村裏，我的幾個嬸嬸嫂嫂又是你們村裏的人。我們有空慢慢兒地從頭說起；今天，你是我的貴賓，明天，說不定我們還是親戚呢。你要打聽什麼人，我或許也知道一些。這樣說來，你怕不會只住上一天就走的，那也不必巴巴地馬上去看大橋，你總得多住幾天才是。房錢我對折優待，你先生也決不在乎這一點錢，只算是我的一點意思吧了。你今天不妨休息休息，吃一頓飽飯明天再開始……

他倒的確是聽從了旅社老闆的意見，下午睡了一覺，晚上漫步到街上飯館裏去吃飯，又到燈火輝煌的天后宮前徘徊了一陣。（媽祖，靠著你保佑，我隔海過洋地回來了，但我以後該怎麼辦？）然後又回到旅社。旅社老闆親自爲他送茶上樓。洪先生，你在街上有沒有碰到熟人啊？熟人？沒有啊，離開二十來年了，即使碰面，怕也認不得，了何況誰又知道我回來了呢？旅社老闆又笑了，悄悄地說：我已經把話傳出去，說水尾村的洪土旺先生已從日本回來了。你相信不，說不定明天就有人來看你。哎，家鄉哪，總有這麼多的熟人！

有好幾輛汽車從大橋上馳過，叭叭地響著喇叭，似乎有意想擊碎大溪的空漠。一個乘客從車窗探出小半個頭來，貪婪地看著那些光滑而粗壯的橋欄。一個年輕人騎著一輛湖綠色摩托車，風似地掠過。這些東西過去之後，橋還是這樣，溪還是這樣，他還是這樣。太陽已經升高了些，遠山仍在撲朔朦朧之中，溪水被陽光照得亮熠熠的。

（呵！大橋，他說，我們是陌生的老友。我年輕時，常想念你；站在堤岸邊，站在沙灘上，站在溪水中，我總是想著你。雖然我不知道你的模樣，但我已認定你是我的老友！）

……

他放下兩條抱在胸前的手臂，因爲風的冷意已被陽光削減了。他轉了一個方向，站在橋的右邊。今天，他的精神充沛，雙臂有力得可以下田刈稻去。（我不是誇口，我以前也割過稻的，割得又快又齊。）昨夜，他睡得很好，多年來睡得最甜的一晚；沒有安眠藥，沒有思鄉病，沒有股票市場的行情，沒有掙扎與搏鬥。他想著溪水，想著細沙灘，人就如睡在水之上、沙之上，柔適而安穩。他睡去了。醒來已是白天，另一天的早晨。沒有夢的睡眠。他跳起來，穿上衣。呵，沒有夢的困擾的睡眠，多舒適呀！他幾乎嚷了起來。他感到童年時候的習慣，忽又回來了：晴天的早晨，起身後的第一件事就是向大溪走去，看五彩晶亮的雲在太陽升起的那個方向摺疊、舒展，看溪水也被染得斑爛多姿。雪白雪白的鷺鷥從樹叢中飛出來，傍立在茂綠的蔓草邊，伺機捕捉悠游於溪水中的小魚。總有兩三個大人，在水淺的日子，一早就涉水到對岸的西螺去。風涼涼地吹著，他跟其餘的一些孩子，就在軟綿綿的沙灘上跑起來。他們無憂地笑著，哈——哈——哈！那些記憶召喚著他，使他的心一刹那充滿了年輕人的亢奮。他打開門，走下樓去，眼睛就望著放在牆邊的那輛單車。旅社老闆走過來，完全像朋友那樣地招呼他：

「你昨夜睡得好不？」

「好，好極了。」

「今早就想上大橋那邊去看看？」

「你怎麼知道？」

「想想嘛！要是換上我，我自己也會這樣的。今天，你的氣色很好。怎麼樣，想騎單車去大橋那兒？昨天，我以為你是外來客，要替你叫汽車，現在，你既然是本地人，坐在汽車裏，走馬看花，怕會不過癮。車鑰在抽斗裏，我替你拿來。你回來後，再告訴我，你可看到過比牠更長、更美的橋？」

這會兒，橋上又有幾輛摩托車和單車馳過，南來北往，匆匆忙忙，有的後座上還帶著上學去的孩子。沙灘邊，開始有幾個婦女在洗衣了。她們穿著色彩鮮麗的花衣服，像是一堆朝霞飄落到溪邊，還有兩三個五、六歲大的孩子正在沙灘上跑著，笑著，嚷著。他感到自己的腳底心癢癢的，很想光著腳板去沙灘上跑一會。驀地，他聽見有人在喚他：「洪土旺！洪土旺！」他一怔。是自己的想像吧？小時候，在沙灘上嬉戲，同伴們也是這樣喚他的：「洪土旺！洪土旺！」他依然凝望著沙灘、溪水。在見不到的遠方，溪水潺潺地流入大海。以前，有一次，他曾有過跟著溪水走，去看看牠的盡頭的打算。他爲自己怪誕的思想吃驚，卻想不到後來他竟會走得更遠，更遠，比溪水的盡頭不知要遠上多少倍！

「洪土旺！洪土旺！」喚聲似是被風送過來的，旣熟悉又陌生。不可能是旅社老闆，他不會這樣唐突地直呼他的名字。他回過頭去，一個四十左右的男人正支穩單車，走上橋頭來。他在他前面停住，衝著他傻笑。「土旺，你不認識我了？開旅社的水木告訴我說，你穿著白襯衫，我老遠就辨出是你了。」

洪土旺伸出手去，一邊還在猶疑：誰呢？會是誰呢？他知道我的名字，但我又怎麼從雜亂的記憶裏去搜查——誰呢？會是誰呢？低低的長方形的前額，粗短的鼻子，笑起來一臉忠厚相，風吹來，一吸鼻子，上唇就翹了起來。呀，那是憨富生呀。小時候，他倆總是一起在沙灘上奔跑的；富生每次都跑不過他。冬天天冷，富生心一急，鼻涕便拖得更長了，一邊跑，鼻子總是一吸一吸的。他大聲地嚷：「富生。呀，你是富生，我認出來了。」

富生的憨笑變得很羞澀。「土旺，你回來，也不通知我一聲。你走了多少年，哈哈，我兒子都十幾二十歲了，昨夜，開旅社的水木告訴別人：有個叫洪土旺的從日本回來了，是水尾村的人。這話傳到我耳朵裏，叫我想了半夜。莫不是你回來了？這麼些年，你一直沒有信來，只聽說你在日本混得很不錯，住的是高樓大廈，進出是汽車，完全不是草地人了。」

洪土旺一拍富生的肩，阻止他說下去：「別說了，你看我是不是跟以前差不多，衣著也跟你的不相上下。」

富生重新打量他，一邊不住地點頭：「除了老了些，你的確沒有什麼變，連那雙手也是以前的那雙手。我聽別人說，有錢的生意人，手都是肥篤篤的，你竟還是那雙粗硬的大手！」

「嘿，因爲我沒有錢吶！」

「你何必說客氣話？你說沒有錢，也總比我們草地人多上幾十、幾百倍。不說別的，就說在東京置了房產，就有多難。你這次回來，可有什麼打算？」

「還不知道呢。」洪土旺霍地笑了，那是帶著技巧的笑，因爲那不是歡樂的放射，而是憂鬱的投擲。多年來，他置身在競爭劇烈的商場中，本能地會對那些對他過分親熱的人提高警覺。眼前的富生是平實的人，但今天他突然出現，是爲了以前他倆的友誼，還是由於今日自己的「榮歸」？曾無數次無數次編織過榮歸的夢，也曾無數次無數次看到別人榮歸的事實，像球場的英雄，被本鄉的人簇擁著，托舉著。而今，這景象對他是種刺戳。他厭惡一切爲英雄喝采的人——因爲他自己不可能成爲英雄。或許失敗的人本身也是英雄，且誰能欣賞？

富生說：

「今天看到你，眞高興呢！我知道，只要你回來，你一定會來溪邊，一定會來看這座橋。當年，大橋通車的那一天，這裏人山人海，熱鬧極了。那時候，我想，如果你也在，那該多好！你一定會像我一樣高興得哭起來。」

「我後來在畫報上看到了。」

「像不像？是不是眼前的橋更好看？我碰到從遠地來這裏看大橋的人，總要問他們：眼前的橋，是不是比照片上的橋更漂亮？」

「那還用說？當然是眼前的橋好看囉。我心中本來就有一座橋，總以爲像它那樣就夠好了，但是，我剛才一看，才知道我心中的那座橋是土橋。富生，以前我們小的時候，我上對岸西螺外婆家去，總是找你做個伴兒。水深的時候，趁著竹筏去；水淺的時候，就把褲管捲得高高的，涉水走過去。有一次，我們兩個還以爲水不深，便壯著膽走過去，但還未走到溪中心，水就淹到了腰際，我們只好游到對岸去；那好像也是現在這種天氣。後來，我們還在沙灘上晒了半天衣服，一點也不怕冷哩。」

「哈哈，我還以爲你忘了呢，原來你什麼都記得。」富生笑得臉都變闊了：「我們就到那邊堤旁去坐坐。噢，我倒忘了問你了，你吃過早飯沒有？」

「我不餓。我在八點半之前是不吃早飯的。」

「那不行，這樣對身體不好。吃飽飯才有力氣做事呀。」富生走路時，一隻手撥弄著皮帶，一隻手一幌一幌的：「我就想不出一個人爲什麼要到八點多才吃飯。三早抵一工，你說，八點半以後才工作，是不是太晚了？」

他們把兩輛單車放在一起，朝著東方，在堤邊坐下來。富生把右腳提起來，擱在邊上，兩手就圈著右膝頭。太陽升得更高了，溫水似地淋著他們的身子。洪土旺沒有回答富生剛才的話，富生也不一定要他回答。兩個人挨得很近。兩個都是四十左右的人，一個是頭上有幾根白髮，一個是臉兒黧黑。兩人都望著遼闊空漠的大溪。沙灘中間有溪水，溪水中間有沙灘。除了飾上那條璀然的銀灰光帶之外，大溪的本身並沒有變。溪水從遠遠的高山那兒流來，在這兒附近形成最肥沃的褐黑色的細沙灘。初夏時節，沙灘上滿眼是田田的翠葉，以及碧玉般的西瓜。哪兒還像沙灘，簡直就是田地嘛。

洪土旺陡然說：「富生，你現在還種西瓜吧。再過些日子，就是農曆十月了，西瓜就要下種了呢！」

「當然種。空著這樣好的沙灘不種，那不是糟塌老天爺送給我們的錢財？你要不要看看，我肩胛上還創痕纍纍哩！」他從敞開的衣領伸進手去，在擔水過多的肩胛上摸了又摸：「去年，單祇賣瓜，我就得了一萬五千元光景，比我從那塊種稻子的田地上得來的還要多。這兩三年來，西瓜的錢可好。」

兩手扶住堤岸，身子往前一聳，兩人都躍到沙灘上。（呵，想不到我還有這麼輕捷的身手！洪土旺簡直想吶喊起來。）這一片的沙灘鬆軟得像蛋糕，一踩一個腳印子。一個穿著皮鞋，一個穿著帆布鞋，慢慢地走過去。一隻翠鳥從蔓草叢中驚飛起來。大橋上不斷地有車輛掠過，撒下一些碎碎的影子。洪土旺的心像浸在溪水中，有一種苦澀的溫暖。這是他印下過無數足跡的沙灘。他相信沒有人會像住在大溪附近的他們那樣地熟悉那大溪。他們在這兒玩耍，在這兒洗澡，在這兒涉水，在這兒釣魚，在這兒種瓜，並在這兒享受收穫的快樂。他們，這些住在大溪附近的人，把沙灘當作是天賜給勤勞的人們的禮物。年輕時，他的西瓜總是種在富生的隔壁，每年，大水過後，他們就跟著其他的人，拿著成捆的細竹子，在水深及膝的沙灘上圈下了屬於自己的一塊。他圈了這一塊，富生就圈在這一塊的旁邊。經驗告訴他們：那樣大的一塊沙灘，大約可以種上一千株西瓜。秋收過後，天氣漸冷，他們便在圈好的沙灘上埋下瓜籽，然後把稻草對折，插在挖好的淺溝中。那替瓜苗擋禦寒風的矮牆，使沙灘看來像是山岡起伏的地圖。他們開始每天澆三次水：清晨、近午十時，傍晚：用鉛桶般大的澆水壺，一趟挑一擔。從幼苗到西瓜成熟，一株西瓜要澆六百擔水：一千株西瓜，六十萬擔水：兩千個大西瓜，無數的珠汗，無數次的肩胛上的脫皮。西瓜越長越大，沙灘上種瓜人的心情就越來越緊張。他、富生，以及其他那些種瓜人，早上看天色，傍晚看天色。一塊起自天際的烏雲，會使他們的雙眉緊鎖。禱告自然而然起自他們心中：老天爺，媽祖，保佑不要下大雨啊，不要這麼早就颱風和發山洪呀；等過了四月，讓我們收完了這一季的瓜。

洪土旺停下步來，望著那空曠的沙灘。不消多少日子之後，除了留下走路和搭草寮的空地外，又將不會有什麼空處了。然而風雨無常，幾日夜的暴雨恆將種瓜人一冬一春的辛勤付諸一溪西流的水。他們雖爲此皺過眉，嘆過氣，甚至傷過心，但下一季又是一冬一春的辛勤。他們揮揮手，推開上季的損失，計劃著這季的收穫。

「最近幾年來，雨水怎樣？」洪土旺所說的雨水是指雨水對西瓜所造成的損害怎樣。有時，即使下了幾天不大不小的雨，你也可以聽到有些喝得過飽的快成熟的西瓜剝剝的清脆而辛酸的碎裂聲。

「還不錯，我剛才跟你談起過，去年我收了一萬五，今年差些，賣了大約七千塊，晚收的那一半瓜，全被大水沖去了。溪水漲起時，我挑了籮筐，搶著去摘了十來籮筐，然後……你知道的，滿溪浮著的西瓜，就像游水人的腦袋。」

洪土旺用食指輕抓著下巴的鬚根，惋惜地搖著頭。富生的那份嘆息、心疼以及那份創痛過後的豪爽，他都體驗過。不同的是，富生始終沒有背棄那片沙灘，而自己卻在十八年前，寡母去世的那一年，隨著父親的遠房親戚去了日本。那時，他才二十二歲。

「你已經結婚了吧？」富生問。

「是的。」

「有幾個孩子？」

「一個男孩，還只十歲。」

富生動了幾次嘴唇，想問一些什麼。最後，只說：「你多久回日本去？」

「不知道。我想多住幾天。」

「回來沒有別的打算？」

「還不知道。」洪土旺又含糊其辭了，兩眼裏雖水光閃耀、雲彩輝映，但眼角的憂悒卻仍如深鬱的樹叢，不願褪淡。無依的飄泊、無援的奮鬥，是這些年來加在心靈上的重軛。如今，他雖比富生胖上一點，但顯然要比富生老多了。臉上每一條向下彎的皺紋，都鐫刻著他對生活的倦意。商場上的瞬息萬變，一下疏忽，竟使二十年來的辛勞化爲灰燼。可是，在遙遠的土地上，再沒有另外一塊免費的沙灘可供他去種植希望。失去就是永遠失去！

大橋上不斷有車輛快樂地駛過，響起的喇叭聲和鈴聲如石子那樣地滾動於橋面，旋即跌沉在靜靜的溪底。他調轉身，望著大橋。他還沒有從橋的這端走到橋的彼端去，但即使沒有走過，他也知道這橋有多長，因爲他知道這溪有多寬。他們又開始一步一步地踩過去，鑽過橋洞，走到橋的那一邊的沙灘上。富生彎下身，抓了一把細沙捏著，然後又讓它緩緩地從指縫中滑下去。洗衣服的女人沒有停止她們的工作，孩子們也沒有停止他們的嬉戲。

富生在褲管上擦擦手：「你什麼時候有空，上我家去坐，我們要談的事情太多了。」

「你現在住在哪兒？」

「老地方，添了幾間新房子，很好找的。要是你怕麻煩，我來接你。」

「不用了，我記得你的家的。」

洪土旺從大橋回到旅社，已快九點。他在門外支好了車子，就走上樓去。旅社老闆親自爲他送來了早飯，然後就坐在一邊絮絮地談著。他向他拋出一連串的問話。（老闆，我是應什麼考試的？）他覺得橋怎樣？溪怎樣？沙灘怎樣？他認爲什麼改變了？什麼沒有改變？他可曾從大橋上一直走，走到西螺去？他可曾發覺西螺鎭比以前熱鬧多了？以及可曾碰到那個去找他的富生……最後他又說，他們有空要慢慢兒地從頭說起。他相信他跟他一定有點兒親戚關係。

「或許等一會又有人會來看你。」旅社老闆霎霎眼睛，端起了餐盤：「我跟他們說，你這次回來，是想籌設工廠的。」

「誰告訴你我要開工廠？」洪土旺猛地推開椅子，大聲說：「誰告訴你，我發了財？你以爲從外國回來的人，個個都是衣錦榮歸的大老闆！我跟你說，我就不是！」

旅社老闆爲他猝然的震怒，驚愕得直往後退：「我……我只是隨便說說，沒有別的意思。大家都是熟人，等他們來了，我會跟他們說清楚的。大家來看你，只是因爲心裏高興。」

洪土旺拍的一聲從皮夾裏抽出兩張大鈔，放在旅社老闆端著的餐盤裏：「房錢我先付給你——你儘管放心。我雖窮，卻窮得硬朗，決不招搖撞騙。你跟他們說，我是生意失敗，走投無路了，才回來的。我不比他們當中任何一個人有錢，叫他們不要來看我吧，我現在要休息一下。以後，你還是叫女工送茶水來，不必親自勞駕。」

旅社老闆望著那兩張大鈔，呆了半晌，然後在洪土旺低頭脫鞋的當兒，把牠們悄悄地塞到放在儿上的那隻煙灰缸的底下，於是，靜靜地退了出去帶上門。

洪土旺脫下鞋，扣上了門，躺到床上，聽著旅社老闆嗒嗒的腳步聲往樓梯下沉。我知道，他望著帳頂，我早知道，你存著什麼心意！你親自給我送茶端飯，你把單車借給我騎；你跟我攀親扯戚，你半價計算房錢：一句話，你以爲我是一個想開工廠的大老闆。我不是，我不是英雄，但我也不是無賴和騙子。我是洪土旺，一個在溪邊沙灘上長大的人。我目眩過一切喧赫的事、艷麗的物，但失敗卻使我清醒，讓我終於察覺最美的以及最珍貴的，還是那橋、那溪、那沙灘、那蒙著薄紗的遠山以及織上錦繡的雲彩。我似乎聽到西瓜成長的聲音，當料峭的春夜睡在沙灘草寮守瓜的時候。我似乎看到魚兒在清亮的溪水裏游泳，當澄清的冬日蹲在溪邊垂釣的時候，啊，當我的雙腳在現實的熾紅的土地上灼痛得無法行走時，我要把牠們浸在涼沁的溪水中去療傷。喂，去游泳吧，滌去那一身的塵垢！我的雙肩還堅實得擔得起無數擔的水。不管富生怎麼想，我的老屋依然存在，附近的兩分水稻田依然是我的產業。大水不會沖去希望，因爲沙灘永遠存在。

洪土旺又睡去了，睡在水之上，沙之上。大橋在他的右方，雲、天在他的上面。他夢見西瓜的呢喃，魚兒的歡躍，也夢見在陽光下他的妻兒的身影……於是，富生從沙灘那端向他跑來喊著：「土旺！土旺！土旺！」

「土旺！土旺你開門！」

洪土旺不得不把夢抖落在一邊。他不高興地說：「不要來看我，不要來吵我。我要做夢！」

富生敲著房門，高聲地嚷：「土旺，你開門，我是富生！」

「我不管你是富生還是誰，我不要你來看我，我也不要別人來看我。我不是英雄，我也不是無賴和騙子。我只是一個失敗了的窮光蛋！不要再敲門了，你們走吧。」

「土旺！土旺！」富生仍然在大聲地叫：「你快開門，我們不管你是英雄還是窮光蛋，我要你把門開開來。我，還有幾個你熟悉的人，我們要再到溪邊去看看，在沙灘上去走走，到水中去玩玩水。這一次，我們脫掉鞋，赤腳走在沙上、水中。你快把門開開來，他們幾個都在下面等著你！」

洪土旺猛地坐了起來，但整個身子卻仍像是在水之上、沙之上，有涼涼的風自遠山那兒吹來……

一九六九年（民國五十八年）一月

距離

伍清泓是個非常平凡的人，就像你隨時都能碰到的那類小公務員一樣：卡其褲、布襯衫，清癯的臉上掛著一抹疲乏的笑容，似乎在說：你瞧，我永遠是那身服裝，那副臉色，永遠做著那種工作，過著那種生活，我疲乏了。

伍清泓是公營的××公司一個分支機構裏的一名小文書。從二十五歲幹到三十五歲，年輕人的銳氣像他手中毛筆的毛，漸漸地耗損禿盡，只剩下一股不成慾望的慾望，一份沒有怨恨的感喟。

在極端令人疲乏的單調生活中，他有時也偷空看些書，給自己散散心；有時也寫些一兩千字的短文，給自己找些額外的收入。不過，他倒頗有自知之明，他知道，像他這樣的小人物是寫不出好文章的，因此，他文章的惟一出路就是總公司出版的那本以「宣揚公司政令、溝通員工感情」爲宗旨的半月刊。但縱使這樣，他的大作也常遭打回票，退稿信有時就跟一堆公文雜在一起送到他手上。這時，他會毫無難色地順手把它向字紙簍裏一扔。如果它竟僥倖地被刊出來了，他也只這麼疲倦地一笑。在他，希望與失望都不過是大海中的小泡沫，不必太認眞，它們瞬息即逝，生活馬上回復到老樣子，如是而已。

這一次，他又給那個半月刊寫了一篇短文，並且給登出來了。這並不值得怎麼高興，充其量只是幾十元的代價罷了。他把那本刊物向旁邊一放，依然膽繕他的公文。最近，他得盡力在辦公時間內把公事趕完，回家後是很少有空閒的，因爲在這不變的生活中，一個小成員又快要加入到家庭裏來了。他該儘可能地替太太做事。他能滿意自己太太，不說別的，在婚後這八年中她連這一次還只是第二胎，從這點上看，她實在是個有良心肯幫夫的女人；三十五歲的自己，現在之不曾背弓腰彎，變成五十歲的老頭，也可說全是她的恩賜！

膽抄既畢，靠著椅背伸了一下腰板，又順手拿過那本刊物，約略數數那篇文章的字數。二千字，二二得四，四十塊錢，稿費來時，該夠給行將出世的娃兒買一丈多的絨布吧。想著便燃起一枝煙，給自己犒賞一下。他常把自己的思維譬喩成一片野草，雜亂無章，但天下卻沒有絕對的廢物，有時也能把它利用一下，像這短文，便是一例。好啦，這件事到現在已成尾聲，不必再去管它。伍清泓整理一下辦公桌，這時，他看到一個工友走到他的面前，對他說：經理要他馬上去。

伍清泓的職位太低了，他在這裏雖已幹了十年，從沒有面對面地跟經理談過話，他不免有點慌張，下意識地感到一定是自己犯了什麼重大的差錯，以致經理要當面訓斥他。他就這麼誠惶誠恐地走進了經理室。那裏除了經理外，還坐著一位從總公司來的趙秘書。趙秘書看見他，便親熱地握住他的手，連說：「久仰，久仰！」

伍清泓幾乎要瞠目而視。他這個小文書那一點値得人久仰。趙秘書接著又說：「清泓兄，你的大作我拜讀過了，就是那篇『吸煙——思想的漫步』。總經理是向來不看小品文的，但這次他卻破例看了，覺得很有興趣。」

他靦腆地笑笑，連「過獎了」都說得顫顫抖抖的。生成的小人物，難得上場面，內心的緊張，連口舌都變得結結巴巴了。他驚異於一篇無足輕重的文章，只要一經大人物的品評，竟就身價百倍了。

「清泓兄，總經理很想知道作者是怎樣一個人，我剛巧從臺北出差來這兒，所以先跟你見見面。清泓兄，你大有前途，要珍惜你這枝筆呵！」他拍拍伍清泓的肩頭，完全是一種對待知己的態度。

伍清泓走出來在風口上站了一會。剛才趙秘書的那幾句話幾乎把他攪糊塗了，他要讓自己清醒過來，認清現實。他不過是個小文書，他的前途無疑地將與他的過去一樣，他才能心安理得做一名小文書，才能把一個貧窶的家當作安樂窩。

他帶著依然疲乏的笑容走回家去。沒有美夢，沒有煩惱。夏夜裏，仰望著滿天閃爍的星斗，編幻著神奇美麗的故事是孩子的事呵，而他，一個中年人所看到的則是浩瀚渺茫的蒼穹！

第三天，四十元的稿費已由郵局送到，躲在他口袋裏等待他替它另找主人。這時，另一封臉上戳了個紅色烙印的限時快信火急地來了，拆開來一看，原來是那位趙秘書的手筆。他用那天同樣的語調（奇怪，他自己怎麼會有這種感覺的？）告訴他總經理很想跟他面談一次，而且希望他後天出差到臺北總公司。最後，仍然用「你大有前途，要珍惜你這枝筆」爲結尾。看完信，他不禁怦然心跳，在這封信的字裏行間，他發現了一個他從未敢有的妄想：總經理已經看中了他，預備擢用他。

既然要出差，他就得去見課長。這位課長，別的沒有什麼不好，就是愛擺架子，希望下屬在他面前畢恭畢敬。伍清泓因爲過分高興，忘了規矩，竟衝到課長面前，遞上那封信去。課長揮揮手，退回了那封信，「清泓，你還得多練練小楷，養養心，沒見你走路像兩歲小孩那樣！」伍清泓卻沒理會，又遞了上去，「總經理叫趙秘書寫來的信！」當然，課長屈服了。看完信，架子也不擺了，笑著說：「怎麼？你是什麼時候跟總經理拉上關係的？」他不好意思地說：「就是那篇文章。課長，你想，我要不要去？」課長爽快地說：「去，去，當然去，小伍，這一次，你鴻運高照，總經理圈中你了，說不定你從此一帆風順，做到一個什麼『長』的。所以一個人運氣來了，門板也擋不住的。你明天預支些旅費，就盡快去罷。」

課長的這一番話，使伍清泓確信自己的運氣果眞來了。不過，回到家裏，他又覺得這股運氣來得實在不是時候，因爲大腹便便的太太生產近在旦夕，在有孩子而無佣人的情況下，這幾天該是他最不適宜離家的日子。看吧，他跨進家門，一提到他明天要出差臺北去時，太太便啜泣起來，又悲又怒，從死鬼罵到沒良心的。他一時沒了主意，從袋中拉出了信，向桌上一丟，「誰要去的？總經理要我去的！」這兩句話竟治好了太太的哭；再一解釋，竟使她破涕爲笑。女人有時是最不能忍受的，但有時也是最能忍受的。她反而勸他不要爲了她而失掉了這個大好的機會。

伍清泓就這麼上了去臺北的車子，然而心跟車子卻是南轅而北轍：離臺北越近，就越掛念自己的妻兒，衡量著冒這麼大的險爲自己謀求一個較好的位置是否値得；最後，在極端的不安中，只有祈望自己以後能以較好的生活來補償自己這一次的「有虧夫職」了。

到臺北，已是傍晚，次日才去看趙秘書。趙秘書惋惜地說道：「清泓兄，眞不湊巧，總經理昨天去了臺中，至少要三四天才能回來。」

伍清泓懊喪非常，早知這樣，他又何必拋妻別子，急急趕來。回去呢，還是等待？趙秘書說：

「清泓兄，你乘出差之便，不妨在這裏多玩幾天。」

「不瞞你說，我這次來，心裏很不安，因爲內子分娩在即。我想，我還是回去，總經理回來時，請您代我說一聲，倘如事情不急，容我半月後再來晉見他，怎樣？」

「好，好，不成問題。我一準替你轉達。」

伍清泓回來了，果然不出他所料，太太在他上臺北的當晚生產了（或許是因爲過度驚喜），他把寄在朋友家的大孩子接回，燉只母雞給住在醫院裏的太太，忙了三天，剛鬆一口氣，忽然——可以說自他出世以來，從未面臨過如此的緊張——趙秘書迢迢地從臺北打給他一個長途電話，當他握著聽筒時，正如俗語所說，心都快跳出來了。是的，趙秘書您好？請問有什麼貴幹？是的，噢，當然，總經理他老回來了。我的請求你已轉達了嗎？什麼？什麼？

請你再說一遍，我聽不清楚！他老人家說急於要跟我面談，明天上午九點三十分！但是，我內子……啊，好，好，我準定來！」電話掛斷了，汗還在流。總經理這樣器重他，其中定有原因。

臨行前，自然又有許多事情得辦妥當。時間實在太匆促，不過襯衫總得買件新的，這筆錢就暫時在那分專供太太產後滋補應用的積蓄上挪用，以後加倍奉還，決不有誤。

一切舒齊，伍清泓就搭乘那天的夜快車再度北上。他太興奮了，以致即使在晃動得猶如搖籃般的車廂裏也久久無法入睡。星星們眏著眼睛從窗口窺視他。唷，夜空在他的眼裏怎麼又變得美麗了？從前，他覺得星星們正如一枚枚的大頭釘，把暗藍的天幕牢牢釘住，把活躍的人心慢慢釘死！

他迷迷糊糊地睡著了，這一覺一直睡到臺北車站。這使他活力充沛，精神飽滿。九點不到，他就去看趙秘書。今天，他對趙秘書的慇懃接待，也不再感到侷促不安了。他想，自己以後至少可以當上一個秘書罷。今天，總經理少不得要詳詳細細地詢問他，而他也要盡可能地回答得令他滿意。

一分不差，九點三十分，趙秘書陪他到總經理室，給他們介紹以後，他便退出去了。出乎伍清泓意料之外，總經理是個精力旺盛不到五十歲的中年人。他一手夾著香煙，一邊瞧瞧腕錶，說「九點三十一分。唔，你常常寫文章嗎？」

「寫得不多，總經理。」

「你的文章寫得不壞，那篇『吸煙——思想的漫步』，深得我心。」

「總經理過獎了，請總經理多多指教。」

總經理又看了看錶。「寫這種文章的，多不是年紀太輕的人。唔，我當時就跟自己說，你一定是個四十歲以上的人，很好，我現在看到你了，果然，我的想法不錯。」

伍清泓笑著（在臉色紅潤的總經理面前，他的確像個四十出零的人了），「總經理眼力哪會錯？總經理這次叫我來這兒，不知有什麼吩咐？」

「呃，沒有什麼，沒有什麼，只不過想證實自己的猜想。你在分公司裏擔任什麼工作？」

「我是文書。」

「很好，文書，很適合你，再好沒有了。希望你以後有空常寫文章。這次看到你，我很滿意。像你這做文書的都有這樣的修養，足證我們公司裏人才濟濟！」他又看看錶。「好，我們已經談夠了。我現在要走了。十點鐘我要到××公司去翦彩，十點半又要趕回來主持業務會報。伍清泓，你好好努力罷！」

伍清泓退出門外後，總經理的汽車也一溜煙地駛走了。他仿照總經理的模樣，抬起左腕，看了看手錶，才不過九點三十六分！

他竟然沒有悲哀，只感到一分無法解答的困惑：他丟下了難以丟下的，花費了幾十個鐘點，兩度趕來這兒，而總經理——這事的主動者——卻以五分鐘的時間輕鬆地對付過去。這該如何解釋？

他想了好久，終於憬然大悟。這答案只有兩個字：距離！

他走下了大廈的石階，心裏只怪自己「庸人自擾」，而且打定主意以後不再寫文章，安分地做個小文書！

一九六二年（民國五十一年）

助人者

在這個小村裏，老楊是個出名的熱心人，不論誰家的紅白大事都有他的份兒。他模樣兒不壞，不高不矮，不胖不瘦。圓圓的臉上，表情十足。一會悲慟欲絕，一會又喜氣滿面；從哭到笑，在他祇是一線之隔。不然，他怎麼能從這個喪事家跑到那個喜事家去？

「哦，老楊，」有人逗他。「你哪，你眞他媽的走錯了門路，去演戲，怕不成爲一個頂括括的名演員！」

「……這，老兄，你這話從何說起？」

「這不簡單得很，剛才明明看見你還在痛哭流涕，現在竟然笑顏逐開。像你這樣會表演的人，嘿，天下能有幾個？」

「你，你這簡直在惡意地開我玩笑。」老楊的圓臉上立時堆聚起怒雲。「表演，老兄，你這話才怪呢。表演是裝出來的，而我的哭、笑，卻全然出自內心——基於同情心，偉大的同情心，你知道不？」他停了一下，臉上的悖色又馬上像薄冰殘雪似地消融得無影無蹤。「我不是吹牛，我這個人就是最富於同情心，最樂於助人。譬如說，別人有婚喪大事，祇要我得了訊，我自願趕去幫忙，根本用不著他們來請我。我是義務效勞的，不收一個子兒，老兄，聽著，不收一個子兒！這不是出於同情心是什麼？你老兄結過婚沒有？或者你老兄家裏死過人沒有？啊，什麼，我這問話……這有什麼關係，一個人生死由命！我意思是，如果你老兄曾親身有過其中之一的經驗，那你就能知道：在那個時候，你是多麼需要人家幫忙啊。而我，在這方面，可說眞是到了家，不論什麼事只要託付我，我準能給你辦得頭頭是道……」

「對，對，老楊，」對方拍拍他的肩，截斷他的話。「我不否認你是一個挺熱心的助人者，但我不是這意思，你確有一些天才——辦這種事的天才！」

因爲老楊生就那副古道熱腸，所以一年之中，他是難得在家裏一連獃上七八天的。一家小店，一大批雞，三四頭豬，據說全由他的老婆經管料理的。他不做自己的事，專幹別人的事。大家都公認，這個好人似乎比別些好人還要好上幾倍。而他的家又恰巧位於這個村落的正中，好比指揮總部一樣，各方面的消息都會自然而然地匯聚到他家裏去。

就說不久以前吧，金萬青的父親，那個六七十歲耳聾眼花的金老爹，趁一個大晴天，一時興起，去到溪邊垂釣。釣魚本是老年人消磨寂寞時光的好辦法，加之，對於家庭經濟也不無裨益。然而下午回來橫過鐵路時，這可憐的老人竟連人帶魚簍都鑽到火車下面去了。

金老爹慘死的消息才報到他兒子那裏，而這裏老楊的順風耳朵卻也不甘落後地得悉一切了。他馬上一躍而起，披上那件藏青咖啡兩色通用的夾克（藏青色是奔喪專用，咖啡色是賀喜專用），跨上單車，直奔金家而去。

在金家那座小屋的一個房間裏，擺著金老爹血肉模糊的屍體。在村上電力公司服務所充當工員的金萬青也已趕回，正在一旁癡癡地像孩子般地哭著。一切悔恨痛心的事都湧上心頭。他想起自己沒有好好地供養過父親，想起那一對才十歲出零、在小學唸書的兒女，又想起兩年前跟別人私奔的妻子，想到近來經濟的拮据，想到這一筆喪葬費的無從著落……他越哭越傷心，越傷心越一籌莫展。猛地，感到肩上放下一隻手，他扭轉頭一瞧，原來站在他身後的，正是這村上出名的熱心人，老楊！

「楊……楊兄……你……看……我老爹……可憐……」他哭得說不下去。

老楊的眼睛當然也立即紅了起來，但他到底是見過場面的人，他說：「萬青兄，老爹的確死得慘。不單你傷心，我也傷心，但人死不能復活，我們也祇能節哀順變一點。」他這話不知說過多少遍了，但每次卻都使聽的人由衷地對他感謝。

「楊兄，」那個仍在吸著鼻子。「事情實在太突然，想不到——唉，我心裏一點也沒有主意。」

「別擔心，關於喪事，由我老楊一手包辦。工人也不必另僱，我負責叫幾個朋友幫忙。」

「這……這哪裏行？都是粗重活兒！」

「哎，老金，大家都是朋友，這個時候你還說這些？」

「你！你眞……」金萬青說不出話，直感激得涕淚交流。事實上，他手邊眞連僱工人的錢都湊不出。他想：眞是名符其實的熱心人啊，不親身受到，又怎知道他的好心腸哪！

「我先替老爹去買一副棺木，然後去借油布，在門前搭個帳篷，作爲靈堂和設席的地方。」他熟練地說，如一個慣做司儀的人之朗讀開會程序一樣。

「是，是，」金萬青應著。「一切有勞你老兄了。有一件事得跟你談談，我手頭很急，我多想爲老爹好好舖排一場，但實在沒有法子，老爹在天之靈該會原諒我這個不肖子，一切祗好儘量從簡了。」

「當然，當然，」老楊說。「你此刻手邊沒有現款吧？不要緊，我會替你想辦法，該借的借，該賒的賒，憑我老楊，一切全不成問題，請放心！」他匆忙地轉過身，出去了。

第二天一大早，棺木抬到了金家，帳篷也已經撐起，五六個人在金家忙碌，他們是老楊叫來的朋友。而老楊呢，則準備上街去採辦食物。「這些都是我叫來的朋友，難得他們肯來；老金，他們既然這麼熱心來幫忙，我們在吃方面總不能薄待他們啊。」

老金低頭一想，老楊的話的確不錯。人家既然買了面子來，我老金的心是肉做的，難道連這點都不領情嗎？他說：「楊兄，你比我更清楚，一切仰仗你了。」

九點半光景，老楊從市場回來，他是空著手回來的；不，他是滿載而歸的。在他背後跟著的是一輛由小工推著、載滿東西的小推車。那上面有雞鴨、魚肉、菜蔬、煙酒、還有鍋子、碗筷——當然，全憑老楊的面子賒來或借來的。

這一堆東西卸落在門口，像放下了一枚炸彈，使金萬青著實吃了一驚。他張開了嘴，但老楊卻跨上一步，在金萬青還未出聲之前開了口：

「老金，東西我都賒來了，借來了。看那一大堆東西，你先別慌。我跟你說，我算來算去，這點點菜餚是最低限度的了。譬如說，有人來送輓對，你要不要請他吃飯？有人遠道來祭老爹，你好意思叫人空著肚子回去？這是四棹酒菜，最少了。」

「對是對，不過——」金萬青的話停住了。他那哭了一夜的紅腫眼睛，拼命盯著腳前那塊泥地，似乎想從那裏找出難題的答案：「實在是，唉，我愁這筆錢。」

「錢的問題別擔心，現在，我老楊負責替你賒，以後——」這裏，他湊近金萬青的耳朵。「我剛才想起，你還可以領到一筆勞保給付——喪葬津貼，我記得大約有三、五千元；這，抵付現在這筆欠款，不是綽綽有餘？」

「勞保給付？」金萬青聽著，忽然記起來，他確是向勞工保險部投了保的。不過，他並沒有搞清楚像他這麼一個工人究竟可以領到多少錢。「你知道喪葬津貼眞有這個數目？」

「當然有，祗多不少，所以老金，你做老爹的喪事大可放寬一點。我心直口快，恕我說實話：老爹生前，我們既然沒有好好地奉養他，他死後，難道我們還忍心在他這筆錢下打算盤？你說對不對？」

「對，對，」金萬青一個勁兒地點著頭。

「我這個人，」老楊又說。「做別人的事，跟做自己的事一樣。該花就要花，該省就要省。老金，你一百個放心，我替別家辦喪事也辦得多了，一切調度不會錯到哪裏去的。」他脫去夾克，捲起襯衫的袖子，準備開始工作。

「我知道，我知道，祇要這筆錢有著落，我也喜歡替老爹熱鬧熱鬧。」

老楊先在屋旁泥地上熟練地用磚頭搭起了兩口爐灶，然後又叫兩個朋友幫同他來宰雞、殺鴨、切肉、剖魚、起火、汲水。一時間，黑煙瀰漫，屍體（雞鴨魚等屍體）遍地，碗盤狼籍，污腥處處。三個人穿梭其間，好一派緊張氣氛。

「我生來就是這脾氣，」在嗆人的煙霧中，在緊張的忙碌中，老楊又發表他的人生哲學：「一知道別人有急事，心癢癢的就想去幫忙。要是不去，那感覺眞比挨了一頓揍還難受。而且一幫忙，就非幫個澈底不可。譬如說，這次老金的事，其實，我們幫他料理喪事也夠多了，但辦喪事跟辦喜事一樣，總要吃的，老金既沒兄嫂、弟婦、或老婆，你叫他怎麼辦？包給外面的菜館又太貴。所以我祇得又兼了廚司，好在我什麼都會。」

「是呀，」那個朋友隔著煙火附和他。「你眞是菩薩心腸，我們差多了，要不是你來叫我們，我們就不會來。如今這世上，能幹的人當然很多，但能幹又慈悲，像你老兄那樣的，眞太少了。這是善事，你老兄功德無量。」

「好說，好說，」老楊看見一鍋水滾了，忙拿下來，倒在一隻大盆裏，把宰好的雞鴨都扔了進去。他拔著那雞鴨的毛，才接下去：「功德不功德，我楊某倒從不計較，我祇是高興這樣，這大概就是助人爲快樂之本吧。」

午後一點，菜餚和飯也終於在老楊大刀闊斧的作風下完成。說實在的，老楊這手菜燒得不壞，雞是雞，肉是肉，那碗醋溜紅魚更稱得上拿手傑作。然而，金萬青卻沒福品嚐，因爲他悲傷過度，根本喪失了食慾。他的兩個兒女太小，吃得有限。至於那些來憑弔的人，雖三三四四也來了不少，但大都是同村人，誰也明白金萬青的境況，所以都沒留下來吃飯。因此，眞正享受這成桌酒餚的人，祇是老楊和他的幾個朋友。尤其是老楊，大概是他勞動得厲害的緣故，食慾大振。酒一杯一杯地灌下去，雞、鴨、魚、肉，隨著他筷子的揮動，像風捲殘葉似地，由碗裏直捲到他的胃中。他圓臉變得紅紅的，跟這蒼白的喪事家似乎不大調和。

「來，朋友，再開一瓶，」吃完了兩瓶清酒，他意猶未盡。他酒量向來是驚人的。等酒斟滿了，他看看棹上的菜已經不多，便把另一棹菜也併了過來。

這樣，兩餐後，這天所買的六七百元的酒菜，已經全部報銷——當然，餘下來的殘餚剩飯，也著實不少，但是既稱爲殘餚剩飯，老楊便認爲再沒有留下來的價值。所以便趁晚上回去時，把它們倒在兩隻大桶裏，載回家去飼豬餵雞了。

喪事下來，金萬青計算一下，一共負了近三千元錢的債，而其中三分之一竟是花在吃上的。當老楊爲別家的婚喪事奔跑時，金萬青祇是等待著那筆錢來解開他經濟上的死結。不久，這筆錢由勞工保險部發下來了，但他一瞧見這，險些哭了出來。老天爺，這筆錢祇有老楊所說的十分之一——四百八十元，他一個月的薪金。那天，他不知道自己爲什麼又要跑到老楊那裏去。去責備他？沒這意思；去訴苦？似乎有一點。總之，他去了，在老楊的屋子前，他們就碰上了。老楊滿臉紅光，滿口酒氣，滿身輕鬆，他正從喜事人家回來。

「楊兄，事情糟了！」金萬青像看見親人似地，一把抓住了他。

「什麼事？是不是……」在老楊的心目中，總以為這樣愁眉苦臉的模樣祇有剛死了親屬的人才有，他差點兒問了出來。

「老兄，眞想不到，老爹那筆喪葬津貼發下來了，祇有四百多元。」

「這嗎，四百多塊錢也不錯。」老楊似乎完全忘記他以前曾肯定地說過有三、五千元這一句話，雖然前後祇不過隔了十天。

「那兩千多元錢的欠債就無法償還了。唉，早知這樣……」

「是不是那些債主現在來逼你？」

「不，不，他們還沒有向我討，但欠債總要還的，這一大筆錢叫我一時怎麼湊得出來？」

「別著急，老金。他們如不向你討，你就讓它拖下去；如果有一天，他們一定要逼你還——而你那時還沒有錢，那末我老楊替你想辦法。」他拍拍胸，又露出那副熱心助人的姿態。

這句話眞夠力量，使金萬青懸在半空的心得以放了下來。以後，他變賣了些東西和預支了一月薪水，也祇還掉了大半，剩下的大約還有六七百元——差不多靠近那天所花的酒菜錢。

然而，日子過得好快，一天連接一天，一個多月的時間一掠就過去了。他還一無準備，農曆年底就已來到，他那六七百元錢的欠債仍然無法拔還。當他被債主逼得走頭無路時，他惟一想到的救星就是老楊。

「楊兄，你好啊？好久不見了。」他是晚飯後去的，老楊到家才不過比他早一步。他開頭先來一些客套，這不是他的習慣，但借錢得先要懂得禮貌，還需善察臉色。從來借錢的人都感到比人矮了一截的。

「好啊——你好啊?」今天老楊的笑容特別明朗，這便增加了金萬青說話的勇氣。他說：「唉，怎麼好得來?老兄是明白人，想必也猜得到，左右還不是爲了那六七百元錢的欠債。我，呃，眞不好意思，我想老兄是自己人，一向又以助人爲懷，所以我想向老兄挪一下。」

老楊的笑容收斂了，聲音也變得無可奈何地。「喲，眞不湊巧，老金，我也剛短少錢。你知道，我這人生就一副熱心腸，向來喜歡幫助人，可是，今年，我自己都簡直過不了年。如果我有錢，不用你來，我早送上來了。我這人對別人的事跟對自己的事一樣。唉，我眞難過，想想自己竟沒錢借給你度過這年關。老金，萬分對不起，這才叫做心有餘而力不足……」老楊說了許多類似的話，到後來，他幾乎爲他無法成全老金而難過得流下淚來。

這次，金萬青雖然沒有達成預期的願望，但他對於老楊的感激仍不下於他借了錢給他的那種感激。當他離開時，他說：「楊兄，你眞好，你雖然沒錢借給我，但你那份情誼，我是永遠也不會忘掉的。」

他握住老楊的手有好一會，這才依依地走向門外去。老楊目送他消失在街道的拐角處，才走進屋去，小心地關上了門。

「玉英！」他喊——玉英是他的妻子——一邊微笑地把夾克裏袋裏的一包東西掏出來：那是一厚疊的十元鈔。「我們這一次的豬雞的價錢都賣得很好，兩頭豬，四十只雞，一共是三千零六十元。」

一九五六年（民國四十五年）五月

最後的慰藉

一

春天才開始，靜穆的秀林村就給五色繽紛的花朵點綴得十分熱鬧了。尤其是村右那一帶山腳邊，鮮艷的映山紅正像秋日的野火一樣蔓延著。

朝陽剛從東方的天際昇起，那淡金色的光芒，像油彩似地抹在檬果樹的梢頭。早起的麻雀也纔開始啁啾，福生嬸卻已出來，走向山邊去折映山紅了。昨晚落了一陣雨，小路變得異常泥濘。初春的清晨如此沁涼，一陣山風夾著餘寒迎面吹來，她不由得打了一個寒噤，把衣服裹緊一些，加快步子走去。

在山腳邊，被雨洗過的映山紅，雖然抖落了一地花瓣，但才綻開的花朵，卻顯得格外嬌麗而清新。福生嬸彎著瘦弱的身軀，仔細地揀選那花朵繁密的折下來。帶著水珠的花瓣軟嫩得使她想起初生嬰兒底紅茸茸的面頰。她記得，當琦琦出世時，他的小臉曾使她聯想起映山紅。眞的，他的小臉是多麼逗人愛哪。

她一面想一面折，祇一會兒，就已折了不少。她覺得有些氣喘，便在身邊一塊濕轆轆的石頭上息下來。她不禁嘆了一口氣，心想：人老了，眞是不中用啦。想當年，琦琦小時，每到春天，他總吵著要到山邊折花。他那白胖的小腿在紅艷的花間跑來跑，她怕他會摔倒，總是跟著他亂跑，哪曾有絲毫倦意？

太陽逐漸昇高了，她抱著映山紅踽踽歸來。回到家，她第一件事就是撿出那只淡青色的大口花瓶來。那是琦琦專用來插映山紅的。福生嬸謹慎地把它洗淨、擦乾，注上了水，把那一部份沒受損傷的花，插了進去。然後，她又把纖塵不染的書桌抹了一遍，挑選一個適當的角度把花瓶安置下來。於是又照例從書架上抽出盧騷的「懺悔錄」，把它翻到第七十六頁上。一切似乎已經齊備了，她轉過身走了兩步，又驀然回過來。書桌前的窗子還沒打開呀。雖然她感到有些寒冷，雖然她願意屋子裡暖和一些，然而她仍走到窗前把窗子打開。「琦琦喜歡這樣，」她對自己說，吸進一口冷風。「就是在冬天，琦琦也喜歡把窗子開得大大的，他說這樣房裏空氣好。」

說著，她再轉過身子，對房間認眞地巡視一遍，像老師檢查學生的作業一樣；然後她微笑一下，走進廚房去，用盤端了飯菜出來，擺出兩份碗筷，慢慢坐下，習慣地向對面的空位看了一眼，緩緩地端起碗來，但她沒吃一口就把它放下了。一陣倦意襲來，淹沒她的全身。她的腦子空虛而紛亂，四肢軟癱而又沉重，她從未感覺過如此疲乏；她想躺下去，但沒有動，祇是痴痴地望著對面的空位，直至枯酸的眼睛，慢慢闔上。

但，隔著眼皮，那空位卻依然在她的面前閃爍。逐漸地，一個人在那座位上出現。他是一個二十多歲的青年，健壯而俊秀。開朗的前額，挺直的鼻樑，過度的用功使他烏黑的大眼睛前多了一副眼鏡。他就是她朝夕思念、夢寐以求的琦琦。她相信，至今她依然相信，他是一個好孩子。他本性的率眞與淳厚，該博得人們的讚美。然而，唯其因爲太率眞，太淳厚，所以才格外容易上當。在他誠摯的心眼裏，事情都顯得很單純；他容易把謊言當作眞話，假意當作眞情。在大學裏，他被一個同學的花言巧語所眩惑，把他引爲知己，並且誤信了他的謬論，糊糊塗塗地加入了不法的地下組織。

她當時並不知道這事，她衹注意到，他變得沈默寡言。那明澈如朝露的眼睛，漸漸地蒙上了悒鬱的灰塵，它陰黯了，無神了，最後竟變得像木偶的眼睛似的；滯鈍而呆板。往昔飽滿活潑的精神，也給一份萎頓頹廢所代替。這改變急壞了她；她以爲他病了，但他並沒有病。他常深夜不眠，輾轉反側，喀然長嘆。她又疑他是因失戀而苦惱，但又不是。三年前的一個早上，當他們母子倆正相對用飯時，她發現他比以前更憂傷、更憔悴了，而那副恓惶不安的模樣，直像一只落籠的耗子。她愛憐地直視著他，正想發問，他卻已經推開碗快，站起身來。

「媽，」他心神不定地說，「一個朋友有事要跟我商量，叫我馬上到北部走一趟。」說了，他便匆匆收拾了一個小包，走到門口，她連忙趕過去塞給他一些錢。突然，他拉住他母親的手，柔聲地說：「媽，我或許要住上幾天，但你放心，我不會住久，我總會回來的。」

然而，他一去就是十天，半月，一月。她正爲他遲遲未歸、杳無音訊而灼急萬分時，幾個警察也就來搜查她的屋子，琦琦的書籍、信件和日記了。從看過他日記的警察口中，她才知道他是一只被謊言誘人歧途的羔羊，一個在良知與罪惡交鬥下的受罪者。他曾幾次想從深淵中拔足出來，但卻被殘酷的恫嚇所挾脅。他，一個未經世故的年輕人，便帶著深沉的悔恨與罪疚，踏上了逃亡的道路。天哪，這對她，何止是晴天霹靂！她至此才全然明白那憂悴，那焦躁，那靡廢，都是基因於罪惡；她不禁羞慚哀戚得痛哭流涕……

她喟嘆著，睜開眼來。每當她靜下來時，她就會陷入往事所織成的網罟裏去；而這些往事，又全是用堅韌的愛的纖維所揉成，即使是悲哀、驚懼……也祇是愛的各種不同的化身而已。因此，她無法擺脫它，也不願擺脫它。她側轉頭，幽怨地瞅著窗外。春天已經帶著如此鮮明的色彩與強烈的歡樂，來到了。可是，對她，這些卻雖近而猶遠。自琦琦出走以後，她就一直生活在冬日的陰森裏。她悽愴而孤寂。回憶成了她心靈的日常工作，而等待則又成了她生存的唯一目的。她永遠記得並且信任他最後兩句意味深長的話：「我不會住久，我總會回來的。」——是的，他總會回來自首的，在政府的寬大政策下，重新做個清白的人。

「他總會回來的，」無論是白天或晚上，她常會情不自禁地嚅囁著。她時刻這樣提醒自己，告訴自己。她隨時使屋中陳設以及其他一切都保持著他在家時的模樣，因爲她相信：無論早上或傍晚，白晝或黑夜，無論是狂風暴雨的時刻抑或是爽朗晴和的日子，他隨時都可能回來的啊。

前面的飯菜漸漸冷卻，壁上的掛鐘，也已敲過八點。倘如琦琦在家，他也該把飯用完啦，福生嬸想著，振了振精神，站起身子，費了很大的勁，才把原封不動的早餐收拾起來。當她從廚房出來時，門上忽然響起了叩聲，跟著，有人走了進來：「福生嬸，客人來了。」

福生嬸慌忙走了出來。那客人原來是她先前的老鄰居金醫師。他是一個和藹親切的中年人，白皙的皮膚，再加上他的珍攝有道，所以他看來要比實際年齡年輕的多。他有跟琦琦類似的面型，因之，在他們毗鄰而居的十來年中，他常玩笑地把琦琦喚作「弟弟」。四年以前，他舉家北遷，如今，才又回到這小村來開業。

「昨天得知你來這裏的消息，我就打算去看你，想不到你倒先來了。」福生嬸一臉的欣愉，說完，就把他讓進琦琦的房間裏。她因爲自己十分疲憊，在招呼過「請坐」以後，就自個兒坐了下來。但金醫師並沒有坐，他祗是在她的旁邊站定，用老鄰居的目光端詳著她。

「啊，福生嬸，祗這四年工夫，你怎麼會老成這樣！」

「是嘛，」福生嬸摸摸耳際的花白頭髮，禁不住黯然慘笑。她本想對他說，這就是歲月的無情，但這果眞祗是歲月的無情嗎？

「金醫師，」她緩緩地說，「你不知道，在一個人的生命中，有時要備嚐多少的憂患、創痛，還有那無窮盡等待的煎熬？」

「你是說琦琦的事情？」

「這事你也知道？」

「我已經聽別人說起過。」

「知道了也好，否則，今天你來，我少不得也要告訴你一遍。」她神情愀然，語音顫抖。

金醫師沒有再說下去。他不忍再撥動一個母親惻怛的心絃。他輕輕地踱到書桌邊，翻著那本展開著的盧騷「懺悔錄」，他希望藉片刻的沉默來不著痕跡地轉換一個話題。但不料，福生嬸又開口了：

「金醫師，你也喜歡這本書嗎？這眞是一本名著，我在高等女學校裏讀書時曾看過它的日譯本。可惜琦琦走時，還衹看到七十六頁，這一定使他很難受；要是他回來，我想他是會急於看下去的。」

「福生嬸，」金醫師仍然把書翻到七十六頁上。「這樣說來，你把書攤在桌上，原來是爲了琦琦？」

「當然哪。還有那花，那窗子……一切都是爲他！一切都是！」

「你這又何苦來，福生嬸？」

「我這衹是在全心等待他回來自首。這心情，你不會懂。是的，你不是母親，你不會懂得一個母親的心……」她的聲音梗塞了。

金醫師沒作聲，他重又走到她身旁，把一隻手放在她的肩上，而且重又熱視著那張爲孩子而迅速蒼老了的臉。這時，他又陡然注意到她的臉色是這樣難看。「你不舒服，福生嬸？」

「我——我覺得有些累，我想，我是受了冷。今天早上，我出去太早了些。」

「那麼，還是去躺一會吧。」金醫師審愼地把她扶到臥室的床邊。待她躺下後，他又用手試了試她的前額，說：「福生嬸，你有點兒發燒呢！」

二

從那天起，福生嬸便病了。

她的病況似乎並不嚴重，因爲衹有輕微的發燒；但又似乎並不太輕，因爲熱度總是不退。可是，即使這點微熱，卻也已經把她全身的氣力吸取殆盡。她像一隻洩了氣的車胎，周身都軟癱癱地，再也無法完成每日的行程。她衹得把一份煮飯、洗衣的工作交給一個窮苦女人——玉鳳。每天，她自己，除躺在床上外，衹有憑窗靜坐了。她愛把視線放牧於道路、田野、溪畔、山邊，這樣，她想，如果琦琦回來，她就能一眼瞧見他。那天，她也正在這樣倚窗小坐，外面是恬靜的黃昏。落日餘暉，把右邊的蒼翠的山巒映照得璀爛無比。那山像塊巨大的變色寶石，不時在變幻著它那塊麗的色彩，顯得神秘而莫測。福生嬸入神地望著它，不由得想起了人們所說盜匪大多藏在山中的話來。那麼，她的琦琦是否曾捨遠就近，隱匿在這座蒽鬱的山林之中？這很可能，對，這一定可能！她越想越感到她揣測的不錯，最後，她竟認定他是躲在那裏了。

「我眞是老糊塗，這樣簡單明瞭的事，以前我怎會沒有想到？如果我早知他在那裏，我早就去喚他、找他了；我一定早已把他尋回來自首了。現在，我得馬上找他去！」她懊喪地想著，身子已經離開了窗口。不知哪裏來的一股力量，使她的身子在俄頃之間變得輕鬆而矯捷。她跨出屋子，倉遽地望山邊疾走。在山腳下，她找到了那條叢藪榛莽中的羊腸小徑，開始艱難地往上攀爬。幸而那座山並不高，也不陡。「琦琦，」她一面走一面喊。她的喊聲悲涼、悠長，卻充滿了慈愛。在這寂寥的山林中，久久迴蕩著它的餘音。她相信，以她的慈母之聲，一定能使他鼓起勇氣，棄暗投明。衹要他能聽見，他就會聞聲而來。「琦琦，回來吧！」她愈喊愈亢，愈爬愈高。她滿山漫林地呼喚；那聲音，驚走了飛鳥，抖落了枯葉。倏然，她似乎聽見有人答聲，她停下來，屏息諦聽，但傳入她耳中的衹是林木的細語。她繼續前進，驀地，她又瞥見樹木後閃動著棕色的東西，她追了過去，原來是頭狡猾的山麂，牠看到她來，就飛馳而去。「歸來吧，琦琦！」隨著黃昏的消逝，暮靄的昇起，她的喊聲變得悽厲了。「琦琦呀！」沒有回聲，沒有身影——他並沒有在這裏。她絕望得哭了起來。

她衹得走下山去，但她的力氣消失了，劃破的皮膚發痛了；她連滾帶跌地摸索著。在山腳下，她就碰到了打著電筒來找她的金醫師和玉鳳。

「福生嬸，你在山上找琦琦？」金醫師痛惜地扶住她。他是來她家裏探望她的。他的來到，才使廚房裏做飯的玉鳳發覺到她的失蹤。他們開始四出尋覓，最後，在一個牧童那裏探得了行蹤，才慌忙趕來。

福生嬸沒有回答，衹是無力地點了點頭，她讓他們把她扶回家裏。看到她疲乏不堪和滿身傷痕，金醫師又忍不住責備她：

「你還在生病，是不該東奔西跑的——福生嬸，你不該整天想念琦琦呀！」

「不—想—念—他！」她一字一字地說，每一個音節都表示出她感情的深度。「那怎麼成？我活著就是爲了他！多少年來，我都是爲他而活呀。金醫師，你還不知道，十多年前，當他爸爸給日人害死的那天，我哭得死去活來。那天夜裏，我曾偷偷地溜了出去，溜到附近的溪邊，我打算自殺。不料，我一站定，雙腿就給抱住了。我低頭一看，竟是我的琦琦。可憐的孩子，才六歲，就這麼懂事。原來，那時，他並沒有睡著，瞧見我出來，就暗地裏跟著我。這使我領悟到，我說怎麼也不能丟下自己的孩子！打那一分鐘起，我就發誓，我要爲孩子活下去，我要撫養他長大成人，使他成爲社會上有用的人。然而，」這裏，她的聲音陡地從高峰跌落下去，宛如一個憊乏的流浪人已經無力彈唱他淒哀的曲子。「然而，是什麼鬼誘惑我那不幸的孩子走入邪道！金醫師，要是他果眞爲國犧牲，我不會像現在這樣悲傷；要是他果眞因病而死，我也只認天命。可憐的，是他原本是個善良的孩子，卻糊里糊塗地做了那萬人痛絕、唾棄的事……」她的語音越來越低，終於消失在一片啜泣中。

這次上山的奔波嚎喊，使她的疾病突然轉劇。她的熱度一天高似一天。她那原是荏弱的身子，業被長存的凝凍的憂懵以及過濃的熱切的期待所毀損，猶如一根被蟲、蟻蝕空了的朽木，哪堪再經一次震撼？她昏迷地躺在床上，全身的骨骼都因高熱而痠痛。她體內的一切彷彿都被燒乾了，祇有那不變的思念卻愈燒愈熾。這思念似乎就是熱病的本身，它無時無刻不縈繞著她，烤炙著她；它使她痛苦，使她焦渴，也使她等待。在昏睡中，每一個迷亂的夢裏都見到他的歸來，而每當因狂喜而叫喊時，總又猛地跌回到現實的空虛裏。這就她來說，無異是從天堂墮入地獄；每一次她都經歷了滲透靈魂的悲怛。

金醫師以友人兼醫師的雙重身份，每天在黃昏時分來看望她，診療她。對於這個孤零淒涼的老婦人，他願以全身心來治癒她。可是，對於一個耗盡了生命熱力的人，醫藥又能有什麼幫助？他默然地坐在病榻邊，望望窗外逐漸逼近的夜色，又望望那可憐的即將走盡生命歷程的福生嬸，他感到一種愛莫能助的傷感。

「金醫師，難爲你又來了。」福生嬸從昏睡中醒來，睜開枯澀的眼皮，就看到木坐在床邊的他。

「是呀，我今天想給你打針，還有前天配的藥也該吃完了吧。」金醫師立即用副溫和的臉容去掩飾他滿腔的愁緒，並且站了起來，開始他那每天一定不移的檢查。在每次檢查中，他總看到死亡是離她更近了。她的肌肉愈來愈少，皮膚愈來愈透明，透明得猶如黃蠟。

「金醫師，」她突然喊了他一聲。他停住工作，俯視著她。她的喊聲是異樣的，她臉部的表情也是異樣的：兩者都揉合著恐懼、希望和乞憐。

「呃，什麼？」

「我的病很危險吧，」她的聲音細細的，像從齒縫中抽出來一般。

「你的病不輕，」他沉吟了一會，答道。他本想告訴她，她的病不再有痊癒的希望，但話到唇邊卻又改變了：「但不會有什麼危險，你靜心休養吧。」

「我也知道我不會死，我一定會活著看到琦琦回來。」她這才安心地舒出一口氣來，重重的，長長的，宛如要把體內的熱都藉這口氣吐出來。「我一定要等到他回來自首，不然我不會甘心。」

但事實上，她的病勢卻一逕直線上昇。五六天又過去了，就她的病況來說，她似乎早就應該死去，但卻奇蹟似地還活著。她像一根堅韌的蘆葦，雖經拗折，卻還保留著那最後一絲生命的纖維。金醫師把什麼都瞧在眼裏，他慢慢地體會到：在她的體內，有一股精神的力量在頑強地支持著她，而這股力量，正是那消耗她整個生命力的等待！

黃昏又悄悄地來臨。那是一個風雨飄打的黃昏，清涼、淒迷。金醫師依然冒雨來到。那黝暗的病室今天顯得格外陰森、慘澹。他卸下雨衣，走近床邊。可憐的病人正陷於昏迷中，她乾癟的嘴唇不住地翕合著，像在夢囈著什麼。他輕輕地把手按到她的額上去，不料，她忽的睜開了眼睛，可怕地直視著他，隨即，又猛地掙起身來。「琦琦，我的孩子，你回來了，回來了！」她抱住他，緊緊地，緊緊地，像落水的人抱住一根木頭。

「福生嬸，你清醒清醒，你看錯了，這是金醫師。」旁邊的玉鳳叫道。

她悠悠地甦醒過來。她的興奮消逝了，雙手鬆弛了，「他不是我的孩子？他不是我的孩子！」她頹然倒了下去。「我再也看不到我的琦琦了，我總以爲我的病會好起來，我總以爲我會活著看他踏上正路。可是，現在，我知道，我快死了，我再也看不到她了……」她整個的心靈都被這意念引起的恐怖所吞噬，她戰慄著，抽搐著，過後又開始哭起來。她的哭聲是沙嗄的，幽微的，斷續的，但卻震顫著扯人心肺的悽戾。金醫師楞楞地望著她，一種異乎尋常的悲痛，像浪濤似地淹沒了他。作爲一個醫師的他，不知看到過多少人瀕死前的掙扎，但從沒有像這個老婦人對死的抗拒那樣地使他難受。一個母親的愛、期待和痛苦，還有在什麼地方比這個可憐人的身上顯現得更強烈的？還有什麼比把一個沒有兌現的殷切希望帶進墳墓裏去更來得殘酷的呢？

病人又睡去了，金醫師俏然地抹去了噙在眼角裏的淚水，然後，轉過身，披上雨衣：

「玉鳳，我回去了，今晚，我或許還要來一次。她很危險呢！」

他拿起出診皮包，踮起足尖，走出臥室，拉開了門，出去了。

三

外面，還下著雨，刮著風，夜色黑得像撥不開的濃墨膠。在萬籟俱寂的夜裏，這風雨聲似乎就成了天地間的主宰。屋子裏昏黃的燭光搖曳著，垂危的母親在迷糊中不時痛楚地呻吟著，間或用瘖啞的聲音，叫喚她孩子的名字，而時間，就在那逐漸堆積起來的燭淚中溜走了。

夜深了。

連那存著戒備之心的玉鳳也抵不住睡意的誘惑而兩眼朦朧了。祇有那扇沒有被金醫師帶緊的院門，不知什麼時候被風吹了開來，時時發出「拍拍」的撞擊聲，單調、空洞，像有人在敲打破了的小鼓。

在院門重重地響了一下以後，「拍」聲就此停住了。拉門上，似乎有誰在敲扣。

「金醫師，」玉鳳驚醒過來，睡眼惺忪地從椅上站起，向外走去，一邊隨口說道：「門沒有上插梢，請你自己拉開來吧。」

門外沒有回聲，門給拉開了，閃進來一個人。他戴著斗笠，披著橡皮雨衣，打著赤足。微弱的燭光使玉鳳看不清他臉上的五官，祇看到他架著一副無框眼鏡。他顯得倉惶、焦躁；在門邊略一停頓，便向裏走來。

「你是誰？」玉鳳不覺驚恐地嚷了起來。「你深夜來這裏幹什麼？」

「我來看我的母親，這是我的家。」他頭也不回，逕自走向臥室去。

這眞是上蒼的恩惠！福生嬸的琦琦終於回來了，在他母親臨終的一晚回來了。玉鳳想著，也衝了進去，顧不得業已跪在床邊哭喊的琦琦，狂喊道：「福生嬸，你的琦琦回來了，眞的回來了！」

病人終於從最後一次昏迷中幽然醒來。她睜開眼睛，它是空漠的，幽邃的，就像枯井一般，泛不起一絲感情的漣漪。

「媽，你不認得你的孩子？你的琦琦回來了，眞的回來了。」

「眞的——回來了？」她眼巴巴地重覆著，疑信參半。迷惘的目光滑落在他的臉上，但當她瞧見那副眼鏡時，她終於流出兩滴淚來。那淚像兩盞明燈似地照亮了那枯井。剎那間，那兩隻眼睛變得光亮而動人，在井底，那愛的泉源又在洶湧波動。「琦琦，我可憐的孩子。」她急促地叫著，三年的思念都凝聚在這眼前的片刻。「你回來了，媽等得你好苦呵！你永遠不再去了？」

「永遠不去了，媽，我已向政府自首。」孩子似乎明白她的意思，迅速地回答。

病人的臉上褪去了最後的一抹憂慮。「好孩子，媽日夜眼巴巴地等待著的就是這一天哪。三年了，一千多個日子媽就是這麼等待過去的。孩子，你看，屋中的陳設依舊，這一切已夠說明了媽的心。孩子，總要做個使媽高興的好兒子，做什麼事，都要想想會不會使媽傷心。」她停了一停，她的精神是出乎意外地振奮，馬上，她又接了下去。「眞的，我可不能再說這些話了，既然你已回來，我怎還忍心叫你難受？琦琦，把臉湊近些，燭光太暗，媽看不清你的臉。還要移近些——再移近些。你是怕你身上的泥水弄髒了媽的被蓋？傻孩子，媽難道會怕這些？記得你小時候，你常把沾滿爛泥的小腳往媽的衣服上踩，媽連眉頭都沒皺一下呢！唉，現在，這些離開我們已經很遠了，但謝謝老天爺，你畢竟回來了。」她越說越急，不自主地喘息起來，然而，她一邊還是用手捧住孩子的臉，狠命盯著他。她的兩眼放射著炙人的光、熱，彷彿要把目的物熔化了吸進去似。半晌，她又嘆息道：「孩子，你瘦了，老了，臉變長了；這三年，你改變得好多了啊！」

「我回到家裏，不久就會恢復到跟先前一樣的。」

「跟先前一樣？」病人咀嚼著這句話，她充滿憧憬地說：「跟先前一樣快活，一樣強壯，一樣生活！孩子，媽想想都夠高興了。媽甚麼都不要，媽祗要孩子這塊珍寶。」病人說著，又喘息起來。

「媽，你說得太多了，你息息吧。」

「不，」福生嬸用力壓制住喘息，倔強地又說下去：「我要說。我再不說，我就永遠沒有機會了。我很明白我是活不長久了，或許我的生命就止於此刻。媽也病得夠久了，這一個月來，多承金醫師的照拂醫治，你應該代媽謝謝他。」母親的聲音低弱下來。生命的火花，迸出了最後一次光亮，已瀕熄滅了。

「媽，你不能死，我去請金醫師來，」琦琦倏的站了起來，但母親卻阻住了他：

「別去叫他，琦琦，他也夠辛苦了。現在，媽雖死，卻死得瞑目；並且在彌留時，有了你，不已夠了？孩子，把手伸過來，讓媽摸著它，讓媽感到你……永遠……在我……身邊……」

才站起身的琦琦終於在床前跪了下來，他順從地把手放在母親的手上。他沒有哭叫，他祇懷著對於神的虔敬，凝注著她臉上的變化。她適才被愛燃亮的眼睛，此刻，正逐漸被一片薄灰所籠罩。那啓閉靈魂之窗的眼皮垂了下來，那嘴角則展開了三年來她第一次眞正的微笑——它是如此平和，如此慈藹，如此表示她內心的欣愉與慰藉。它似乎愈擴愈大，連臉上的皺紋也化作了笑痕。但霍地，這些皺紋都消失了，剩下的祇有唇邊那抹永不褪去的微笑。

跪著的孩子徐徐站起身來，他的眼角上閃著淚光。他肅穆地呆了一會，於是，像驟然記起了什麼似的，急急除下濕淋淋的斗笠和雨衣，又隨手拿來了桌上的濕毛巾，卸下眼鏡，拭去了臉上的水痕、污垢。在這緊閉的屋子裏，他彷彿依然覺得太熱，他又脫去了那件寬大而破舊的灰色上衣。這時，轉過身來的玉鳳，瞿然一驚，嚷了起來：

「金醫師！怎麼是你！」

回報她的驚叫的，金醫師祗平靜地點了點頭。他沒有對她說明他爲什麼要這樣做，他祗舉起手，指指那得到了最後慰藉的死者底安詳的臉孔。

一九五五年（民國四十四年）十一月

古香爐

一

父親從街上回來，進門就告訴大家：遠在上海的大伯有信來，說他再過幾天，就要回鄉來掃墓了。

七八年前，大伯把全家帶到上海長住；以後，他便難得回鄉來一次。那座他自建的半中不西的屋子，終年終是緊閉著。負看守打掃之責的長工春榮住在靠近的兩間小屋中。

大伯又要下鄉上墳了。我們大家都欣喜。我高興：因爲大伯將給以後的一段日子帶來一份熱鬧；母親高興：因爲他將送給我家罐頭什錦餅乾、直貢呢、蘋果之類好些精巧新奇的東西；而父親呢，他高興：因爲他又可以看到他這個睽隔已久的惟一的親手足了。

「小琳，去告訴春榮，叫他開開門，把屋子打掃乾淨。」父親說。

我拿起沒有紮成的紙鳶框子，一把扔在雜物間裏，蹦跳著走了出去。大伯的屋子就在我家右手不遠。春榮在小屋的門前，搓繩。我說：

「春榮，大伯過幾天就要回家上墳了，爸爸說，你得趕快把屋子清潔清潔。」

「好，好！」他忙收起稻草、草繩，順手從褲帶上解下一串鑰匙。春榮大約三十歲，是個非常結實的漢子，棕色的闊臉，厚嘴唇，濃眉毛下嵌著一副靈活的眼睛。他給人的印象是誠實而又伶俐。他十四五歲時就到大伯家，從打雜直幹到現在這個位子。說實在的，這些年來，他衛護這些屋子，就像衛護他自己的生命。他做事乾淨利落，幾天工夫，竟將偌大一座屋子，收拾得纖塵不染。

大伯回來，一進屋子，就從箱子裏揀出長袍馬掛穿起來。在客廳裏點燃香燭，朝著祖先牌位磕了頭。不一會，屋子中就氤氳著濃郁的建香氣息。大伯和父親坐著談話，父親說這建香的香味究竟不同，大伯說另外還帶著幾束，你拿去平常點點也是好的。我沒事可做，便走近紅木「煖閣」，摩挲著那隻托在紅木架上冒著煙的香爐。它像一隻大口的大瓷杯，米色底，冰裂紋，描著青龍。

「小琳，別閒手閒腳的！」父親喝道。

我慌忙放下手。我想父親眞有些那個，大伯雖然闊了，但他總是你的親兄弟，何必在他的面前變得膽小如鼠呢。

我在客廳中走了兩步，聽見父親說：「大哥，這隻香爐，爲什麼不把它收藏起來？」

「呃，擺在這裏十幾年啦。」

「這是祖上傳下來的東西呀，你人又在上海，難免小人……」

「話不錯，清弟，」大伯回過頭來，恰巧看見春榮領著一個遠房堂哥走進門來，接著說：「嘿，春榮，那隻香爐是古董，康熙窯，二先生要我收起來，我想有你看屋子，怕什麼？」

「對，對，大先生？」春榮熱切地說，一邊用驚奇的目光重新遠遠地打量著那隻他一向稱做「舊罐子」的香爐，好似一經說破，它一下子換了個樣。這時，堂哥從春榮身後走前一步，叫著大伯，大家這才感到冷落了他，便把話題截斷了。

大伯下鄉，像是一場鬧戲開了場，春榮之外，又臨時僱用了一個幫工財發，再加堂哥在家閒著，也請來幫幫忙。然而，半月過去，大伯一回上海，那屋子卻像一個做完了戲的戲台，又雜又亂。我放學回來，溜到大伯家，只見春榮和財發正在沖洗大廳的洋灰地。我折進客廳，客廳裏冷幽幽的，沒有了濃郁的建香氣息，沒有了裊繞的輕紗般的煙霧，那隻香爐寂寞地擺在那裏。我又回到大廳：

「春榮，大伯走了，你替我紮一隻老鷹鷂，好不好？我老是紮不像。」

「好，小琳，一有空，就給你紮。」他總不稱我爲小官，而直呼我的名字，這表示我們之間原有一份很不錯的友誼在。我三五歲時，他一有閒空就背著我到處尋找野草莓、毛栗了；長得大了點，又常常聽他仿效說書人的口吻，講述三國演義和水滸傳。

春榮就是這麼一個和藹、懇篤、而又勤捷的人。幾年來，他的名聲跟大伯的名聲一同播揚著，成了這村上最出色的長工。哪一個需要長工的人家不想望他，如果他能走出大伯家的話。就在他替我做好的老鷹鷂第一次乘風直上的當兒，他羞澀地告訴我，他將跟荷姑在五月中換聘，年底成親。我聽了，高興得呵呵大笑，笑聲比風中的琴音還響亮，但卻沒有發覺父親業已走近我們的身邊：

「春榮，」父親拿著大伯的信。「大先生有信來，他那件珠皮袍子忘在衣櫃裏了，替他撿出來，交郵局寄去。」

我收起風箏繩子，跟著父親和春榮，走進那座本已關閉起來的屋子。

「春榮，你把那隻香爐收起來了？」

「沒有，二先生，大先生吩咐擺著哪。」

父親把珠皮袍子甩在椅子上。「怎麼沒有？春榮，這煖閣上哪裏還有香爐？」剎那間，沉靜的空氣突趨緊張。那空了的紅木架子明顯地告訴我們已經出了什麼事。春榮的臉，紫裏泛白，下頷突出，半天說不出話來。

「二……二先生……這是怎麼一……回事？」

「爸，」我插了進去，照實直說。「大前天，沖洗大廳那天，還在那裏呢，我看見過的。」

「那天晚上，我就把門鎖上了。」春榮像在追憶。「該死，我在鎖門之前沒有再去看一次。我沒有看見別人進來過，屋子裏只有我和財發。」

「這就怪了，」父親沉吟了一下。「門上了鎖，小偷不能進來！爲什麼……」

父親把視線落在春榮的臉上，春榮後退了一步。他似乎意識到，他在這件事上所處的地位，是比一個不盡責的僕人更要來得惡劣萬分。

「二先生，你不能疑心小的。」

「但總得有個理由充分的回答……」

「一定是財發幹的！」春榮尖叫起來。「他娘，財發這灰孫子，跟他去算賬！」

父親和我，分別拿著珠皮袍子和紙鳶走向家裏，春榮鎖上門，就急急地去找財發。

「爸，」我問。「你想香爐是誰偷的？」

「可能是春榮，也可能是財發，反正總逃不出他們兩個人。」

「我想，春榮是不會偷的，」我固執地說了又說，想使自己相信，也想使父親相信。

二

吃晚飯時，屋前不遠的大稻場上，忽然人聲沸騰。我們跑出去看，只見周圍已經聚了好些人，春榮跟財發正在廝打，他們一會兒滾在地上，一會兒又站起來。是兩個失去了理性的人。最後，財發掙脫了春榮的兩臂，歪著沾滿泥巴血絲、像是小丑的臉，嚴肅地說：

「我不跟你打，我們馬上到城隍老爺面前去賭咒，誰偷了，誰受災！」

「好！」春榮也歪著他那小丑似的臉。

在鄉村裏，沒有比在神前發誓更能鎮懾人了。兩年前，我曾親眼看見一個竊賊，在土地老爺面前跪下來，就抖索得像秋風中的落葉，何況進城見城隍？我偷眼瞧瞧春榮，臉色穩靜而堅定，這使我很安心。他轉過身子，慢慢走回他住的小屋去。在途中，一個女人追上了他。我認出是荷姑，我奔上幾步，跟在他們後面。

「春榮，你答應去？」

「嗯！」

「你眞的沒有……」

「沒有，荷姑，這還會假的？況且大先生待我這麼好……」

「這就好了，」女的放心下來。「菩薩面前是不能說假話的。」

「我知道，」春榮有點不耐煩。

春榮和財發各自回家洗了臉，換了一身乾淨衫褲，在街上的南貨店裏買了香燭，直向城裏進發。我們的家離城不遠，來回不過個把鐘點，許多人都跟著他們——好奇心原是人類的本性。

進了城隍廟，人們都在注意兩人走上十八層臺階腿子打不打戰。香燭點燃了，人們又猜測兩個主角哪一個會臨陣脫逃，但這兩個人卻都沉著得像百戰百勝的將軍，連眼皮都不多眨一下。他們站在神案前了。城隍老爺的眼睛直望著他們，他們虔敬地插上臘燭，上了香，然後跪下來，大聲地發誓。兩人的誓言一般響亮：誰偷李大先生家那隻香爐，誰遭天災人禍、重病疫癘。兩人轉過身子，臉上都露著微笑。一樣的平靜，一樣的泰然。到底是誰偷的？大家互相低問著。

既然無法證明誰是偷兒，大伯也就不加追究了。初夏的五月，他跟荷姑換了聘。買了四件衣料，一對金圈，還給女家送去一筆就長工來說簡直不能再多的聘金。

暑假中，我到春榮那兒去玩。他正在園中修剪樹木，拿著一把大剪刀，一隻高腳凳，爬上爬下地忙個不停。

「哦，春榮，」我在下面招呼他。「下來休息會兒，我帶來一袋蘭花豆呢。」

春榮瞥了我一眼，一邊工作，一邊說：「小琳，你自個兒吃吧。」

「急什麼？反正大伯又不來。」

「我喜歡把要做的事情趕快做完，」他說。

我默然站了一會，走出來。這是上午。到傍晚再去看他，他已經在剪最後一棵樹了。他神態疲乏，雙眼緊蹙，剪剪停停，似乎拿不動那把大剪刀。

「春榮，你累了？」

「我有點肚痛。」

「準發痧了。」我說。

「怕是這樣，好在樹都剪好了，」他用力剪去那最後一絡突出的枝葉，走下來，把大剪刀丟在屋角裏。我發覺他額上、赤裸著的背部和胸部，都是汗水，他的臉是死灰色的，他的聲音也啞澀了。「準發痧了，我去呑些「行軍散」，如果再不好，怕得請二師母給我刮痧了。」

「事實是他吃了「行軍散」並沒見效，只得請母親用湯匙蘸了些油，在他的背上刮起五六條兩寸來長、三四分寬的血痕。附近發過痧的人都領教過母親的「技術」，每次都很靈。但這一次，春榮的肚痛並未因此而停止，卻愈痛愈劇。挨到第二天清早，兩個人抬著一張籐躺椅把他送到五六里外城裡醫院中去。回來的人說：醫師說是盲腸炎，幸而去的早，否則準送命。

抬籐躺椅的一個名叫張阿狗，忽然貼近父親，悄悄地說。「大先生家的那隻香爐找著了沒有？」

「沒有啊！」

「我看，」他頓了一頓，神秘地說。「這十九是春榮幹的。」

「你怎麼知道？」

「這不是很明白，二先生。您想春榮在大先生家做了十幾年，哪裏有過什麼病痛？忽然生起這種怪病來，你說蹊蹺不蹊蹺？我一路心裏琢磨，那天他們在城隍爺面前發誓，不是說誰偷了香爐，誰就要遭重病疫癘嗎？」

父親點了點頭。

「就說春榮換聘這件事吧，嘿，多闊綽！又是衣料，又是金耳環，又是現洋。他跟我們一樣靠力氣吃飯，哪來這一大筆錢？」

「你說的對！」父親又點了點頭。

一連幾天，村子裏的都傳說春榮偷香爐，城隍老爺顯靈的事。這個說沖洗大廳的那天晚上，他摸黑回家，就親眼看見春榮捧著一樣東西，走進自己的小屋裏去；那個說那天親眼看見春榮拿著一樣東西，走進古董店。

半月之後，春榮出院回家，村裏的人竟都疏遠得把他當作陌生人，連問候他的病況都不屑爲。當他知道了事實的眞相，他撐著還未復原的身子走了出來。

「春榮，你到哪裏去？」我在門口遇到了他。

「我要去跟他們解釋。」他病後的臉被悲憤所激紅。「我要跟他們說，我沒有偷香爐；即使我生了病，我還是沒有偷。」

「回去吧，春榮，你身體還沒好呢，如果你要說，你以後也可以說。」

「不，我要先去說，我一向規規矩矩，從來不拿一樣非分的東西，何況大先生待我這樣好。」

我勸不住他。他去了，是我扶著他去的。結果他走了兩家就回來了，且不說他的身子支撐不住，就是單看看那些人一聽他的解釋就顯出冷漠的神情，也叫他受不了。

是的，爲什麼春榮恰在賭咒後的幾個月就害了這場病？生病便是偷竊的證明，不用辯說，什麼辯說都沒有用。

我留下他獨個兒在小屋裏，帶上門，走了出來。

三

春榮動過手術後的身子在秋天到來的時候完全康復，但大伯把他解僱的信也在這時到達。找工作，在從前，在他看來是太容易了，但現在，日子一天天過去，他卻到處碰壁。以前要僱他做長工的，現在都拒絕了他。他開始感到焦慮。他憂鬱地走過來，懇託我的父親：「二先生，您老知道誰家要僱長工？」

父親想了一會，搖搖頭。

「嘿，嘿，沒有一個人要我，沒有一個人要我！」他忽然淒厲地笑了起來。

他跟跟蹌蹌地走出去，秋風在他的腳邊翻著落葉。他走向那座他最近自己蓋造的矮小草屋，它在一棵黃桷樹下，孤獨淒涼，就像它主人的境遇；而世人的諷刺輕蔑和疏遠隔絕，又砌成了一座看不見的巨牆，任令屋裏的人撞得頭破血流，也衝不開這一道樊籬。

我每天上學放學都要經過這棵樹的附近，隔著幾丈遠，我可以看見他坐在門邊搓草繩，打草鞋，有時停住工作，抬頭呆望著天，像在追憶以前的好日子。有一天週末，我回來得較早，便彎進他的屋子裏去。

「你來了，」他坐在床邊，看見我，非常高興，但這高興也是苦澀的。

我坐下來，看見屋角裏放著一大堆草鞋。

「春榮，放在這裏幹什麼？怎麼不在市集時賣出去？」

「這裏的人不要——城裏又沒銷路。」他痛苦地彎下頭，我看見了他那鬆弛的後頸。「小琳，坐近些，難得你還來看我，別人都不來了。」

我移動身子，貼近他坐著，像以前我們在大伯小屋中，他給我講故事那樣。

「講一個故事，」我強打起精神，向他說。「講一個故事，春榮。」

但他說出來的故事再也沒有生氣。那些梁山泊上的好漢，一個個都像奄奄一息的病夫，而且說了一會，他就哽咽住了。「小琳，我說不下去，」他仰起臉，幾顆淚珠爭著從他的眼眶裏滾出來。這時，我注意到，這麼一個短短時期，他蒼老多了，臉孔萎縮，眼睛無神，背也沒有先前硬挺了。

我感到他需要一個人照料：「春榮，快年底了，你跟荷姑娘幾時成親？」

「不要提了，」他慘笑著。「不要提了，吹了！」

我瞠目而視。

「前天她把聘禮退回來，怪我不該幹這種事，不該不聽她的話，我說我沒有，她偏不信。沒人相信……」

他目光凝聚在我臉上，我別轉頭，我害怕讓他知道，就連我也不能完全相信他。

他張開口，似乎想嘆氣，但突然，他咳嗽起來，這樣劇烈，這樣持久。臉漲得緋紅，背彎得老低，眼淚都出來了，但咳出的痰卻只這麼一點點。

「春榮！」

「不要緊，近來常常這樣，嘿……」

春榮得了癆病，沒多久，大家都這麼說。

四

第二年清明那天，我便撿出那隻老鷹鷂來，拂去灰塵，它仍像去年那麼新。握著線團，我小心翼翼地將它越放越高。看它在空中神態栩然地翱翔，我記起了去年第一次放它時的情景。這一年間，極易破損的紙風箏依然如新，但糊它的人——春榮，卻有如此巨大的改變。我想著，幼小的心也覺察出人世的淒涼來。我索然無味地把繩子費力地收回來。堂哥站在他家門口，看見了，走過來說：

「小琳，放得好好的怎麼不放了？這隻老鷹鷂做得眞像。自己做的？」他從我手中接過線團，順著風向，又把紙鷂慢慢送上天空。我站在他身邊，嘮嘮叨叨地說：

「瑞吉哥，這隻紙鷂，還是去年春榮替我做的。想起來心裏眞難過。瑞吉哥，你以爲春榮這個人怎樣？唉，他實在很好，除了偷香爐。他得了癆病，很重，聽說前兩天還吐了一大堆血，眞太可憐了……」

我一個勁地說著，好像要把心中的這份不快，全部傾倒在他身上，但堂哥卻悶聲不響。從他緊閉著嘴唇看來，似乎非常不願意聽。我終於閉上了嘴巴，瞧著堂哥一心一意地放風箏。但，顯然，他的技巧並不比我高明，他根本把不穩那根鷂繩，雙手抖抖嗦嗦，祇一會，已累得臉色發白，額角也沁出了汗珠。他連線也不收，就還給我：

「多年不玩，生疏了。」

「是呀，而且一個人放也沒味。去年，我跟春榮——」

他「唔」了一聲，頭也不回地走了開去。

炎熱的夏天來到，我被一連串的考試攪昏了頭，考完了最後一場——初中入學考試——之後，我在家裏一連閒蕩了幾天。我眞想去春榮那裏看看。我在草屋四週徘徊，破板門虛掩著，聲聲咳嗽清晰地漏出屋外來。我想進去但又怕父母責罵。他們說，癆病成了眞，就有蛾子飛出來，碰到什麼人，就要過給什麼人。我又走回家來，坐在屋前的樹蔭下。

猛抬頭，看見一股火光正從一座屋子的窗口竄出來。我馬上認出這是堂哥的屋子。我奔著，喊著；頃刻間，人們都聚了攏來。趕快救火，但小河又離得這麼遠。鎮上的水龍幾時來啊？火勢越來越猛。一個人從一條田埂上，氣急敗壞地奔過來。他就是屋主人堂哥！

他奔近屋子，直往屋裏衝。父親擋住了他。

「火勢太大了，不能冒險。」

「不，我要去拿東西！」他猛地甩掉了父親的手臂，衝進那充滿火光和煙團的屋子。他有什麼重要的東西需要搶救？他怎麼還不出來？莫非已經昏倒在裏面？水龍的鈴鈴聲在路上響起，我好容易看見他掩著一個藍布包從房子裏奔出來。啊，火已經封閉了出路。快呀，只這麼一步就可衝過火門，跨出這死亡的門檻，但，倏然，屋塌了下來，著火的樑柱，火燙的瓦片，嘩啦啦地倒下來，打在他的身上、頭上、腿上，但他仍然緊緊地抓住那個包袱。

把堂哥從碎瓦斷樑下救了出來，放在竹床上。灼傷再加上壓傷，他已奄奄一息了。父親本主張把堂哥抬到城中醫院裏去治療，但誰都知道這沒有用，反而可能使他死在途中，因爲傷勢委實太重了。惟一留下的事情，就是問他在去世之前，還有什麼話要交待。

「我——」他動一下手，我才注意到他還抓著那個布包。「我要去看看春榮。」堂哥只抽著氣，翻著白眼珠，沒有人敢移動他，大家都屏息著。

「二伯，」他望著我父親，「包袱給你——我對不起春——榮——」

父親接過藍布包，看著堂哥慢慢閉上眼。堂哥死了，死得很平靜。

父親把包袱遞給我，叫我當心送回去。我摸摸裏面硬硬的，圓圓的。大家問那裏面是什麼，父親搶著說：「沒有什麼！」又掉轉頭來喊住我：「小琳，你回頭去看看春榮，告訴他，我在家裏等他說話。」

一九五七年（民國四十六年）

池中雲

小庭院裡，有一池的水，一池的雲，一池的靜。

我不要水，不要靜，我要池中的雲！

你要什麼，蓓美？

我說，我要池中雲，那朶浮在池中央的美麗的雲；牠比天上的雲還要純白、還要輕逸。

我要牠！

但是，蓓美，你不能說要牠，你祇能說喜歡牠。在晴天的早晨或傍晚，常有這麼一大朶的雲浮在池心，讓我們一起來欣賞，但你可不能說要牠！

蓓美笑了。小庭院裡的一個年輕女人的笑，滿院的靜綠，都爲她而顫動。高大的佑銘覺得蓓美是個有些特別的女孩。有時，像四十歲女人那樣深沉，有時，卻像十五歲的女孩那樣稚眞；有時，坦率，有時，刁猾。但他覺得她有點傻——傻得不知道自己有多美，比池中雲還美，而他卻知道。他覺得她是雨中花，在細亮雨絲中仍不減其嬌美的纖弱的非洲菊，不是那種宣揚著大膽的猩紅色，而是那種做著白日夢的嫺雅的柔黃色的非洲菊。

「至少，我可以把牠攝下來，那我不就擁有牠了？」蓓美眨了眨眼睛。

「這樣說來，我也能，我會把牠攝下來，送給你。」佑銘說。「蓓美，你比我聰明。」

蓓美這次沒有笑，但沒有笑的眼神裡卻全是笑意，笑意裡洋溢著朦朧——完全是女孩子的充滿了愛意的眼神。佑銘心裡一愣，目光也就慌慌忙忙地瞥向別處，不敢去迎接她。但這樣的逃避算是爲什麼，連他自己也說不出來。他不正愛著她嗎？今天，邀她到他家裡來，最大的目的，不是要向她表示他的愛意？

蓓美說：「你說笑話！我比你聰明？聰明人怎麼會兩年都考不上大學，讀補習班來？」

「那也不見得，聰明人有時候卻很貪玩。你就是屬於貪玩那一類的聰明人。你以前讀高中時，是不是常去看電影？常去跳舞？常去……」他本想問下去，是不是常去跟男友約會，結果還是勒住了；倘如說了，彷彿他是存心想要探聽她以前的羅曼史似的。她當然不好意思回答，如果她回答了，他自己也未始不會不難過。這問話對雙方都沒有好處，自然也就沒有說的價值了。

然而，他雖沒有說出口，蓓美的臉色卻在迅速改變。眼中的笑意刹時隱退。鼻翼兩旁的紋路非常僵呆，四十歲婦人的深沉又出現了，還帶著那種歲數的女人所有的歷經滄桑的憂悒。

佑銘的抱歉是很顯然的：

「當然，以前的事，我們不談。你在補習班補習了將近一年，這樣用功，比一年前剛進來時，不知要好上多少倍！今年考乙組，還有問題嗎？」

「謝謝你，反正我也不希望考上第一流的大學。」

蓓美轉過身來。現在，她面對著的不是水池，而是那座建築得很別緻的房子。蓓美的稚眞又回來了。眼睛亮得像小鏡子：你要看什麼，就往裡面看。佑銘想，她什麼時候才不會過於深沉或稚眞？什麼時候才眞正是二十歲的女人？他愛深沉和稚眞，但也同樣害怕深沉和稚眞。他今天是怎麼搞的？他愛什麼，就怕什麼；他眞該怕的，或許是自己今天這種浮動不定的感情。

蓓美微微幌動著身子，說：「你這房子，眞好。我未來之前，的確沒有想到你的家竟有這麼寬敞。雖然這裡不是臺北，但臺中總也是都市。」

「那是日式房子翻改的。買進來是舊房子，很便宜，翻改後就變成新房子了。」佑銘走過去，用手敲敲那藍灰色的水泥牆。「別看那牆有多新，那是騙騙外行人的。內行人走到屋子裡，就可以看出那舊的牆基與木材。你剛才注意到柱腳的筍頭嗎？」

「我不是內行人，我沒有注意到。不過，至少，你很會打算。」

這句讚美話使佑銘很尷尬。這可不是蓓美的話裡含著什麼諷刺，而是他自己去接受那句話的心情，實在非常複雜。好些朋友也都說他會打算，都說他這個三十一、二歲的人，竟會赤手空拳地置下了這麼一幢房子，眞了不起。其實，他自己倒很清楚他既不會打算，也不怎麼愛錢。賺錢是被逼的，置產也是被逼的。在工作上或生活中，加上了勉強，加上了不得已，工作和生活就失去了意義與興趣。當然，所有這些不得已，無非祇想換取一個完美。一個婚姻的完美，一份維瑛的歡心。……然而，換來了沒有？換來的是座半新不舊的房子。那不是完美，那是隱藏在粉飾下的點淡。

「但我現在卻後悔買了牠。」佑銘半晌才說。

「爲什麼？」

「太大了，一個人住偌大的房子幹嗎？」

「把客廳和書室打通，足可以讓一班學生在這兒上課。」

「我從來不想這麼做。」他不高興地說。「我不想把家變成補習班。」

蓓美再轉過身來，池心的雲已經飄走了。池邊有一叢茉莉，開著芬芳的寂寞小花，在飛絮似的微風中，沉沉地凋萎。蓓美穿著柔黃色的衣裙，是黃昏時分的一抹最後陽光。

「你在買下這座房子之前，住在哪裡？」

「住在省中的教員宿舍裡。窄窄的兩個房間，但我也不覺得有什麼不舒服。」

「畢竟你是嫌小才買這房子的。」蓓美說。「天漸漸熱了，大房子的好處多著呢。我們再到裡面去坐一會。」

兩人又走進屋子裡。蓓美在每個房間裡都巡視一遍。佑銘陪著她。她跟他說話時，總用「你」，既不叫佑銘，也不叫老師。佑銘除了在省中任教之外，還兼任東方補習班的數學老師，可是，補習班的老師畢竟跟正規學校裡的老師不同，而且，他們也正想消除這種師生間的距離。

臥室裡有一張挺講究的梳妝檯，上面還擺著各種女用化妝品。蓓美坐下來，一樣一樣地欣賞著。佑銘說：「你知道怎樣使用這些東西嗎？」蓓美點點頭。佑銘說：「我把牠們全送給你！」

蓓美看了他一眼，笑了笑，搖搖頭。「我已經有了，是友人送我的。」

佑銘感到悵然。他在作種種的嚐試，想更了解蓓美，更接近蓓美。但了解是不是就能接近？了解或許就是分離。她欣賞化妝品時的神情很像維瑛。他不喜歡。她欣賞池中雲時的神情，太像任性的孩子，這也令他心悸。眞的，她是一朶池中雲，祗能欣賞，憑什麼要把她據爲已有？他已不願做夢，那種能輕易地砸碎在現實岩石上的愛情夢。他做了一個，已經夠了。

「蓓美，你喜歡這座屋子嗎？」

「是的，我喜歡，這房子實在舒適。」

「蓓美，如果我住的是學校的宿舍呢？」

「我也喜歡。」

「爲什麼？」

「因爲是你的居處。」

說這些話時，蓓美好誠懇；眼睛中的俏皮消失了，嚴肅得彷彿她是在說一個信念、一個誓言。可是，未經憂患的女孩子的誓言，算得什麼？最永恆的愛情，有時也正是最易變的愛情。佑銘在同一個人的身上看到了兩個人：蓓美和維瑛。維瑛碰到他時，也是二十歲。一個喜歡笑、喜歡幻想，衹要愛情，不要其他的年輕女孩。直到現在，他憶起她時，還是怨多於恨。那時，他是二十六歲，一個衹有一張文憑和一個教職的年輕男人。那時，維瑛說愛他，可一點兒也不假。她衹愛他，不愛物質，因爲她拒絕了另一個有錢的，而嫁給了他。他曾經如此驕傲過，而且，也曾如此憐惘過別的男人。但，那份驕傲，衹像池邊的小茉莉花，早上展開時是潔白無瑕，晚上卻已萎黃不堪了。

「你怎麼老是看我，卻不說話？」蓓美走過來，推了他一下。「難道我忽然變了樣兒？」

「有一點兒，」佑銘順水推舟。「你今天做了頭髮。平日你去上課時，是很隨便的。」

蓓美不回答。他想，她顯然並不相信這是他要說的話。可是，他怎麼告訴她呢！此刻，他記起了維瑛。不是懷念她，而是怕蓓美變成了維瑛。怎麼告訴她呢，他買這房子，去補習班兼課，全是維瑛的主意。他怎麼告訴她，他跟維瑛的戀愛，他跟維瑛的破裂，他跟維瑛之間的細小的瑣事。他的確不曾打算現在就告訴她。他先想跟她談談他倆的事，然後……在以後的日子裡，他再慢慢地把維瑛的事告訴她。而現在，他安排好的程序卻全給攪亂了。維瑛突然跳到前面來，大而濃的黑影子遮住了他的歡笑，阻攔了他想接近蓓美的慾望。

無論如何，在這座屋子裡，維瑛的陰影太大，他要揮開牠，就非到外面去不可。他整整衣領，說：「

「蓓美，五點了，我們還是上街去，我們先去喝杯咖啡，然後上飯館。」

蓓美望著梳妝檯，沒有走開的意思。

「你是不是想化妝一下？」

「不，我衹是想，你曾有過一個非常愛美的太太。你今天約我來這兒，是不是想跟我談談她？」

「不，不是。」

「那末是——」

「不爲什麼……眞的不爲什麼。」他慌慌張張地。但不爲什麼，幹嗎要約她？她畢竟是二十歲，不是十五歲，他騙不了她。即使她今夏考不上大學，他還是要說她不是一個不聰明的人。她對他的事或許全然明白。那兩年，維瑛的事，幾乎鬧上了報，飛飛揚揚地，搞得同事、鄰居、學生，全知道了。他站在講台上講課，卻不敢正視學生們的眼睛。婚後，維瑛嫌他賺的錢不夠，逼著他去教補習班，然而，當他把空閒全交給補習班之後，她又嫌他不能陪伴她。於是，他夜夜在補習班裡教課，她卻夜夜煮著咖啡，跟另一個男人尋夢。那晚，他因爲突然中暑，坐著三輪車回家，家中的火熱場面，使他又中了一次更大的暑。他不怪維瑛。女人喜歡做夢，夢碎了，再織一個夢；他是個大男人，夢碎了，忍著痛，踩著碎片走過去。談判很順利；你愛他，你就嫁給他；我既然爲了要獲得這一切而失去你，那末，我就得保有這一切。你拿著自己的衣箱離開吧。以後，屋子裡，一切如舊，衹是那是一座沒有歡笑的屋子；講台上的他，一切如舊，衹是他是一個沒有歡笑的人。工作是一種習慣。他依然努力工作著，但不知道目的何在？

他攙著蓓美，跨出門去。蓓美太像維瑛了，使他愛她，又怕她。她不這麼美，多好；她不要說她要池中雲這一類的話，多好；她沒有一雙白皙的手，多好；她不要這樣欣賞化妝品，多好！可是她有這一切，就該有維瑛那樣的慾望。了解她的結果，是跟她分離，這有多麼殘酷。他早知道，就不會約她來。

「我們到白雪舞廳去。」佑銘說，「我們先喝咖啡，然後吃飯，再然後跳舞。」

「我不要跳舞，」蓓美堅決地拒絕。她的臉色很難看，深沉和嚴肅和憂悒和驚惶，同時出現。「如果這是你約我來的原始目的，那末，我想，我該走了。」

「那又何必？我也不是一個想跳舞的人，我祗是以爲你喜歡這一套。」

「喜歡？」蓓美對著大樹下濃濃的暮色，憫然了：「你並不了解我，以爲我跟別的女孩一樣。你以爲我祗貪玩、貪吃、貪穿？你以爲我是一個嬌生慣養的女孩？你以爲我不知道你離婚的事？」

「蓓美！」

「我說得太過分了，對不對？二十歲的蓓美不是傻女孩，也許不比你知道得少。今天，你約我到你這裡來，顯然是想跟我談談，那末，爲什麼要上白雪舞廳，喝咖啡、吃飯、跳舞？如果你要請我吃飯，那就請你上巷口去叫幾樣菜來，否則，我就回家去。」

佑銘怔住了：她現在不是四十歲，也不是十五歲。她現在是二十歲。一個敢說敢嚷甚至敢撒潑的女孩。一個勇敢起來可以擔起屋樑的女孩！

他發覺自己才是不肯面對現實的人。他討好地笑著，仍舊把蓓美攙進屋裡。「我當然要想跟你談談。那末，我就先到巷口叫菜去。」

佑銘從巷口回來，蓓美已在亮亮的客廳裡煮了一壺香香的咖啡。她遞一杯給他。「你買的咖啡很好，所以香味比咖啡店裡的還足。」

他接過來，謝謝她。他現在可以心平氣和地跟她談談了。現在，他看出來：蓓美並不完全像維瑛。維瑛純然是一團感情，沒有理性。而蓓美，有時雖會衝動一下，但卻能很快地冷靜下來，冷靜得比他還冷靜。就像現在，她面對他坐著，完全像個成人。

「先談談你以前的她！」蓓美說。

「你很專橫，蓓美，你竟用這樣的語氣對我說話。」

「我不是專橫，」蓓美說。「我要你擺脫那重負。你要對我說的，不妨盡情地對我說。我不要一點虛假，我追求的是一片純眞。」

「我想忘掉她，」佑銘馴順地回答。「其實，我早已把她忘了，但你又使我記起她，這使我害怕。」

「我有什麼缺點？」

「你跟婚前的維瑛太相像了，太美，太嬌，太純眞——追求現實中的完美，就等於追求一種破碎，因爲現實中沒有完美，而我更不可能帶給你完美。」佑銘覺得咖啡既濃又香。蓓美是個煮咖啡的好手，但以後，他卻非得自己動手不可。「蓓美，應該跟你說許多話，但現在，卻覺得不說似乎更好。我原想追求一份『今夜』的完美，但結果卻是同樣的破碎。我雖愛你，但此刻卻有了轉變。你能原諒我嗎？」

「你不必要求我原諒，你要說的都已說出來了。」蓓美的咖啡還沒喝，但她已毅然地站了起來。「彷彿我該走了。」

「蓓美，難道你就這樣離開？難道你連一頓晚飯的情誼，都不願領受？」

蓓美嘆息著，又停下來：「或許你該去看看我的家，去看看我的媽媽！」

「你的家？你的母親？我不知道你的家在哪裡？」

「北屯。」

「我或許應該向你母親道歉。我想，你一定已經向你母親談起過我了。」

「她聽不見你的道歉，她在四年前患了一場中耳炎就聾了。我的家，祇有母親和我，因此，我們在北屯開了一家小洋裁店，我空下來時，就幫母親縫衣服。」

「蓓美，」佑銘抓住了將要離去的蓓美。「北屯那家小小的蓓美洋裁店，就是你的家？」

蓓美點點頭，然後又笑了笑。「我也使你失望吧，我沒有你想像中的那樣完美。我有一個破碎窮困的家。這幾年來，我一直在半工半讀。」

佑銘的手更緊抓著蓓美不放。「蓓美，你坐下來，這杯咖啡是你的，你非把牠喝完不可。我們喝著咖啡，再重新談話。蓓美，你一定得坐下來。」

佑銘知道，二十歲的蓓美，有時有十五歲孩子的稚眞，有時卻也有四十歲婦人的深沉。

她不是維瑛。她沒有高入雲霄的幻夢，要有，也祇有一朵小小的池中雲，一朵在現實生活裡屬於靈，以及屬於愛的純白的雲。

一九六六年（民國五十五年）六月

附錄

「彩色的臉」短篇小說集前記

——豎一塊「十」的里程碑

駕一葉扁舟，駛向人生的大海；看星月熠熠，迎黎明來臨。大海幽漠，行程萬里；那獨航的滋味，苦澀中透一絲久嚼不散的甘冽。在那些滑過去的日子裡，我曾企圖用自己編成的不成樣兒的網，從無所不有的大海中捕捉一些——一些什麼？連自己也無法全然確定。開始時，認爲珊瑚最珍貴，繼而又感到文觸最靈活，然後又覺得鯨魚最偉大……但檢視了自己那張濕淋淋的不會空輟過的網，才恍然清楚自己所撈獲的，祇是一堆夾帶著泥沙的綠藻以及幾枚在海灘上即可拾得的貝殼。但，即使是這些，總也是屬於大海的點點滴滴吧，收藏牠們，猶如摺疊起自己在那段航程中所懷的希望與所作的掙扎。

從我出版第一本集子時起，到我今天把第十本集子「彩色的臉」呈獻在讀者之前爲止，日曆已換了七本。七年歲月，濾去了我往日出書時所懷的那份孩子般的狂喜，如今，我已能以穩沉的微笑，來期待著這冊小書可能遭受的命運。但，無可否認地，內心裡，我對牠卻有一份偏愛，何況「十」總是一個值得紀念並堪警惕的數字；且豎一塊「十」的里程碑在這兒吧——在繁雜紛紜築成的現實圍牆中，我生命樹上的青色葉子已一片片地凋落，早來的白髮，映在孩子們的笑眸中，也閃亮得一如早現的星星。推出了這一個「十」，我有一絲兒安慰，卻有更多的蒼涼——年輕時，把日子看作一匹拉不完的絲綢，而今，卻知道牠是窮人口袋裡的錢：越用越少。在無聲的跫音遠去時，我畢竟發覺誰也沒能跟時間相抗頡。我的外貌與思想在時間中更易，萬千世事在時間中嬗變。時間考驗者著一切：考驗著文藝工作者的恆心，也考驗者文學作品的價值。

在這册小書裡，我收集的一些短篇，牠們先後發表在台港兩地的報刊上。那些短篇，自信都是經過費力構思、費力挖掘以及費力拓展之後才寫成的。我也曾經一度陷於內容與形式孰重孰輕這一問題的困擾中，經一再探索，方始領悟到這原是一物的兩面。現代小說正是用新穎而精微的技巧描述人類深邃廣闊的內心世界：非但描述錯綜複雜的思想感情，且更描述朦朧游離的精神狀態，藉此得以更正確地去表現人生，揭櫫人的眞正價值。因此，如果忽視了形式的創新，那末，作品將會流於單調劃一；而如果罔顧眞理認知重要，那末，牠們也將會失卻深刻性。一個文藝工作者所夢寐以求的就是不凡的內容與形式，然而，可悲的是，這兩者，有時卻是終生所難贏取的。

我的一位同道，有一天告訴我：「你的有些短篇，不宜於在喧鬧的候車室中、或在忙碌工作的空隙中閱讀。」我問他這是什麼意思。他笑了笑，說：「你的有些短篇，比較含蓄，需要靜靜地、慢慢地看。」我不知道，這對我是幸，還是不幸？但不管怎樣，我願意我是我，而不是別人。

一九六五年（民國五十四年）七月

沉默的天堂鳥——童真

司馬中原

遠在十年前，我就從港臺各地的刊物上，經常讀到童眞的作品，最先從作品上認識了童眞。她的作品一向都有著特殊的風格，可以明顯看出她嚴肅的創作精神，因此我就在心裏想著有這樣一位朋友。

後來香港有位朋友寫信給我，提到過，在當代的文壇上，童眞的作品是相當有份量的。同時，在海外的一些雜誌上，我所撰稿的地方，童眞也在撰稿。這位朋友告訴我，童眞居住在南部的橋頭鎭，我卻一點也不知道。因爲在所有的文藝性集會上，很少見到她。

除了作品外，她的沉默是出乎尋常的，可以說很少參加文藝性的集會，當時由於潛沉於創作的關係，我所接觸的文壇上的朋友也非常少，在我所認識的朋友裏面都不認識童眞。又過了好幾年，我讀到童眞的作品愈多，對她的敬仰也愈深了。

五年前，文協南部分會，開年會的時候，我曾到會去找她，年會是在大貝湖開的。風和日麗的晴朗天，我們坐在湖心一個招待所裏談天。當時我就問一位朋友：

「哪位是童眞？」

「那位女士就是童眞。」那個朋友就笑指著我的對面說：

我發現當時童眞女士也正朝我微笑著。我立刻上前去告訴她，我對她的仰慕，她說著同樣的話，同時介紹了她的先生——對翻譯和理論都有很深造詣的陳森先生。他們夫婦都有著溫和有禮，誠懇熱情的氣質，使我非常傾慕。

在荒僻的南部地區，寫文章的朋友不多，在作品上互相切磋的朋友更少了。他們那時候住在橋頭鎮台糖宿舍區，距我的住處鳳山並不遠，所以我們有很多互相往還的機會。當時我寫作的環境差，不但孩子多，而且經濟窘困。童眞女士的寫作環境則非常的理想。他們寫作環境理想，也並不是在經濟上的，而是在於家庭的和睦和互諒互助，陳森兄很能夠爲太太安排舒適的寫作環境。他一直不求聞達，所以他們夫婦在時間上沒有一般社會上那樣的衝突。他們的時間都是用在閱讀，談心和創作上。

他們的居所前後都有很大的庭院，卻長滿了亂蓬蓬的荒草，在我個人總覺得這些庭園太荒蕪了。

「有那麼大的庭院，不去整理，實在太可惜，假如我有時間的話，倒很願意來你們這兒當園丁。」我說。

「我們不是不感到荒蕪，而是沒有時間用在整理庭園上。」童眞笑著說。

「那麼你們忙些什麼呢？」

「陪你這樣的客人談天，我覺得比整理花木重要得多。」童眞又笑說。

童眞是個最忠於藝術創作的人。她的聲音是從沈默中發出來的，也就是說她的作品就是她思想的聲音。

慢慢我發現，我愛上了他們家的客廳，愛上了他們住處安謐、寧靜的氣氛，以及她那一群活潑潑的寶寶們。當我能抽出閒暇時，總是在傍晚搭車去他們那兒，享受她的好菜和醇酒，清清靜靜談著些文學上的問題，也交換了很多創作上的意見。很多年來，眞正能夠使我感覺到從談話中受益的也就是同他們夫婦在一起了。

由於創作的風格和見解的相同，使我非常留戀他們那個地方。一個有月亮的夜晚，我們曾從客廳談到餐廳，從餐廳再談回客廳。告別時，他們夫妻送我到糖廠的招待所，我們在明朗的秋月下，在扶疏的花木叢中，忘其所以的一直談到深夜。離開時，才發現火車和汽車都沒有了，我看看錶已經到了深夜一點鐘，我又忘了帶車錢，祇帶著一身的興奮和愉快，就這樣踏著月光走了將近二十多公里的路，直到天亮，才回到家裏去。

童眞不但寫得一手好的文章，在家庭中更是個好妻子，好母親。她對於子女的教育同照顧都是那樣的溫柔、慈祥。具有深厚的愛心。

文壇上的朋友大半知道他們夫婦是以好客聞名的。踏進她家的門眞如到了蒙古，祇要「有朋自遠方來」，夫妻兩個就會放下筆來，忙得團團轉，甚至丟開工作，用很長的時間陪著朋友聊天。

童眞的一手菜是跟著名廚師學來的，您踏進她家，都有大啖的機會。他們離開南部遷到中部，我遷來北部也離開南部。彼此天南地北，相隔很遠，雖然涎垂三尺，久欲去潭子盤桓，但也抽不出時間來了。

有些朋友寫過介紹童眞的文章，把她比作袖珍美人，也有的過份誇張地說她體重僅有三十多公斤，但那祇是遊戲文章而已，童眞雖是小巧型的，也不至於眞的能作「掌上舞」罷。

他們夫妻對朋友雖是非常的敦厚、誠懇、熱情，但他們實在是有著嚴肅的一面，對於人生的忠實，對於作品的不斷尋求的態度最使人敬佩。

童眞從事創作，已有十多年的歷史了，十多年來除了勤勉創作之外，她從沒爲自己呼喊和標榜過什麼。如果說童眞是一隻鳥，那麼她該是隻沈默的天堂鳥，她只在作品裏面發出清脆悅耳的鳴叫，決不像一些麻雀，總是吱吱喳喳地洋洋自得。早先，好像曾有人說過一個笑話：說作家王爾德，編劇上演，觀衆非常稀少，有些人就問他：

「你的戲情形如何？」

「戲是非常成功，但是觀衆卻失敗了。」王爾德說。

要是把這個笑話引用在童眞的作品上，正是同樣情形。

童眞不是個多產的作家，她每天大部份的時間沈浸在創作裏面，所出版的也不過是薄薄的幾本書。從她「古香爐」「黑煙」到「愛情道上」到「爬塔者」，「霧中的足跡」、「彩色的臉」，以及最近所寫的「車轔轔」同「夏日的笑」這幾部創作，我們可以看出她的作品在不斷的進步，我個人總是在想：一個作家最難得的就是能夠不斷地否定自己以往的成就，朝更高處去攀越，如果不是這樣，光是一部又一部地出產同樣作品的話，那就是一個文匠了，也就是說沒有不斷的引昇，那些作家失去了創作的原始動力，也就是殭化，停頓的訊號。在這方面，溫柔而纖巧的童眞是無比嚴肅，無比堅韌的。

假如以單純的商業價值去看，童眞的幾本書可以說是毫無商業價值的，大部份的讀者都不能夠接受她的作品，在這方面，童眞可以說是有些兒寂寞。但，我想不但是童眞，任何一個有深度的作家，都有著耿介的性格，不會去迎合大衆的口味。事實上，她忍受得住這種寂寞，從來沒有把這種寂寞掛在心上，她心裏所想的祇是讓寂寞幫助她，使的作品，在寂寞中悄悄生長，使它發出更深厚、更悅耳的聲音。

雖然我們不常相聚，但我總有一種奇怪的情感，就是當我在思想，在寫作的時候，我們的精神、我們的思想都會在一束燈的圓光下相遇相契。我想，這些眞純的友情，對於童眞是很重要的，像現在遠在美國的聶華苓，像我們這些在臺北的朋友，隨時都在記掛著她，記掛著她的創作，這種彼此間無聲、無形的鼓舞與激勵，對於彼此都有很大的幫助。不管是我個人，或是童眞，或者是其他的朋友，每有新書出版的時候，一定要先寄給對方，並且誠意地接受對方的批評。這些批評的嚴格，會嚴格到出乎意外的程度，我個人有很多作品，都接受過童眞所給我的意見。

在創作上，童眞的立足點站得非常的穩。她對於文學的認知也是非常的深。她的作品從不在皮相上求新，而是在實質上、深度上、表達上，求精、求深、求新。所以她的作品，無論站在傳統的，或是現代的角度上去看，都是夠穩實的。她的生命經歷，比起一般作家並沒有什麼特殊的地方，她早年在浙東鄉土上的生活，算是東方閨閣的生活。後來雖然經歷過民族整體的離亂，但是她並沒有實際地接觸那些廣泛的各階層的生活。從少女到主婦，她的生活面廣度和深度都嫌不夠，由於她創作的心意堅韌，因而她作品的表達面盡量地拓廣，同時她能夠秉持熱愛，不斷地吸取生活知識，溶入她的生活，再發而爲文。

我個人覺得對於時代生活的認識，實在是創作最重要的基礎，因爲我們單有概念是不夠的。童眞也深深明瞭這點，最可貴的是，她在作品中處處流露著她對整個民族人群生活的關心和那種純粹的母性之愛。童眞雖然在這方面使人稱讚，但是，我覺得文學作品除了內容同取材，表達的深度也佔著很重要的部份。這一部份正是童眞和我們共同追求著的。

生活在當代的作者群，在創作生活中感覺到最痛苦的就是藝術與生活的雙重重擔，同時落在一個人的雙肩上面，顧慮到現實的生活，就妨害到藝術的精度，顧慮到藝術的精度，就會使現實生活的壓力加倍深重。童眞雖有著家庭，有著這麼多子女，爲他們的教育與求學要分去不少心血，同時一個女作家，無論她的家境怎樣，總是有很多瑣碎的家務去待她親自的操心料理。由於陳森兄很能爲她安排，使她能夠長久保持著一個安定的，不爲柴米焦愁的理想寫作環境，所以她在生活顧慮上應該是比較少。也正由於這樣，這些年來，她作品的進步是飛躍的。在「霧中的足跡」、「車轔轔」這兩部長篇裏，她所表露的技巧使我自愧不如，我相信她這一部長篇近作——「夏日的笑」，一定會有更好的表達，使我去領會，去學習。

自他們遷居到中部潭子鄉後，我們差不多也有將近四年的時間沒見面了。我對於他們夫婦的懷念，好像懷念著遠去美國的聶華苓大姊一樣。在夜晚，我常會面對著攤開的稿紙，任思緒像游絲般的遠行，從回憶當中去想念他們。

憶及在大貝湖初次同他們夫婦見面的景況，以及我在他家非常靜雅的客廳裏所閒談的問題，眼前便會浮起她的影子，她從作品的拓展中把她帶領著走出了閨閣，走向了這一個廣大的社會。但是她的人還是保有著東方的閨秀風格，高雅的氣質和溫文的談吐。在她的話語裏面可以揀拾到很多靈明的透徹的觀念，在在地給我啓發。也許中國古語說得對「一瓶不響，半瓶叮噹」。我想他們夫婦所以能夠固守沈默的原因，也許是他們認識文學這條道路是非常的遙遠，非常的艱難罷？等於我們在爬山一樣，除了懷著某種怔服什麼的心情，含蓄虛心地朝上爬外，那裏還有餘閒去眩示自己呢？我們想征服什麼，結果總是被山征服了。擁抱文學也正這樣，我們總是想不斷地攀援，不斷地引昇，不斷地去征服，但是最後我們還是被文學征服了。

我不敢說，童眞目前的作品，達到了如何如何高的水準，至少，她這種耐得寂寞和在寂寞當中不斷追求的精神，給我太多的鼓舞。

童眞的身體不太紮實，由於過份勤勉創作的關係，有一度時間幾乎患上了肺病，但是後來她寫信說：她的病已經慢慢地轉好了。更由於她常常夜晚伏案爲文，以致她的腰部常有酸疼的現象。一般的東方人由於營養，生活同體格的關係，創作年齡都比西方人要短，同時中國的文字，不像西方拼字母的那種方式，可以坐下來就打字，必須要一筆一筆地澆著心血寫在稿紙上，所費的功夫也比較大，我們希望童眞在創作之餘，還是要避免過份的操棨，同時盡量地注重身體的保養，使得她能夠有那樣的精神，那樣的體力支撐著，使她創作年齡有一般比較長久的時間。這樣她才能夠有充份的精力，去完成她龐大的創作的構想，使得那些構想，都變成一部部擲地有聲的作品，給我們這座荒涼的文壇帶來更多清新的、悅目的聲音。這就是我個人恒在祝福著並且盼望著的。

童眞，這隻沈默的天堂鳥，她仍會在以後的很多作品裏發出她的鳴唱，我懇切地希望很多青年朋友們能夠進入她的作品，細心地去體會，去體會到一個精心創造的藝術品同膺品之間不同，同目前粗製濫造的那些所謂「閨閣派的小說」完全不同；我覺得世界上最好聽的聲音就是思想的聲音，這種聲音，在童眞的作品裏面是充份流露著的，就好像我幼時讀著張愛玲的作品一樣，也許童眞沒有張愛玲那樣高的才華，但是她比張愛玲更有耐心，她在不斷地鍛鍊著她的功力，有一天，她的功力自會補足她才華的不足；在文學藝術越來越蓬勃發展的今天，一些比較精煉的藝術作品，應該逐漸被廣大的讀者群所喜愛，童眞的寂寞不會太久了。

鄉下女作家童真

夏祖麗

鄉下人總是要比城裏人早起的。住在彰化溪州西螺大橋邊的女作家童眞就是一個早起的人。二十多年來，她早已習慣了在早晨五點半就起床了。起床後總是先整理那一百五十坪大院子，她在那裏種植了十幾種果樹、三十幾種花草；在每一季氣候沒有明顯變化以前，那些屬於這個季節的花草果樹都已經盛開了。她家的春天總比別人家的先來到。

童眞很喜歡一個人靜靜地觀察那些花草。她認爲它們在早上看起來有早上的色調，晚上又有晚上的光采。一枝花草從盛開到凋謝就像喜怒哀樂的人生一樣。

早上，弄完了早飯，送走了丈夫和兒女去上班、上學後，她就提著菜籃去買菜。鄉下的青菜便宜又新鮮，都是農婦們挑著自己種的菜去賣。她總喜歡多撿幾種菜買回家，吃起來特別清香好吃。

每天買完菜回家時，都要經過一大片草坪。雖然家就在眼前，但每次仍忍不住要在誘人的綠坪上休息一下。這一大片地原是台灣糖業公司的糖廠，後來拆掉了，就種了許多樹木、花草，整理成一個公園。

她每天煮飯、燒菜的時候，也就是她構想小說的時候。她說，那時，她的手在忙，心裏卻有空，就把平時看到或聽到的一些人物和事情拿出來想，把它編成一個故事。一邊燒菜，一邊想，也使枯燥漫長的廚房生活變得有趣而短暫。也許有人會想她大概常會把菜燒焦了吧！不然，多年來的主婦生活已經把她訓練得一走進廚房就輕巧俐落起來了。一個小說故事構想好了，她又會在廚房裏思考用怎樣的人物來表現這個故事的主題和思想。故事中的主角和主要配角出來了，她才開始寫。寫好了，再修改。她的小說都很合情合理，讀者很容易接受。

她不喜歡寫大綱。她的第一本長篇小說「愛情道上」是先寫大綱，然後再寫成的，她自己不很滿意。後來她就不寫大綱了。

童眞是不習慣坐在書桌前構思的。每當她坐在書桌之後，就開始寫。她是一個愛乾淨的人，家裏的地板總是刷洗得很乾淨，窗戶擦得光亮，她的書桌卻是亂得不得了。桌上是什麼東西都有，有稿紙、有東歪西倒的墨水瓶、藥罐、有廢棄的痱子粉罐，這塊見不得人的地方卻是她的小天地。每當她搬一次家，她就把桌上的那些亂七八糟的東西都丟掉，把書桌好好地整理一番，但是沒有多久又恢復了亂七八糟樣子了。別人看來越是亂，她卻越覺得有秩序，這似乎也是許多作家的毛病之一。

每天下午是她一個人的天下。她喜歡先小睡片刻，起來後靜靜地坐在客廳看書，有時看倦了，她就到院子裏或公園裏去散散步，那裏有許多參天的大樹，有時她可以在那兒坐上半天。這種享受是她這幾年才有的，從前，因爲孩子小，她就沒有這份淸閑，現在，兩個大兒子和一個女兒都離開家到外地去唸大學，小兒子也是整天在學校裏。

晚上八點到十一點是童眞寫作的時間。她寫稿子從不熬夜，也不抽煙或喝茶，只是要絕對的靜。鄉居的生活倒很能滿足她的這種習慣，因爲鄉下人沒有什麼娛樂，大家都睡得很早，不到十點鐘已經是寂靜無聲了。這使她能安心寫作，也是她一直到現在寫得很勤的原因之一。

她的丈夫陳森在台灣糖業公司工作，也經常翻譯英美小說和文藝理論的文章。二十多年來，童眞一直隨著丈夫住在台糖公司的宿舍裏，從花蓮光復、高雄橋頭、臺中潭子到現在的彰化溪州，一直沒有在大都市裏住過。

鄉居的生活使得她很少與外面的人接觸。也許是這個緣故，她到現在仍說一口寧波話。她自己常開玩笑地說：「我的寧波話說得太好了，所以國語說不好。」有時，她的「阿拉寧波」話一出口，就連她的兒女都不太聽得懂呢！

語言上的隔閡也許就是她不善交際的原因之一，遇到生人就會有些木訥。如果你和她靜靜地、慢慢地聊，你又會發覺她是個很會聊天的人。她的那口硬繃繃的寧波官話倒也相當吸引人。

童眞本人給人非常「鄉下」的感覺，她描寫起都市來卻什分道地，寫盡了都市百態，她是一個很善於描寫都市生活、都市人的作家。

她說：「我難得到臺北去一次，每去一次對都市生活的改變都特別敏感，我想這也許是我自己隔了一個距離去看都市，反而比生活在都市裏的人感受得深。」

「我喜歡都市生活的某一部分，比如聽音樂會、看話劇、看畫展；但是我更喜歡鄉下的生活，也許我已經是鄉下人了。」

常看童眞的小說會發覺她也很善於描寫人物，她把人物刻劃得很深入透徹。問到她是怎樣去構思一個人物的？她說，小說中的人物是虛構的，卻要很細心地去揣摩，想像某種性格的人會穿什麼樣的衣服，會說出怎樣的話？然後很自然地把這個人物發展下去，能讓人覺得他們是在日常生活中常會見到這種人。她認爲人物是小說中最重要的部分，一個人的家庭背景會影響到他的心理，心理又會影響到他的性格行爲，描寫一個人物時，要把各方面都寫出來，這個人才會立體化。小說中的人物總要比普通人特別一點，如把普通人寫進小說去，總要把他化妝一下。

她的生活圈子有限，她寫作的題材卻很廣。她是怎麼樣去發掘題材的呢？她說：「嗯！一個小說家能寫出這麼多種不同的人物、不同的生活，倒並不一定非要去親身經歷；他可用自己敏銳的感觸、廣博的同情心、豐富的想像力和哲學的基礎來把主題深刻化，用有力的故事深深地打動人心。

「當然，如果描寫自己熟悉的生活或人物會更眞實，更成功些。我的『夏日的笑』有幾章是描寫監獄的生活，『寂寞街頭』，有幾章是描寫工廠的生活，我曾多次到監獄和工廠裏去參觀。小說家的感觸總是要比一般人敏銳的，有時，一件事情在表面上看起來很平淡，卻有它的不平凡之處，這也就是小說的題材。」

說到這裏，她好像想起了一件事，就笑了起來說：「我的腦子常常會胡思亂想，有時我在炒菜時忽然會想到客廳裡的傢俱擺設該換換了，等我的先生回來了，我就把這意見告訴他，但我的那些突如其來的想法往往會被他否決掉。我認爲我這種喜歡東想西想的毛病有時對寫作卻是有益的。我覺得豐富的想像力是一個小說家絕不可少的。」

曾經看過童眞寫的一個短篇小說「僅有的快樂時光」，文中是描述一個得了癌症去醫院求診的老人的故事，她把醫院的氣氛和老人的心情都抓得牢牢的，讓人讀後非常感動，問她在怎樣一個情況下寫成這篇文章的，她說：「有一年，我右手的兩隻手指有點小毛病，不能寫字，就常到醫院去照鈷六十。我在醫院裏遇到了一個得了癌症的鄉下老人，他知道他自己快死了，卻對生死看得很淡，他那種表情和那種對人生的看法給了我很深的感觸，我就以他爲主角，寫了那篇『僅有的快樂時光』，後來，很多人都告訴我他們喜歡這篇文章。你說我把醫院的氣氛和老人的心情捕捉得很成功，我想主要是那件事情留給了我很深的印象。」

童眞覺得短篇小說比長篇小說更能表現不同的形式，寫過長篇後，寫短篇是一種調劑。

她覺得寫長篇很苦，前面寫得好，後面也要好，不然，前面就等於浪費了。她寫作時也常會遇到困難，她不怕難，卻喜歡難，她覺得越是困難處，也越能表現技巧，也就是最能拿出一點東西來。

目前，童眞已經出版了六本長篇小說、五本中篇小說、四本短篇小說集。她的作品在結構和形式上都很新，她認爲藝術貴在多變，如果老寫某一種形式的小說，就會讓讀者覺得枯燥，她寫作時總是儘量嘗試各種形式。她希望變新，但絕不勉強自己去變，或變得離譜。她說：「福克納曾經說過『人不要超越別人，要超越自己』，我希望自己能夠做到這一點，那我在寫作上就會更進一層了。」

女作家童真

鍾麗慧

有人說，婚姻是女人生命的分水嶺。女作家童眞女士的寫作生命就是開始於婚後，因爲她的另一半陳森，是位翻譯家，經常翻譯英美小說和文學評論文章。更重要是陳先生認爲她是「一塊『可琢之玉』」。

夫婿知其爲「可琢之玉」

童眞曾寫過：「現在想來，我是大大地上了他的當，以致二十年來（時爲民國六十年）我苦苦追求，熬夜來捕捉那個飄忽的夢——像在春三月的田間捕捉那隻翩飛的七彩粉蝶。」其實，她已捕捉了七彩粉蝶，擁有五本短篇小說集、五部中篇小說、七部長篇小說的創作成果。

童眞如同大多數的作家，先從散文著手，爾後才從事小說創作。民國四十年開始寫短篇小說，當時她隨任職臺灣糖業公司的夫婿住在花蓮縣光復鄉。自幼孱弱的她總是寫寫病病，或是邊寫邊病。

四十四年底，以「最後的慰藉」這個短篇小說，獲得香港「祖國週刊」徵文的「李白金像獎」。這個獎鼓勵她更勤奮地創作。

四十五年，舉家遷往高雄橋頭，她「在搖滿鳳凰木綠影」的小書房裏寫下很多短篇、中篇。

四十七年五月，由高雄大業書店出版第一本短篇小說集「古香爐」，收有十四個短篇小說：「古香爐」、「最後的慰藉」、「春回」……等等。作者在後記裏說：「有幾篇著重於心理嬗變過程的剖解；有幾篇著重於人物的刻畫；有幾篇著重於闡釋小小的眞理。主題是以發揚人性爲基點，而以發揮人性、追求人性光明爲終點。」

在此同時，臺北自由中國社也出版了她的第一本中篇小說集「翠鳥湖」。

四十九年八月，由臺北明華書局出版第二本短篇小說集「黑煙」，收有「黑煙」、「熄滅了的星火」、「穿過荒野的女人」等十四篇。

司馬中原曾說：「嚴格起來，『黑煙』只是童眞試煉作品的綜合。那一時期，作者自知她龐大的創造野心與其內在經驗世界的周極不成比例，形成過重的荷負、過巨的精神壓力；但她仍像一隻蜘蛛，在風暴中綴網。

「她初期的短篇作品，恆以其理想的生存境界爲中心，欲圖構建成一圈圈縱橫柔密的閃光的環繞。她精神的質點與作品的價值，全建立在內發的眞誠上。她創作的道路，不是單一的直線，而是一面綜錯的網。

「以『黑煙』言……她已經把她思想的觸角探入煙雲疊壓的歷史，探入熙攘喧呶的大千世界，雖未直入中心，亦已觸及邊緣。

「在早期，童眞的短篇作品就顯示出現代感覺和淡淡的現代色彩了。『黑煙』所收各篇，就氣韻說，是清麗典雅的。」

民國五十一年，完成第一部長篇小說「愛情道上」，於民國五十二年六月，由高雄大業書店出版。

童眞自述：「很多人的第一部長篇彷彿都有自己的影子在，而我卻沒有……。但它卻帶給我一個好處：寫了它，就使我有膽量寫第二部。」

這第一部長篇小說，是她先寫好大綱，再依大綱慢慢寫成的，她自己不很滿意。此後，她就不寫小說大綱了。構思完成，確定所要表達的主題、幾個主角的性格和職業，以及幾十個字能夠說完的故事，就動筆了。

司馬中原說：「『愛情道上』一書，童眞取其最熟悉的浙東小鎭——章鎭爲背景，那兒是她安度童年的家鄉，也是她早期經驗世界的中心，人物活動其間，實應充滿色彩濃郁的鄉土風情。」

民國五十一年是童眞豐收的一年，除了在「中華日報副刊」連載「愛情道上」外，一口氣在香港出版了四本中篇小說集——「黛綠的季節」（友聯書報雜誌社）、「相思溪畔」（環球圖書雜誌社）、「懸崖邊的女人」（鶴鳴書業公司），和「紅與綠」（虹霓出版公司）。

民國五十二年十一月，由臺北復興書局出版第三本短篇小說集「爬塔者」，收有的十九篇是「爬塔者」、「溪畔」、「眼鏡」、「花瓶」……等。

小說如東方的錦繡

五十三年，童眞又搬家了，仍搬到小鎮上——臺中潭子。在這個新家她著手寫第二部長篇小說「霧中的足跡」，以自流井爲背景。

「霧中的足跡」頗獲司馬中原的青睞，他前後讀了九遍才撰寫評論。司馬中原認爲：「『霧中的足跡』是童眞極爲堅實的產品，一幅精緻的東方的錦繡；她自其經驗世界的深微處作小角度的切入，托現出一些已逝時代中常見的眞實人物。像揹負著男性傳統優越感而又渴求眞實愛情的文岳青，企圖以本身勇氣摒除傳統囿限、追求理想愛情的林範英，叛逆社會不合理壓力、顯彰獨立自我的江易治，接受新教育薰陶、感受新舊觀念衝突、而實際身受其痛的林範強，純情而天眞、涉世不深的許舒英，質樸不文的長春和小梅……她把這眞實人物放置在自流井產鹽地這樣眞實的背景上，任他們按照各自本身的意識去決定他們自己的命運和歸宿。

「這樣嶄新的手法運用於長篇作品，是一項空前的嘗試，因它破除了傳統的『架構』方法。『霧中的足跡』不是刻繪愛情的『故事』，而是那一時代人生的顯形。在書中，童眞隱退了，她既非旁述者，亦非代言人；她唯一繪出的，就是她所親歷的時空背景，她把那些眞實人物，融在那樣的背景當中。『霧中的足跡』所表達的愛情悲劇，不是出諸童眞的臆想，而是出諸時代的壓力；不是出諸外在的行爲，而是出諸內在的意識；不是限於悲劇的主人，而是所有那一時代人物的無告的沈愴。」

童眞自己也說：「我寫『霧中的足跡』的動機，無非是想抓住那個時代的情景、人物、思想、衣飾……給那個時代留下一角剪影而已。」

在創作「霧中的足跡」的同時，童眞也寫了不少短篇小說，於民國五十四年八月，由臺中光啓出版社出版「彩色的臉」一書，收有「彩色的臉」、「風與沙」、「一個乾燥無雨的下午」、「黑夜的影子」等十二篇。

司馬中原曾說：「『彩色的臉』一書，使童眞獲得極高的評價，被譽爲成功的現代作家，這評價正是她初期碰索的結果。」

其實，在那一時期她還有許多短篇小說作品發表，直到民國六十三年七月才結集成書——「樓外樓」，由臺北華欣文化事業中心出版，共收有「樓外樓」、「純是煙灰」、「僅有的快樂時光」、「夜晚的訪客」等十一篇。

其中「樓外樓」是她最喜歡的作品。她說：「我常喜歡把好幾層涵義同時編織到一個短篇裏，乍看是這樣，但底下卻可能還有一些。……『樓外樓』，『表面』只是一個人爲了愛妻去追求一座新樓，而最後卻寧可爲了獲得新樓而把妻子拱手讓人，但『底下』卻是把追求新樓作爲追求理想的象徵；一個人，幾經挫折，追求的雖仍是那個目標，但本質卻已改變。

人生的悲哀就在這裏。至於物慾與情慾的無法滿足以及兩個同業因機遇的不同而『昇』、『降』有殊，則只是另一些涵義而已。」

另外，「純是煙灰」是侯健教授頗感偏愛的小說，他說：「它揉合了悲天憫人，在不動聲色的斂抑裏，渲染出濃重的感傷色彩。故事是民國三十八年大動亂的餘波。周少勃和玉茹，是亂離中共患難的一對，卻因爲少勃的傳統——不忍說是舊——道德的束縛，不敢乘人之危，錯把愛情認做自私，以致自誤誤人。少勃的錯誤婚姻，從自敘與烘托兩種方式裏逐漸透露。方法仍是斂抑的——比較狄更斯處理孝女耐兒之死或『紅樓夢』及『花月痕』裏面，黛玉和韋痴珠之死，和海明威的『戰地春夢』中凱西之死，就可以了解這種方式的特質。『我』和少勃，都是舊了的人，大約也可以說是小人物，他們有濃厚道德執著，卻也有持久不變的感情——友情和愛情。題目的『純是煙灰』大約是人生一切的最終譬喩。『昨夜有風』始，『今夜沒有星辰』應當是『昨夜星辰昨夜風』和『如此星辰非昨夜』的綜合。前者是李商隱，『此情可待成追憶』的李商隱；後者是黃仲則，落拓潦倒的文人。這一切是人生的諷刺？……而對小人物所遭遇的自我衝突，價值與行爲上的衝突，表現得餘意盎然，而其人性是美麗的。

女作家林海音則喜歡「僅有的快樂時光」一篇。「僅有的快樂時光」寫的是患癌症的老人，在醫院遇到同病相憐的老人，後來兩人結伴同遊，共享僅有的快樂時光，小說中另穿插小孫女的理想和願望，代表充滿希望的年輕生命。

童眞說：「這篇主要寫老年人不畏怯死亡，以及兒女忙碌，同病相憐的老人結伴同遊，追求晚年的快樂時光。」

很多文友或讀者都讚美她把醫院的氣氛和老人的心情捕捉得很成功。她說：「有一年，我右手的兩隻手指有點小毛病，不能寫字，就常到醫院去照鈷六十。我在醫院裏遇到了一個得了癌症的鄉下老人，他知道他自己快死了，卻對生死看得很淡，他的那種表情和那種對人生的看法給了我很深的感觸，後來，我就以他爲主角，寫了那篇『僅有的快樂時光』。我想主要是那件事留給了我很深的印象。」

直到今天，童眞仍自信這篇短篇把老人的心理揣摩得很仔細。

五十六年元月，光啓出版社又出版了她的十八萬字的長篇小說「車轔轔」，她從五十四年新春執筆，到第二年三月才完成，五月開始在「新生報副刊」連載。

「車轔轔」中有三位女主角：白丹、紀蘭、史小曼。白丹是個善良、單純的好女孩，但不知道自己追求的是什麼；紀蘭是最有理想的一個，不顧一切阻力追尋她的理想，她喜歡戲劇，是個熱心的贊助者；史小曼則談不上理想，但懂得抓住機會追求物質享受。

童眞述說創作「車轔轔」動機：「那時，因爲有感於文壇的捧『角』之風甚盛，文藝眞僞不分，也少價值觀，我雖出身商業世家，總認爲在商固可言商，在文卻也只能言文，這觸發我構思一部以描繪這一代的迷惘、慾求、堅韌與職責爲主題的長篇，於是，我就開始撰寫『車轔轔』。『車轔轔』對那一期間的藝文界有批判，也有建議；據我所知，當時似乎還沒有一部作品這麼犀利地指向那一方面的。」

五十八年二月，高雄長城出版社出版了她的第四部長篇小說「夏日的笑」，文長達四十四萬字。這部小說自五十五年六月動筆，至五十六年六月才完稿。她說：「寫作經年，無日或息，熬白了半頭黑髮。」足見其嘔心瀝血之苦。

「夏日的笑」甫出版不久，「現代學苑」雜誌的「書刊評介」欄，由老松執筆說：「在幾乎分不出『文藝』與『言情』的現今文藝創作裏，這是一本值得推薦的文藝小說。內容以一個平實而健康愛情故事爲主幹，並以三種不同的愛情方式去陪襯它，場面十分熱鬧。」

同年五月，臺北立志出版社出版了童眞的第五部長篇小說「寂寞街頭」。她曾爲了書中有幾章描寫工廠的生活，多次前往工廠參觀。這部二十八萬字的長篇小說，著手於五十六年十月，至五十七年十月完稿。她說：「該文前半部寫於臺中潭子，完成於彰化溪州。西晒的房間，夏日苦熱，整天以電扇助涼，卻因此患上了風濕痛。」

儘管病痛纏身，體重總維持四十來公斤，她仍寫作不輟。

五十九年九月，臺北立志出版社出了她的第六部長篇小說「寒江雪」，二十八萬字。意寓人生在追求目標的過程中，得失無常，禍福難料。

六十三年十月，她又完成第七部長篇小說「離家的女孩」，十六萬字，曾在「中華日報副刊」連載，尚未出版。

寫了十一部小說

數一數童眞女士筆耕二十餘年的成績，共創作了五本短篇小說集、五本中篇小說集、七部長篇小說。

六十六年，她再搬回臺中潭子定居，因爲健康情況不佳，而不再從事心力交瘁的小說創作了。她說：「現在儘有時間欣賞別人的作品了。」

對於自己的小說作品，童眞自剖說：「不光是寫故事。寫小說不是寫故事，我寫的是人物、我的見解、我的人生觀……但不明白地說出來，讓讀者自己去細細地讀，慢慢地體會。」至於寫作的態度，她說：「我專心專意地寫，不爲名利。因此今天，再回頭看我小說，我完全沒有後悔。」

她的好友司馬中原稱她爲「沈默的天堂鳥」，司馬中原說：「童眞從事創作，除了勤勉創作之外，她從沒爲自己呼喊和標榜過什麼。如果說童眞是一隻鳥，那麼她該是隻沈默的天堂鳥，她只在作品裏發出清脆悅耳的鳴叫，絕不像一些麻雀，總是吱吱喳喳地洋洋自得。」

又因三十多年來，她總住在鄉間小鎮——花蓮光復、高雄橋頭、臺中潭子、彰化溪州，直到現在定居臺中潭子，而且她又很少參加文藝界聚會，因此，又被夏祖麗封爲「鄉下女作家」。

這位民國十七年出生於浙江商業世家的女作家，在結婚前從未有當作家的志願，她回憶當年說：「入學而後，我最突出的功課不是國文而是數學，因此，我在日後攻會計的姊姊的勸導下，遠豎在前方的標牌上，寫的也是工程師，而非寫作家。」後來，她自覺身體不適於工程鉅任，面臨抉擇的關鍵，卻遇到她的業餘翻譯家丈夫，她憶述：「當時，陳森是以才子型的姿態出現的，他能寫論文，能譯小說，但卻理智得不會寫小說。不會的，總是最好的，他就把這個無法實現的理想建築在我這個瘦女人的身上，認爲我是一塊『可琢之玉』……」

幸虧有陳森先生這位掘玉礦的人，否則，文壇將失去一塊璞玉。

一九八五年四月（民國七十四年四月）

一個具有三種年齡的女人

陳森

說她像個女孩子也好，說她像個中年的黃臉婆也對，甚至說她像個老婦人也沒有什麼不是；反正，在我看來，她是兼具三種年齡的女人。

他的父母給了他一個很有筆名味兒的姓、名——童眞。有時，我想，或許，正因爲這個姓名，促使從小學開始，數學成績一直遙駕其他各科成績之上的她從事於耍筆桿的活兒。她有一顆不怕上當、何妨糊塗的心，有雙能夠數清大樹高處葉子的年輕眼睛，有在熟人面前毫不克制的笑聲，當她在家裏跟孩子們一道歡笑時，外人很難分辨出那笑聲裏還摻雜著一個屬於孩子的母親的。那時，她就很像一個女孩子。但她瘦弱，時常鬧些小病，感冒發熱，腰酸背痛，這時，她就臉也不洗，頭也不梳，懶拖拖地一邊做事，一邊埋怨我不會替她買菜、燒飯，孩子們不會幫她洗衣掃地，那種嘮叨勁兒以及憔悴模樣，就像一個令人厭煩的黃臉婆。而近五、六年來，她接連寫了五個長篇，把一頭烏髮寫成花白，再配上一身暗色的衣著，從背後望去，幾次被人認爲是老太太。然而，在某個冬日，她竟能覆上頭巾，頂著冷風，興致勃勃地趕去看她那個寄宿中市，就讀高三的大兒子；後來，兒子回家說，同學們硬說那天去看他的是他的大姊！

童眞作品目錄

書名	類別	出版者	出版年月
①翠鳥湖	中篇小說	自由中國社	民國47年
②古香爐	短篇小說集	大業書店	民國47年
③黑煙	短篇小說集	明華書局	民國49年
④黛綠的季節	中篇小說	香港友聯公司	民國51年
⑤相思溪畔	中篇小說	香港環球出版社	民國51年
⑥懸崖邊的女人	中篇小說	香港鶴鳴書業公司	民國51年
⑦紅與綠	中篇小說	香港霓虹出版社	民國51年
⑧愛情道上	長篇小說	大業書店	民國52年
⑨爬塔者	短篇小說集	復興書局	民國52年
⑩霧中的足跡	長篇小說	長城出版社	民國54年
⑪彩色的臉	短篇小說集	光啓出版社	民國54年

⑫車轔轔　長篇小說　光啓出版社　民國56年
⑬夏日的笑　長篇小說　長城出版社　民國58年
⑭寂寞街頭　長篇小說　立志出版社　民國58年
⑮寒江雪　長篇小說　立志出版社　民國59年
⑯樓外樓　短篇小說集　華欣文化中心　民國63年
⑰離家的女孩　長篇小說

童真作品評論索引

篇名	作者	期刊名	刊期	時間	頁次
①童眞女士的兩本書：「翠鳥湖」、「古香爐」	王鼎鈞	自由青年	19卷10期	47年5月	頁10~11
②論童眞（階段評論）	司馬中原	台灣新生報		55年7月5日~6日	7版
③沉默的天堂鳥	司馬中原	幼獅文藝		55年9月	
④車轔轔	老　松	現代學苑	4卷7期	56年7月	頁42
⑤夏日的笑	老　松	現代學苑	6卷5期	58年5月	頁40~41
⑥鄉下女作家童眞	夏祖麗	婦女雜誌	45期	61年6月	頁40~41
⑦「樓外樓」讀後	張茲棟	中華文藝	8卷4期	63年12月	頁100~102
⑧「鄉下女作家」童眞	鐘麗慧	文藝月刊	190期	74年4月	頁13~20
⑨車轔轔兼論小說的故事	詹　悟	台灣日報		73年9月2日	